Programmieren lernen *FÜR KINDER*

Eine verständliche Einführung

Dirk Hardy

Markt+Technik

Bibliografische Information Der Deutschen Bibliothek
Die Deutsche Bibliothek verzeichnet diese Publikation in der Deutschen
Nationalbibliografie; detaillierte bibliografische Daten sind im Internet
über http://dnb.d-nb.de abrufbar.

Umwelthinweis:
Dieses Buch wurde auf chlorfrei gebleichtem Papier gedruckt.
Um Rohstoffe zu sparen, haben wir auf Folienverpackung verzichtet.

10 9 8 7 6 5 4 3 2 1

11 10 09

ISBN 978-3-8272-4415-4

© 2009 by Markt+Technik Verlag,
ein Imprint der Pearson Education Deutschland GmbH,
Martin-Kollar-Straße 10–12, D-81829 München/Germany
Alle Rechte vorbehalten
Covergestaltung: Marco Lindenbeck, webwo GmbH (mlindenbeck@webwo.de)
Buchgestaltung: Martin Horngacher, mhorngacher@pearson.de
Lektorat: Brigitte Bauer-Schiewek, bbauer@pearson.de
Fachlektorat: Dirk Louis
Korrektorat: Petra Alm
Herstellung: Elisabeth Prümm, epruemm@pearson.de
Satz: text&form GbR, Fürstenfeldbruck
Druck und Verarbeitung: Firmengruppe APPL, aprinta druck, Wemding
Printed in Germany

INHALT

VORWORT

Kinder nutzen den Computer immer mehr. Dabei steht allerdings oft das Spielen im Vordergrund. Bei pädagogisch sinnvollen und altersgemäßen Spielen ist dagegen auch nichts einzuwenden. Leider sieht die Realität oft anders aus – stundenlanges Konsumieren von High-Tech-Produkten auf einer Spielkonsole ist vielleicht für die Kinder reizvoll, führt aber auf Dauer in eine Sackgasse.

Deshalb spricht einiges dafür, den Computer auch einmal anders zu nutzen – und zwar, um zu programmieren.

Dabei ist es aber nicht das primäre Ziel, die Kinder zu reinen Programmierern auszubilden, sondern den Kindern vielmehr einen Zugang zum Computer zu ermöglichen, der über das reine Anwenden von Software hinausgeht. Sind die grundlegenden Aspekte der Programmierung erst einmal verinnerlicht, so können die Kinder später in vielen Bereichen (auch außerhalb der Informatik) davon profitieren.

Die Heranführung von Kindern an das Programmieren scheitert aber oft an den komplexen Entwicklungsumgebungen und den modernen Programmiersprachen, die zwar für professionelle Programmierer enorme Möglichkeiten bieten, aber ein Kind und seine Eltern (wenn sie keine Erfahrung im Programmieren haben) hoffnungslos überfordern.

Aus diesen Gründen hat der Autor dieses Buches eine »neue Programmiersprache« entwickelt, die nur aus wenigen deutschen Schlüsselwörtern besteht. Um mit dieser Sprache programmieren zu können, wurde eine eigene kleine Entwicklungsumgebung geschaffen, mit der die Kinder sehr schnell zu den ersten Programmierresultaten kommen.

Diese Entwicklungsumgebung *ProLern* (für Programmieren lernen) wurde in C# unter .NET mit der kostenfreien Express-Edition von Microsoft programmiert und bezieht dabei den C#-Compiler als Übersetzungsmodul im Hintergrund mit ein.

Die Entwicklungsumgebung sowie alle Beispiele und Lösungen sind auf der Begleit-CD des Buches zu finden.

Zur Benutzung des Buches

Das Buch ist so konzipiert, dass es zum selbstständigen Lernen animiert. Die Erläuterungen zu den einzelnen Befehlen sind anschaulich und mit vielen Beispielen hinterlegt. Jedes Kapitel schließt mit Übungsaufgaben. Der Schwierigkeitsgrad erhöht sich dabei von Kapitel zu Kapitel und bei den letzten Übungsaufgaben wird es dann auch relativ kompliziert. In einigen Kapiteln sind nach schwierigen Themen zusätzliche Verständnisübungen eingebaut. Zu allen Übungsaufgaben werden Hinweise und Tipps gegeben und zusätzlich ist immer eine komplette Lösung der Aufgabe mit weiteren Anmerkungen am Ende des Buches zu finden.

Neben dem selbstständigen Lernen ist es auch schön, wenn z.B. ein Elternteil gemeinsam mit dem Kind die Grundzüge der Programmierung mit erarbeitet.

Dieses Buch kann auch im Rahmen des Computer-Schnupperunterrichts in der Grundschule als Unterrichtsmaterial genutzt werden.

Von Vorteil ist auf jeden Fall die kostenfreie Entwicklungsumgebung zu diesem Buch, sodass das Programmieren lernen nicht an fehlender Software scheitern muss.

Nach Einschätzung des Autors ist das Buch für Kinder ab der dritten Grundschulklasse geeignet. Sicheres Lesen und solide Grundkenntnisse im Rechnen sind schon nötig, sonst sind die Kinder zu schnell überfordert.

Ansonsten bleibt nur noch, den Lesern des Buches viel Erfolg und viel Spaß bei der Erlernung der »neuen Programmiersprache« zu wünschen.

KAPITEL 1

COMPUTER UND PRO-GRAMME

Was ist eigentlich Programmieren?

Diese Frage ist natürlich mehr als berechtigt. Deshalb ist es auch sinnvoll, sich mit dieser Frage ein wenig zu beschäftigen. Programmieren heißt eigentlich ganz einfach: Programme für den Computer zu schreiben. Damit sind wir bereits bei der nächsten Frage: Was ist ein Programm? Diese Frage beantwortet uns nun ein kleiner Helfer namens ROLF ROBOT. Er wird sich immer dann zu Wort melden, wenn wichtige Fragen zu klären sind.

Hallo, mein Name ist ROLF ROBOT und ich werde dich in diesem Buch begleiten!

ROLF ROBOT stellt sich vor

ROLF ROBOT hat sich die Arbeit gemacht und ein Beispielprogramm aufgeschrieben.

Befehl Nr. 1: START

Befehl Nr. 2: SCHREIBE AUF BILDSCHIRM: *Hallo, ich rechne nun...*

Befehl Nr. 3: BERECHNE: 20 + 10 + 3*8

Befehl Nr. 4: SCHREIBE ERGEBNIS AUF BILDSCHIRM

Befehl Nr. 5: STOPP

WAS IST EIN PROGRAMM?

Ein Programm ist eine Reihe von Befehlen, die wir dem Computer mitteilen. Meistens werden die Befehle hintereinander aufgeschrieben und in einer Datei gespeichert. Das Speichern in einer Datei hat den Vorteil, dass die Befehle nicht immer neu eingegeben werden müssen, sondern bei Bedarf einfach aus der Datei geladen werden.

Das Beispiel zeigt schon wichtige Punkte, die bei einem Programm beachtet werden müssen. Die Befehle stehen untereinander und sollen natürlich auch in dieser Reihenfolge befolgt werden. Es würde schließlich keinen Sinn machen, das Ergebnis der Berechnung auszugeben, bevor eine Berechnung durchgeführt wurde.

Was sollen diese Befehle nun bewirken?

Der Computer bekommt die Anweisung, einen Text auf den Bildschirm zu schreiben, und zwar »Hallo, ich rechne nun ...«. Dann soll eine Berechnung durchgeführt werden und danach soll das Ergebnis auf dem Bildschirm angezeigt werden. Der Computer arbeitet sozusagen als Taschenrechner, weil er so programmiert wurde. Der Computer startet das Programm und führt somit die Befehle aus. Das Ergebnis könnte dann so aussehen:

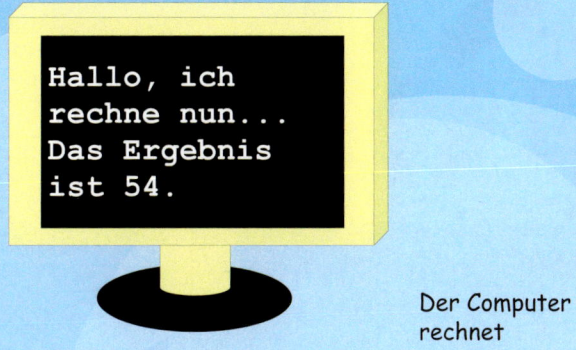

Der Computer rechnet

Aufbau eines Programms

Das erste kleine Beispielprogramm zeigt schon wichtige Merkmale eines Programms. Die wichtigsten Merkmale werden nun aufgeschrieben.

Die Merkmale eines Programms:

✏ Ein Programm hat einen Anfang und ein Ende.

✏ Das Programm besteht aus Befehlen an den Computer.

✏ Die Befehle werden hintereinander vom Computer bearbeitet.

Große Programme können aus so vielen Befehlen bestehen, dass alleine das Aufschreiben der Befehle so viel Platz braucht, wie man für ein dickes Lesebuch braucht.

Du kennst doch bestimmt das Textverarbeitungsprogramm WORD, mit dem man am Computer Briefe schreiben kann (falls nicht, frag einmal deine Eltern danach). Ein solches Programm wurde mit mehreren Millionen Befehlen programmiert – ist das nicht unvorstellbar?

Programme bestehen aus sehr vielen Befehlen

Programmiersprachen und Befehle

Welche Befehle es gibt und wie sie genau benutzt werden, hängt davon ab, welche Programmiersprache benutzt wird. Eine Programmiersprache ist eine Sammlung von Befehlen, die der Computer versteht. Heutzutage gibt es sehr viele verschiedene Programmiersprachen. Wenn man aber einmal eine Programmiersprache gelernt hat, dann ist es zum Glück so, dass man sehr schnell auch eine andere lernen kann.

Ganz genau genommen versteht der Computer die Befehle einer Programmiersprache gar nicht. Sie müssen erst von einem speziellen Übersetzungsprogramm in die echte Sprache des Computers übersetzt werden – und zwar in die **Maschinensprache**. Diese Sprache versteht der Computer sofort. Ein Programm, das in Maschinensprache geschrieben ist, kann direkt gestartet werden. Bildlich kann man sich das so vorstellen:

Ein Mensch schreibt Befehle in einer Programmiersprache

Ein Übersetzungsprogramm übersetzt die Befehle in Maschinensprache

Das Programm kann nun gestartet werden

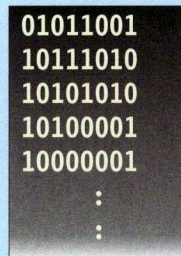

Ein Programm wird übersetzt und gestartet

MASCHINENSPRACHE

Die Maschinensprache besteht nur aus den Ziffern Null und Eins. Das ist tatsächlich die einzige Sprache, die der Computer direkt versteht. Wenn du dieses Buch in Maschinensprache aufschreiben wolltest, dann müsstest du ungefähr *4 Millionen* Nullen und Einsen aufschreiben. Das könnte natürlich kein Mensch lesen, aber du bekommst eine Vorstellung davon, mit wie vielen Nullen und Einsen ein Computer umgehen muss.

Das Übersetzungsprogramm

Das Übersetzungsprogramm, welches die Befehle einer Programmiersprache in die Maschinensprache übersetzt, ist enorm wichtig für das Schreiben von Programmen. Ohne ein solches Programm müsste man dem Computer die Befehle direkt in Maschinensprache mitteilen. Und das wäre sehr unangenehm, denn der Mensch ist es nicht gewohnt, sich nur mit den Ziffern Null und Eins zu verständigen. Alleine den eigenen Namen in Maschinensprache zu übersetzen, ist schon ziemlich mühsam und man braucht auch noch einiges Wissen über unsere Zahlensysteme – das bedeutet, dass man über den Aufbau unserer Zahlen genau Bescheid wissen muss. ROLF ROBOT hat seinen Namen einmal in Maschinensprache übersetzt. Das sieht schon recht gewöhnungsbedürftig aus:

R	O	L	F	
01010010	01001111	01001100	01000110	
R	O	B	O	T
01010010	01001111	01000010	01001111	01010100

ROLF ROBOT schreibt seinen Namen in Maschinensprache

WARUM VERSTEHT DER COMPUTER EIGENTLICH NUR NULLEN UND EINSEN?

Das liegt an dem Rechenwerk des Computers. Das Rechenwerk des Computers ist sozusagen das Gehirn des Computers, in dem alles verarbeitet wird. Damit dieses Gehirn funktionieren kann, muss elektrischer Strom fließen. Die Nullen und Einsen bedeuten nun ganz einfach, dass Strom fließt (Eins) oder nicht fließt (Null). Das ist natürlich etwas einfacher dargestellt, als es wirklich ist, aber um eine Vorstellung zu bekommen, völlig ausreichend.

Keine Angst, so etwas ist für das Erlernen einer Programmiersprache nicht nötig. Dafür gibt es ja das Übersetzungsprogramm, welches uns diese Arbeit abnimmt. Das Übersetzungsprogramm heißt in der Computerfachsprache *Compiler*. Das ist ein englisches Wort und wird »Kompeiler« ausgesprochen. Es bedeutet so viel wie Übersetzer. Für das Lernen mit diesem Buch wurde extra ein Übersetzungsprogramm geschrieben, das sehr einfache Befehle versteht. Damit soll ab dem nächsten Kapitel dann auch richtig programmiert werden. Vorher sollten aber noch einige kleine Aufgaben ohne den Computer erledigt werden.

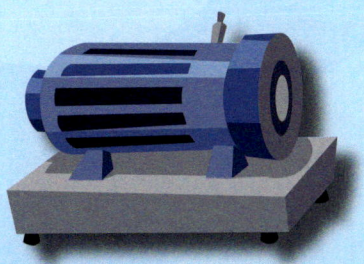

Aufgaben

Aufgabe 1: Fehler im Programm

ROLF ROBOT hat ein Programm aufgeschrieben, das man gut im Mathematik-unterricht der Schule gebrauchen könnte. Das Programm rechnet eine Länge in verschiedene Maße um. Leider funktioniert das Programm nicht ganz richtig. Kannst du die Fehler beseitigen?

Befehl Nr. 1: START

Befehl Nr. 2: SCHREIBE AUF BILDSCHIRM: *Das Umrechnungsprogramm von ROLF ROBOT*

Befehl Nr. 3: SCHREIBE AUF BILDSCHIRM: *Die Länge 3,51 m soll in cm umgerechnet werden*

Befehl Nr. 4: BERECHNE: 5,13*100

Befehl Nr. 5: SCHREIBE ERGEBNIS AUF BILDSCHIRM

Befehl Nr. 6: SCHREIBE AUF BILDSCHIRM: *Die Länge 3,51 m soll in dm umgerechnet werden*

Befehl Nr. 7: BERECHNE: 3,51*10

Befehl Nr. 8: STOPP

Befehl Nr. 9: SCHREIBE ERGEBNIS AUF BILDSCHIRM

Aufgabe 2: Mathematik-Hausaufgaben

Die Hausaufgaben in Mathematik sind wieder sehr aufwendig. Mit der Zahl 50 sollen hintereinander einige Berechnungen durchgeführt werden. Zuerst soll durch 5 geteilt werden und dann das Ergebnis zu der Zahl 20 addiert werden. Zum Schluss soll dieses Ergebnis dann noch durch 2 geteilt werden. Kannst du die richtigen Befehle aufschreiben, sodass ein Computer dir die Arbeit der Hausaufgaben abnehmen könnte? Beachte dabei die Reihenfolge der Befehle.

Und nun noch einmal die wichtigen Dinge!

ROLF ROBOT
fasst zusammen

Zusammenfassung

Nach jedem Kapitel fasst ROLF ROBOT noch einmal die wichtigen Dinge für dich zusammen. Ab dem zweiten Kapitel kommen noch Tipps zur Fehlersuche hinzu. Das hilft dir auch bei der Suche nach Fehlern in deinen eigenen Programmen.

✏️ Ein Programm besteht aus einer Reihe von Befehlen, die wir dem Computer mitteilen. Die Befehle werden dabei hintereinander aufgeschrieben.

✏️ Jedes Programm hat einen Start und ein Ende.

✏️ Der Computer versteht eigentlich nur die Maschinensprache. Der Mensch versteht aber besser eine Programmiersprache. Mithilfe eines bestimmten Computerprogramms wird die Programmiersprache in die Maschinensprache übersetzt.

✏️ In der Computerfachsprache heißt das Übersetzungsprogramm *Compiler*.

KAPITEL 2

DAS ERSTE PROGRAMM SCHREIBEN

Das Übersetzungsprogramm ProLern

Bevor mit der Programmierung gestartet werden kann, muss natürlich noch das Übersetzungsprogramm **ProLern** vorgestellt werden, welches sich auf der beiliegenden CD befindet. Nach der Installation von **ProLern** (eine Anleitung dazu ist ebenfalls auf der beiliegenden CD) kann das Übersetzungsprogramm gestartet werden. Es erscheint dann das folgende Fenster auf dem Computermonitor.

Die Entwicklungs-
umgebung ProLern

Das Programm **ProLern** hat einige Knöpfe, die für das Programmieren wichtig sind. Diese Knöpfe werden nun kurz vorgestellt:

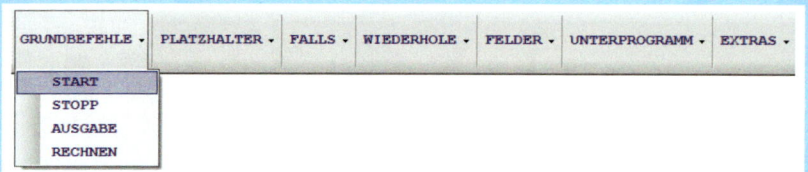

Die Knöpfe für
die Befehle

Mithilfe dieser Knöpfe können die Befehle gewählt werden, die für das Programmieren nötig sind. Wenn du beispielsweise den Knopf GRUND-BEFEHLE und dann den Knopf START drückst, dann erscheint der Befehl START in dem Eingabebereich von **ProLern**. Alle Befehle werden bald ausführlich erläutert. Neben diesen Befehlen für die Programmierung sind aber noch weitere Knöpfe vorhanden, mit denen das Programm **ProLern** gesteuert werden kann.

Der wichtigste dieser Knöpfe ist der Knopf, mit dem das Programm übersetzt und gestartet wird – das ist der Knopf mit dem laufenden Männchen und der Start-Sprechblase.

Die Steuer-Knöpfe
für ProLern

Wenn du nicht mehr mit **ProLern** arbeiten willst, dann drückst du den Knopf mit dem roten Kreuz. Dann wird **ProLern** beendet. Die beiden anderen Knöpfe (Laden und Speichern) werden später erklärt, wenn das erste Programm geschrieben wurde. Wenn du die rechte Maustaste drückst, dann erscheint ein kleines Fenster mit weiteren Befehlen – das nennt man in der Computerfachsprache *Kontextmenü*:

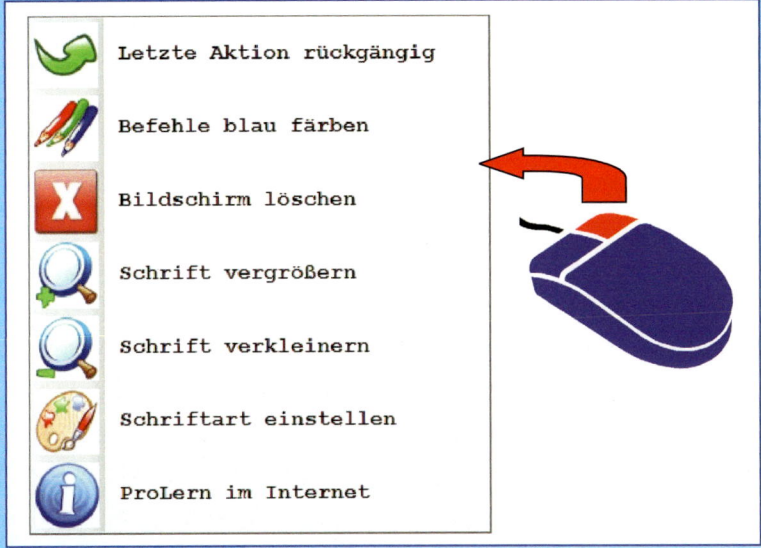

Weitere Steuer-
Knöpfe in dem
Kontextmenü

Mit diesen Befehlen kannst du dann beispielsweise die letzte Aktion rückgängig machen, die Befehle blau färben, den Bildschirm löschen, die Schriftart vergrößern und verkleinern, die Schriftart einstellen sowie ein Informationsfenster öffnen. Wenn dein Computer über eine Internetverbindung verfügt, dann zeigt dir das Informationsfenster die Internetseite von **ProLern** an. Da werden dann weitere Informationen zu dem Programm zu finden sein.

Diese ganzen Knöpfe sind natürlich am Anfang etwas verwirrend, aber im Laufe der Zeit wirst du dich ganz schnell daran gewöhnen. Am einfachsten ist es, die Knöpfe mal auszuprobieren und zu schauen, was passiert.

ROLF ROBOT hat noch einen Tipp für dich

Das erste Programm

Nun geht es endlich los. Das erste Programm wird geschrieben und gestartet. Öffne zuerst das Übersetzungsprogramm **ProLern**. Drücke nun den Knopf **GRUNDBEFEHLE**, dann den Knopf **START** und anschließend den Knopf **AUSGABE**. Schreibe danach den Text:

"Das erste Programm"

Denk dabei an die Anführungszeichen, das ist sehr wichtig. Anschließend drückst du den Knopf **STOPP**. Du kannst die Befehle auch alle selbst

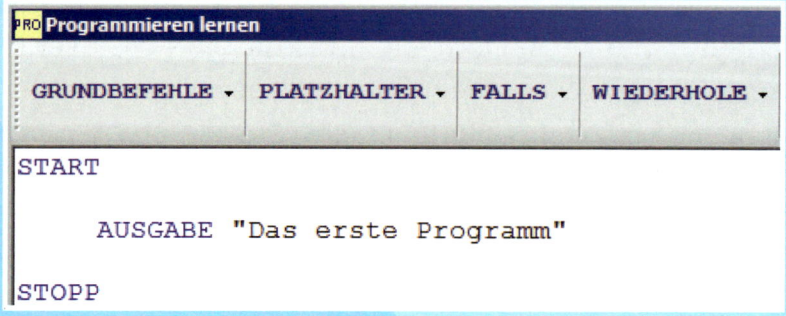

Das erste Programm schreiben

schreiben. Allerdings ist es (gerade am Anfang) viel angenehmer, die Befehle über die vorhandenen Knöpfe zu wählen.

Die Befehle START, AUSGABE und STOPP wurden durch das Drücken auf den entsprechenden Knopf in den Eingabebereich geschrieben. Sie werden automatisch in der Farbe blau angezeigt und sind groß geschrieben. Das gilt übrigens für alle Befehle, die du mit den Knöpfen wählen kannst. Den weiteren Text "Das erste Programm" musstest du dann über die Tastatur eingeben, denn es ist kein Befehl. Deshalb erscheint der Text auch in der Farbe Schwarz. Wenn das alles erledigt ist, dann kannst du den **Start**-Knopf (mit dem laufenden Männchen) drücken. Nun werden die Befehle übersetzt und das Programm wird gestartet. Wenn du alles richtig gemacht hast, dann erscheint ein neues Fenster. Dieses Fenster ist das gestartete Programm, also die Übersetzung und Ausführung deiner Befehle auf dem Computer. Das neue Fenster hat einen schwarzen Hintergrund und der Text wird in weiß-grauer Farbe geschrieben. Das ist erst einmal immer so. Auf jeden Fall so lange, bis du die Befehle kennen lernst, um das zu ändern. So sollte es nun nach dem Starten auf deinem Bildschirm aussehen:

Das erste Programm wurde gestartet

Ist das Fenster so erschienen? **Dann herzlichen Glückwunsch, du hast soeben dein erstes Programm geschrieben und gestartet**. Falls das Fenster nicht erscheint, dann musst du alle Schritte, die oben beschrieben wurden, noch einmal überprüfen. In dem Fenster steht zusätzlich die Aufforderung, eine Taste zu drücken. Diese Aufforderung wird bei jedem Programm erscheinen, denn erst nachdem du eine Taste gedrückt hast, wird das Fenster wieder geschlossen und das Programm ist zu Ende.

Dir ist mit Sicherheit aufgefallen, dass das erste Programm aus drei Befehlen und einem Text besteht. Der START-Befehl ist dabei ganz wichtig, denn er zeigt an, dass jetzt das Programm beginnt. Wenn dieser Befehl weggelassen wird, dann kann das Programm nicht gestartet werden. Genauso wichtig ist der STOPP-Befehl, denn er zeigt an, dass das Programm nun zu Ende ist. Zwischen diesen beiden Befehlen wird dann das eigentliche Programm geschrieben. Bei dem ersten Programm war es der Befehl AUSGABE, der gleich ganz genau betrachtet wird. Vorher wird aber noch gezeigt was passiert, wenn beispielsweise der START-Befehl weggelassen wird:

```
AUSGABE "Das erste Programm"

STOPP
```

Nach dem Starten erscheint dann das folgende Fenster:

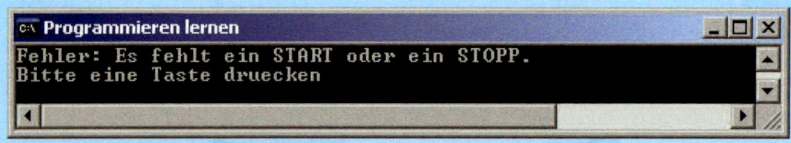

START oder STOPP fehlen

Das Programm wird nicht ausgeführt, stattdessen wird das Fenster mit der Meldung »Fehler: Es fehlt ein START oder ein STOPP.« angezeigt. Nach dem Drücken einer Taste wird dieses Fenster wieder geschlossen und man kann in seinem Programm den fehlenden Befehl ergänzen.

Der Befehl AUSGABE

Nachdem das erste Programm nun erfolgreich umgesetzt wurde, muss der Befehl AUSGABE näher betrachtet werden, denn er war ja sehr wichtig für das erste Programm. Mit diesem Befehl wird eine Ausgabe von Text auf dem Bildschirm ermöglicht. Der Text muss allerdings in Anführungsstrichen stehen, sonst kann der Befehl nicht richtig übersetzt werden.

Was ist eigentlich genau ein Text? ROLF ROBOT erklärt es dir.

Alle Zeichen, die auf der Tastatur zu finden sind, können als Text ausgegeben werden. Meistens werden jedoch Buchstaben, Worte oder Sätze ausgegeben.

Rolf Robot erklärt den Begriff Text

Später werden wir sehen, dass der Befehl AUSGABE auch noch für andere Dinge benutzt werden kann und zwar für die Ausgabe von Platzhalter-Inhalten. Dazu aber dann mehr, wenn die Platzhalter vorgestellt werden. Ein weiteres Beispiel zeigt noch einmal, wie der Befehl AUSGABE benutzt werden kann.

```
START

    AUSGABE "Das ist ein Text: abcd HIJK 123 !§$%&"
    AUSGABE
    AUSGABE "Das war eine Leerzeile"
    AUSGABE

STOPP
```

In diesem Beispiel werden verschiedene Möglichkeiten der Ausgabe gezeigt. Zuerst werden einige Buchstaben, Ziffern und Zeichen ausgegeben. Danach wird dreimal der Befehl AUSGABE angegeben, davon zweimal ohne einen weiteren Text. Das hat zur Folge, dass jeweils eine Leerzeile ausgegeben wird.

Im obigen Programmtext stehen die Befehle START und STOPP mit einer Zeile Abstand zu den anderen Befehlen. Das ist nicht unbedingt nötig, sorgt aber für Übersichtlichkeit, die beim Programmieren sehr wichtig ist. Eine leere Zeile kannst du übrigens durch Drücken der **Eingabe**-Taste auf der Tastatur erzeugen. Die AUSGABE-Befehle sind zusätzlich mit dem Tabulator nach rechts eingerückt worden. Das sorgt ebenfalls für Übersichtlichkeit – echte Profis machen das übrigens auch so. Am einfachsten ist es, wenn du in einer neuen Zeile zuerst die **Tabulator**-Taste drückst und dann den Knopf für den Ausgabe-Befehl (die Tabulator-Taste befindet sich auf der Tastatur links neben dem Buchstaben **Q** und ist durch zwei Pfeile gekennzeichnet). Nach dem Starten sieht es dann so aus:

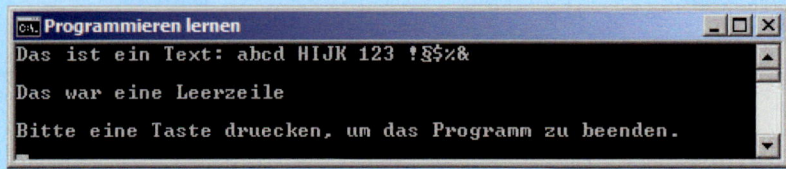

Verschiedene Textausgaben

Fehler im Programm

Genau so wie im richtigen Leben kann man auch beim Programmieren Fehler machen. Beispielsweise schreibt man aus Versehen falsche Befehle oder vergisst die Anführungsstriche bei der Textausgabe. Das ist überhaupt nicht schlimm und gehört zum Programmieren einfach dazu. Die meisten Programmierer verbringen viele Stunden damit, Fehler im Programm zu suchen. Das folgende Programm würde einen Fehler verursachen, denn der Ausgabe-Befehl wurde versehentlich zweimal hintereinander geschrieben:

```
START

        AUSGABE "Jetzt kommt ein Fehler"
        AUSGABE AUSGABE

STOPP
```

Nach dem Starten würde das Übersetzungsprogramm den Fehler erkennen. Es erscheint dann automatisch ein Fenster mit dem Hinweis, dass ein Fehler aufgetreten ist. Dieses kleine Fenster kannst du dann durch das Drücken des **OK**-Knopfes wieder schließen. Anschließend sind alle Fehler des Programms in roter Schriftfarbe markiert.

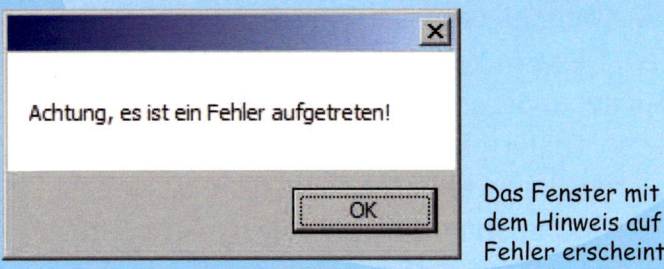

Das Fenster mit dem Hinweis auf Fehler erscheint

Im Programm ist die Zeile mit dem Fehler rot eingefärbt:

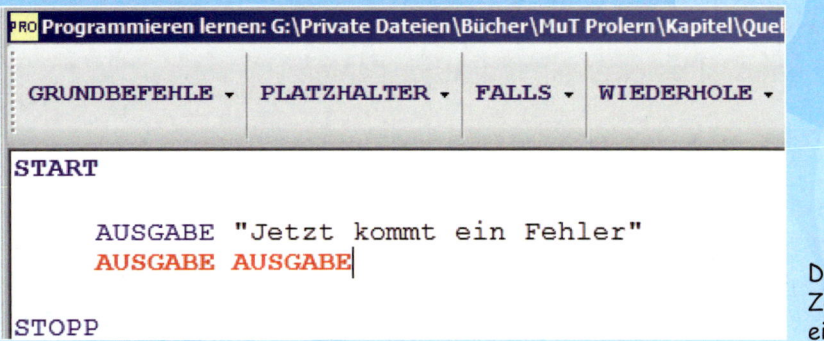

Die fehlerhafte Zeile wird eingefärbt

Nun kannst du den Fehler einfach beseitigen und das Programm neu starten. Dann sollte alles in Ordnung sein. Es kann aber auch sein, dass noch mehr Fehler in einem Programm sind. Dann müssen alle rot gefärbten Zeilen überprüft und geändert werden. So werden Schritt für Schritt alle Fehler im Programm korrigiert und das Programm kann erneut gestartet werden. Nach dem Starten werden automatisch alle rot gefärbten Zeilen wieder in den Normal-Zustand versetzt – also die Befehle blau eingefärbt und der andere Text in schwarzer Schrift geschrieben. Falls nach dem Starten erneut Fehler auftauchen, werden sie natürlich wieder rot markiert. Das geht so lange, bis das Programm fehlerfrei ist und das schwarze Fenster mit der Ausführung des Programms beginnt.

WELCHE ARTEN VON FEHLERN GIBT ES EIGENTLICH?

Es können grundsätzlich zwei Arten von Fehlern unterschieden werden. Auf der einen Seite die so genannten *formalen* Fehler. Das sind Fehler wie in dem obigen Beispiel – also ein Befehl wird falsch geschrieben oder doppelt verwendet oder bei dem Text werden Anführungsstriche vergessen. Diese Fehler kann das Übersetzungsprogramm sehr gut finden. Auf der anderen Seite gibt es die so genannten *logischen* Fehler. Bei diesen Fehlern ist es so, dass das Programm übersetzt und gestartet werden kann, aber trotzdem nicht das macht, was der Programmierer will. Dann stimmt etwas mit der Programmlogik nicht. Diese Begriffe sind wahrscheinlich neu für dich und etwas schwer zu verstehen. Stell dir einfach vor, du schreibst einen Aufsatz für den Deutschunterricht. Die Rechtschreibfehler bei dem Aufsatz sind eher formale Fehler. Wenn der Inhalt des Aufsatzes nicht so richtig passt, dann ist es eher ein logischer Fehler.

ROLF ROBOT hat noch einen sehr wichtigen Tipp für dich:

Denk bitte daran: Jeder Befehl muss in einer eigenen Zeile stehen, sonst erscheint ein Fehler bei der Übersetzung.

ROLF ROBOT hat einen wichtigen Tipp

Der Tipp von Rolf Robot ist für die ersten Kapitel völlig richtig. Später werden dann besondere Befehle kommen, die in einer Zeile weitere Befehle brauchen – aber das dauert noch einige Kapitel.

Ein Programm speichern

Ein Programm für den Computer zu schreiben ist eine tolle Sache. Wenn es fehlerfrei startet und genau das macht, was man möchte, dann kann man als Programmierer zufrieden sein. Aber was passiert mit dem Programm, wenn das Übersetzungsprogramm beendet wird und der Computer ausgeschaltet wird? Es ist für immer verschwunden. Beim nächsten Mal müsste der Programmierer das Programm erneut schreiben. Das wäre unheimlich mühsam. Deshalb gibt es die Möglichkeit, das Programm in einer Datei zu speichern. Das bedeutet, dass das Programm auch nach dem Ausschalten des Computers noch vorhanden ist – und zwar als Datei auf der Festplatte des Computers. Das kann man gut damit vergleichen, dass man sich eine tolle Geschichte ausdenkt. Einige Tage später kann man sich nicht mehr so richtig an die Geschichte erinnern und man muss sich (fast) alles neu ausdenken. Deshalb wäre es sinnvoll, die Geschichte sofort aufzuschreiben. Dann kann man sie jederzeit lesen und vergisst keine Details. So ähnlich ist es mit den Dateien auf der Festplatte des Computers. Der Benutzer eines Computers speichert seine *Geschichten* (also Programme oder auch Briefe) in Form von Dateien auf dem Computer.

Das Übersetzungsprogramm **ProLern** bietet deshalb die Möglichkeit, die Programme in Dateien zu speichern. Wie das funktioniert, wird an dem folgenden Beispiel Schritt für Schritt gezeigt.

Schritt 1: Ein Programm schreiben

```
GRUNDBEFEHLE ▾   PLATZHALTER ▾   FALLS ▾   WIEDERHOLE ▾

START

    AUSGABE "Ein Beispielprogramm"
    AUSGABE "soll in einer Datei"
    AUSGABE "gespeichert werden!"
    AUSGABE

STOPP
```

Ein Programm
schreiben

Schritt 2: Den Speichern-Knopf drücken

Der Steuer-
Knopf für das
Speichern

Nach dem Drücken dieses Steuer-Knopfes
öffnet sich ein neues Fenster. Dieses Fenster
heißt PROGRAMMIERDATEI SPEICHERN.

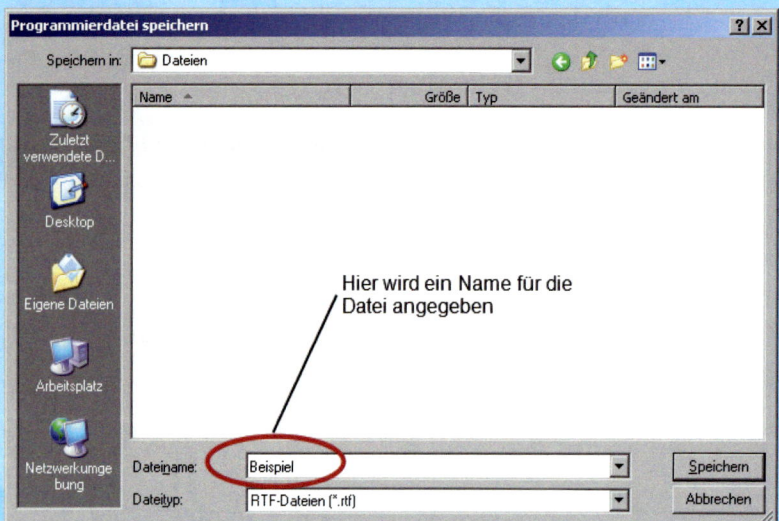

Den Dateinamen
angeben

NOCH EINE INFORMATION FÜR COMPUTEREXPERTEN

Die Programmierdateien werden in einem bestimmten Format gespeichert – und zwar dem **Rich-Text-Format**. Eine solche Datei kann auch mit einer Textverarbeitung wie Word für Windows bearbeitet werden.

Schritt 3: Erneut einen Speichern-Knopf drücken

Nachdem ein Dateiname angegeben wurde, muss jetzt nur noch der SPEICHERN-Knopf des PROGRAMMIERDATEI SPEICHERN-Fensters gedrückt werden. Danach ist das Programm gespeichert und man könnte den Computer ruhigen Gewissens ausschalten.

Ein Programm laden

Nachdem nun klar ist, wie ein Programm in einer Datei gespeichert werden kann, geht es nun darum, wie ein Programm aus einer Datei gelesen bzw. geladen werden kann. Das geht ebenfalls sehr einfach. Zuerst muss der Steuer-Knopf für das Laden gedrückt werden.

 Der Steuer-Knopf für das Laden

Anschließend öffnet sich ein PROGRAMMIERDATEI LADEN-Fenster, welches eigentlich fast genau so wie das PROGRAMMIERDATEI SPEICHERN-Fenster aussieht.

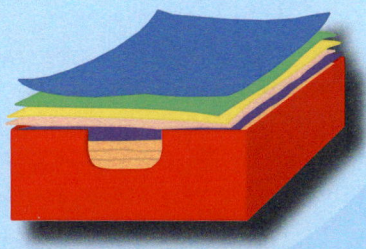

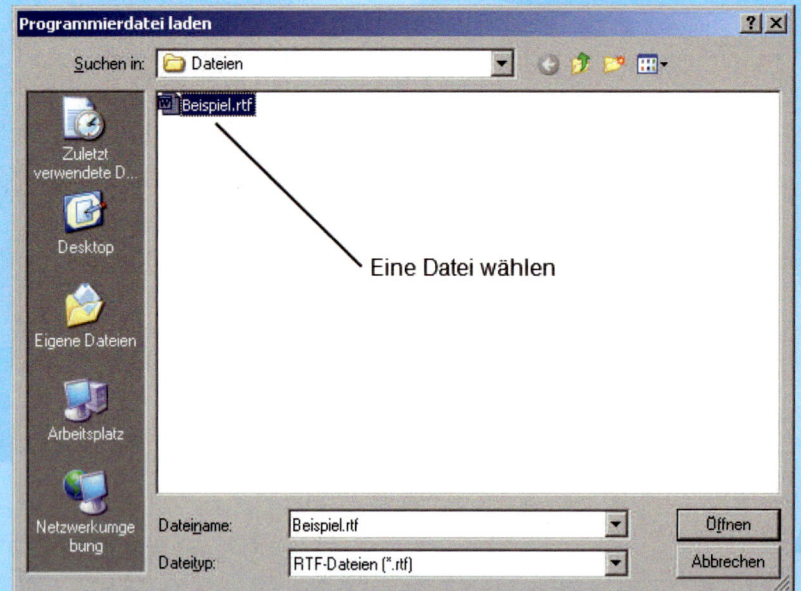

Eine Datei wählen

Ein Programm laden

Nun kann einfach eine Datei ausgewählt werden, indem mit der Maus auf den Dateinamen geklickt wird. Automatisch erscheint der Dateiname in dem unteren Feld DATEINAME. Zum Schluss muss nur der ÖFFNEN-Knopf gedrückt werden und die Programmierdatei wird geladen. Das Programm erscheint vollständig im Eingabebereich von **ProLern**.

Aufgaben

Nun wird es wirklich Zeit für einige praktische Aufgaben, damit du die vielen Informationen aus diesem Kapitel auch richtig verarbeiten und verstehen kannst.

Aufgabe 1: deine Adresse ausgeben

Schreibe ein Programm, das den folgenden Text auf dem Bildschirm ausgibt. Ersetze dabei den Namen von *Max Mustermann* durch deinen Namen und die Adresse von *Max Mustermann* durch deine Adresse. Achte auch auf die Leerzeilen.

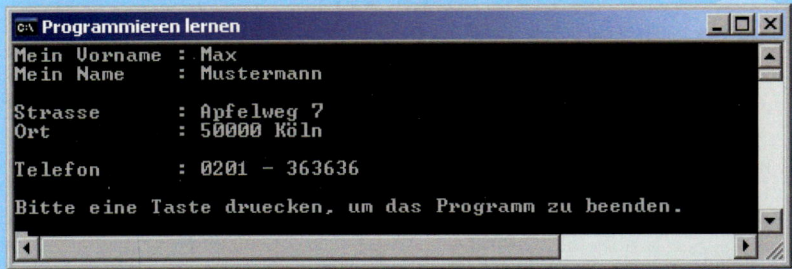

Eine Visitenkarte programmieren

Aufgabe 2: Speichern und Laden

Speichere das Programm aus Aufgabe 1 unter dem Dateinamen *Visitenkarte* auf der Festplatte des Computers. Beende dann das Übersetzungsprogramm *ProLern* und starte es anschließend neu. Lade nun die gespeicherte Datei wieder ein. Im Eingabebereich von *ProLern* sollte nun dein Visitenkarten-Programm erscheinen.

Aufgabe 3: Fehler beseitigen

Wenn du den Laden-Knopf drückst, erscheint das Programmierdatei laden-Fenster. Dort findest du einen Ordner *Buch-Dateien*. Klicke doppelt auf diesen Ordner, damit wechselst du in diesen Ordner. In diesem Ordner befinden sich weitere Ordner mit vielen Dateien, die zu dem Buch gehören.

Wechsel dann in den Ordner *Aufgaben* und dann in den Unterordner *Kapitel 2*. Dort befindet sich die Datei *Aufgabe_3_Fehler.rtf*. Lade diese Datei.

Es sollte dann das folgende Programm im Eingabebereich von **ProLern** stehen:

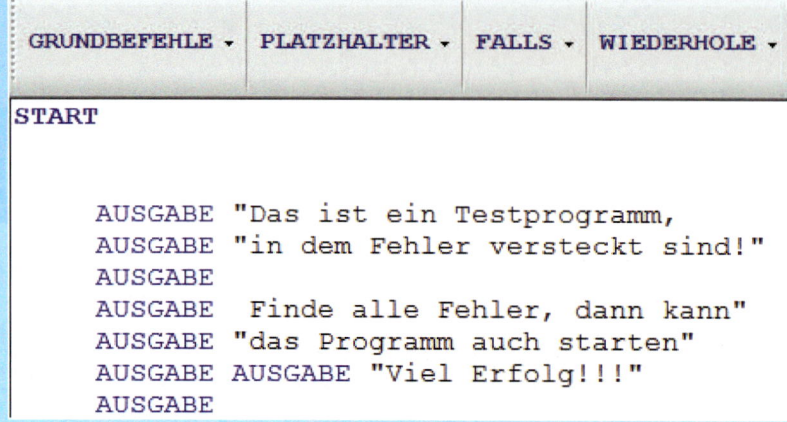

```
GRUNDBEFEHLE ▾   PLATZHALTER ▾   FALLS ▾   WIEDERHOLE ▾

START

    AUSGABE "Das ist ein Testprogramm,
    AUSGABE "in dem Fehler versteckt sind!"
    AUSGABE
    AUSGABE  Finde alle Fehler, dann kann"
    AUSGABE "das Programm auch starten"
    AUSGABE AUSGABE "Viel Erfolg!!!"
    AUSGABE
```

Ein Programm
mit Fehlern!

Starte das Programm. Es werden Fehler angezeigt. Beseitige die Fehler Schritt für Schritt.

Viel Erfolg bei den Aufgaben. Und wenn es auf Anhieb nicht klappt, einfach noch einmal versuchen.

ROLF ROBOT
macht dir Mut

Und nun noch einmal die wichtigen Dinge!

ROLF ROBOT
fasst zusammen

Zusammenfassung und Tipps

✏️ Das Programm **ProLern** übersetzt die Befehle in die Maschinensprache und führt das übersetzte Programm aus.

✏️ Mit dem AUSGABE-Befehl können Buchstaben, Zahlen und andere Zeichen auf den Bildschirm geschrieben werden.

✏️ Das Übersetzungsprogramm erkennt Fehler und färbt dann alle fehlerhaften Zeilen in roter Farbe. Beim nächsten Starten werden alle roten Zeilen wieder in den Normalzustand versetzt – es sei denn, es gibt weitere oder neue Fehler, die dann natürlich wieder rot gefärbt werden.

✏️ Ein fertiges Programm sollte in einer Datei gespeichert werden, damit es auch noch vorhanden ist, wenn das Programm **ProLern** beendet oder der Computer ausgeschaltet wird.

✏️ Gespeicherte Programme können immer wieder geladen werden.

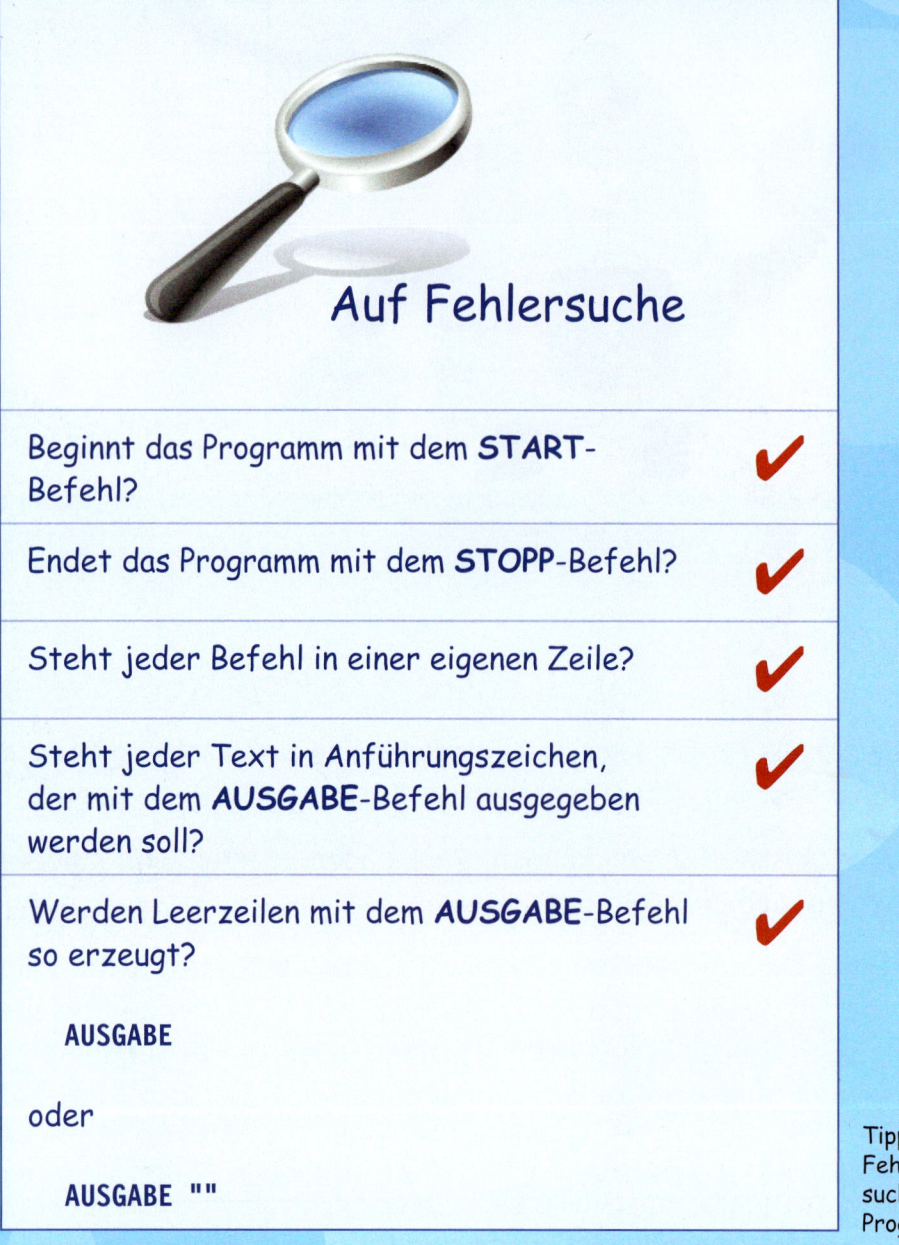

Auf Fehlersuche

Beginnt das Programm mit dem **START**-Befehl? ✔

Endet das Programm mit dem **STOPP**-Befehl? ✔

Steht jeder Befehl in einer eigenen Zeile? ✔

Steht jeder Text in Anführungszeichen, der mit dem **AUSGABE**-Befehl ausgegeben werden soll? ✔

Werden Leerzeilen mit dem **AUSGABE**-Befehl so erzeugt? ✔

   AUSGABE

oder

   AUSGABE ""

Tipps zur Fehler-suche im Programm

KAPITEL 3

PLATZ-HALTER

Was sind Platzhalter?

Platzhalter sind ganz wichtige Elemente bei der Programmierung. Alle Programme, die du schon kennst (wie beispielsweise die Textverarbeitung WORD oder ein Programm zum Verschicken von E-Mails), benutzen sehr viele Platzhalter. Ohne Platzhalter könnte kein großes Programm funktionieren. Deshalb ist dieses Thema auch so wichtig für die Programmierung. Das Platzhalter-Prinzip gibt es aber nicht nur in der Programmierung, sondern auch im Mathematik-Unterricht. Auch dort spielen die Platzhalter eine herausragende Rolle. Damit du erst einmal grundsätzlich verstehst, worum es bei einem Platzhalter geht, hat Rolf Robot ein Beispiel aus dem Mathematik-Unterricht ausgewählt, in dem ein Platzhalter verwendet wird.

$$3 + \square = 10$$

Rolf Robot zeigt eine Platzhalter-Aufgabe

Du wirst sehr schnell erkennen, dass der Kasten stellvertretend für eine Zahl steht, also eine Art Platzhalter für eine Zahl sein soll. Noch schneller wirst du im Kopf berechnet haben, dass nur die Zahl 7 sinnvoll für den Platzhalter eingesetzt werden kann, damit die Gleichung richtig ist. Dem Platzhalter ist es allerdings egal, welche Zahl für ihn eingesetzt wird. Er ist ein Stellvertreter für beliebige Zahlen. In der Programmierung arbeitet man natürlich nicht mit Kästen, sondern benutzt für Platzhalter einen Namen. Ein Name kann dabei auch nur aus einem Buchstaben bestehen, beispielsweise aus dem Buchstaben x. Zum besseren Verständnis hat Rolf Robot deshalb ein weiteres Beispiel für dich:

$$10 - x = 5$$

Platzhalter

Ein weiteres
Platzhalter-Beispiel

Anstelle des Kastens ist nun der Platzhalter mit dem Namen x getreten. Wenn man für das x die Zahl 5 einsetzt, dann ist die Gleichung richtig. Man könnte für x aber auch wieder eine beliebige andere Zahl einsetzen wie beispielsweise die 14. Dann wäre nur die Gleichung nicht mehr richtig. In der Programmierung benutzt man Platzhalter genau für einen solchen Zweck. Ein Platzhalter in einem Programm soll für eine bestimmte Zahl stehen. Man spricht auch davon, dass ein Platzhalter eine Zahl speichert. Im Laufe des Programms kann sich die Zahl, für die der Platzhalter steht aber auch ändern – also speichert der Platzhalter dann diese neue Zahl. Ganz besonders interessant ist es, wenn der Benutzer des Programms die Zahl, die der Platzhalter speichern soll, über die Tastatur eingeben kann und damit also mit dem Programm »sprechen« kann. Das hört sich noch etwas kompliziert an, aber mithilfe der nächsten Beispiele wirst du das Prinzip der Platzhalter ganz schnell verstehen lernen.

VARIABLEN

Platzhalter werden auch *Variablen* genannt. Vielleicht hast du diesen Begriff auch schon gehört. In der Mathematik spricht man ebenso von Variablen, meistens auch mit dem Namen **x**.

Ein erstes Programm mit Platzhalter

Nachdem du nun eine erste Vorstellung von Platzhaltern bekommen hast, soll nun ein Beispiel für ein Programm das Platzhalter-Prinzip in der Programmierung noch besser verständlich machen. Das Programm soll dir die Arbeit bei den Mathematik-Hausaufgaben erleichtern. Wenn du dem Programm eine Zahl über die Tastatur eingibst, dann soll das Programm automatisch das Doppelte und das Siebenfache dieser Zahl berechnen und auf dem Bildschirm ausgeben. Das Programm könnte so beschrieben werden:

```
Befehl Nr. 1: START
Befehl Nr. 2: Benutze einen Platzhalter mit Namen x
Befehl Nr. 3: SCHREIBE AUF BILDSCHIRM: Bitte eine Zahl eingeben:
Befehl Nr. 4: ZAHLEINGABE in den Platzhalter x
Befehl Nr. 5: BERECHNE: Das Doppelte von x
Befehl Nr. 6: SCHREIBE ERGEBNIS AUF BILDSCHIRM
Befehl Nr. 7: BERECHNE: Das Siebenfache von x
Befehl Nr. 8: SCHREIBE ERGEBNIS AUF BILDSCHIRM
Befehl Nr. 9: STOPP
```

Das fertige Programm könnte nach dem Starten so aussehen:

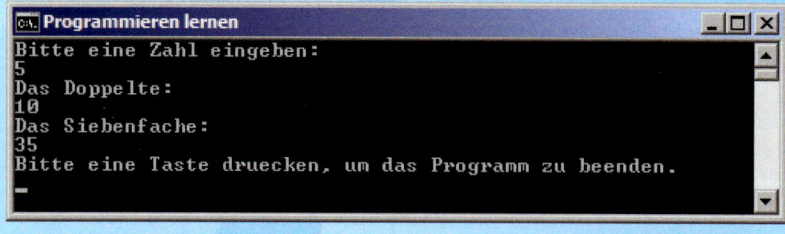

Das fertige Programm mit Platzhalter

Das Besondere an diesem Programm ist, dass der Benutzer immer wieder eine neue Zahl eingeben kann und das Doppelte und Siebenfache immer wieder korrekt berechnet werden. Das liegt an dem Platzhalter x, der die Zahl speichert, die der Benutzer eingibt, und im Laufe des Programms die Zahl für die Berechnungen zur Verfügung stellt. Nun ist es an der Zeit den Befehl für einen Platzhalter kennenzulernen, damit die ersten echten Platzhalter-Programme geschrieben werden können.

Der Platzhalter-Befehl ZAHL

Mit dem Befehl ZAHL kann ein Platzhalter vereinbart werden. Es ist allerdings darauf zu achten, dass der Platzhalter einen gültigen Namen bekommt. In der Programmierung gibt es eine klare Regel, wie ein Platzhalter benannt werden darf.

REGEL: Der Name eines Platzhalters muss mit einem Buchstaben beginnen und darf danach auch Ziffern enthalten. Hier sind einige Beispiele für richtige und falsche Namen für Platzhalter:

✏	x	richtiger Name
✏	1x	falscher Name
✏	wert	richtiger Name
✏	wert123	richtiger Name
✏	123wert	falscher Name

ACHTUNG: Platzhalternamen sollten immer mit kleinen Buchstaben gebildet werden, damit sie sich von den Befehlen besser unterscheiden lassen. Damit verhindert man auch ein Problem mit der Groß- und Kleinschreibung. Beispielsweise ist der Platzhalter mit dem Namen Test ein anderer, als der Platzhalter mit dem Namen test. Das stiftet unnötige Verwirrung, und deshalb sollte so etwas vermieden werden, indem alle Namen nur mit Kleinbuchstaben gebildet werden.

Jetzt kommen wir endlich zu dem ersten echten Programm mit einem Platzhalter. Der Einfachheit halber nennen wir den Platzhalter x:

```
START

    ZAHL x

STOPP
```

Das ist tatsächlich ein Programm mit einem Platzhalter, der mit dem Befehl ZAHL vereinbart wurde. Leider passiert noch nichts, denn der Platzhalter hat noch keinen Wert gespeichert. Es wäre doch sehr schön, wenn der Benutzer des Programms eine Zahl über die Tastatur eingeben könnte und die würde dann im Platzhalter gespeichert.

Dafür gibt es einen neuen Befehl und zwar den Befehl ZAHLEINGABE.

Der Befehl ZAHLEINGABE

Nachdem ein Platzhalter vereinbart wurde, kann mit dem Befehl ZAHL-EINGABE eine Zahl über die Tastatur eingelesen werden und automatisch in dem Platzhalter gespeichert werden. Das könnte dann so aussehen:

```
START

    ZAHL x
    ZAHLEINGABE x

STOPP
```

Nach dem Einlesen einer Zahl kann man die in dem Platzhalter gespeicherte Zahl wieder auf dem Bildschirm ausgeben und zwar mit dem Befehl AUSGABE. Das ist doch richtig praktisch, oder?

ROLF ROBOT hat noch einen guten Tipp

Wenn man ROLF ROBOTS Tipp umsetzen würde, dann könnte das Programm so aussehen:

```
START
    ZAHL x
    ZAHLEINGABE x
    AUSGABE x
STOPP
```

Dieses Programm wäre aber nicht besonders freundlich zu seinem Benutzer, weil es keinerlei erklärende Bildschirmausgaben und Informationen anzeigt. Deshalb wird das Programm noch ein wenig ergänzt:

```
START

    ZAHL x
    AUSGABE "Bitte eine Zahl eingeben:"

    ZAHLEINGABE x

    AUSGABE "Danke. Die Zahl lautet:"

    AUSGABE x
    AUSGABE

STOPP
```

Dieses Programm erklärt dem Benutzer genau, was er tun soll – so sollte es eigentlich immer sein. Nachdem der Benutzer eine Zahl eingegeben hat, wird diese Zahl wieder auf dem Bildschirm angezeigt. Der Platzhalter hat die Zahl also gespeichert. Der AUSGABE-Befehl sorgt dann dafür, dass der gespeicherte Wert des Platzhalters auf dem Bildschirm angezeigt wird.

Nach dem Starten sieht das Programm dann so aus:

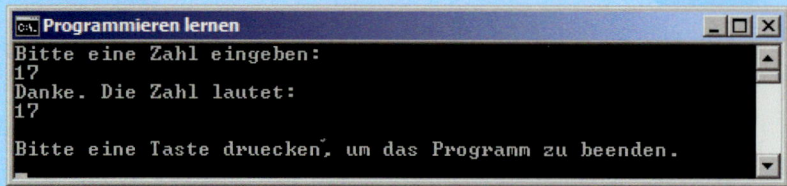

Das erste echte Platzhalter-Programm

Wenn du bis jetzt alles verstanden hast, dann bist du auf deinem Weg zum Profi-Programmierer schon einen riesigen Schritt vorangekommen. Wenn dir das Platzhalter-Prinzip aber noch nicht so ganz klar ist, dann lies das Kapitel einfach noch einmal von Anfang an. Das ist nicht schlimm, denn das Platzhalter-Prinzip ist keine so leichte Angelegenheit, die du aber unbedingt verstanden haben musst, um mit dem Programmieren weitere Fortschritte zu machen.

Der Platzhalter-Befehl WORT

Der Computer unterscheidet klar zwischen Zahlen und Worten. Das ist auch sinnvoll, denn mit Zahlen kann gerechnet werden und Worte werden eigentlich nur geschrieben. Ein Platzhalter für ein Wort kann deshalb auch nur ein Wort oder auch mehrere Worte, also einen Satz, speichern. Das Wort kann natürlich auch Ziffern enthalten, aber es kann nicht damit gerechnet werden. Das klingt vielleicht ein wenig kompliziert, wird aber umso verständlicher, je mehr man sich mit dem Programmieren angefreundet hat. Um einen Platzhalter für ein Wort anzulegen, wird der Befehl WORT verwendet, wiederum gefolgt von dem Namen für diesen Platzhalter.

Ein Beispiel für einen Platzhalter für ein Wort könnte so aussehen:

START

    WORT n

STOPP

In dem Platzhalter n könnte ja beispielsweise der Name des Benutzers gespeichert werden. Man muss jetzt nur noch einen Befehl für die Eingabe eines Wortes über die Tastatur haben. Dieser Befehl ist natürlich vorhanden und ähnelt der Eingabe von Zahlen.

Der Befehl WORTEINGABE

Genauso wie die ZAHLEINGABE eine Zahl über die Tastatur einliest und in dem angegebenen Platzhalter speichert, so speichert der Befehl WORTEINGABE die Eingabe eines Wortes (oder mehrerer Worte) über die Tastatur in dem angegebenen Platzhalter. Ein Beispiel für die Wort-Eingabe könnte so aussehen:

```
START

    WORT n

    WORTEINGABE n

    AUSGABE n

STOPP
```

Zuerst wird ein Platzhalter mit dem Namen n vereinbart und anschließend über die Tastatur ein Wort oder mehrere Worte eingelesen und in dem Platzhalter gespeichert. Ebenso wie bei den Zahlen kann dann das eingegebene Wort mit dem Befehl AUSGABE auf dem Bildschirm ausgegeben werden. Das Beispielprogramm könnte nach dem Starten so aussehen:

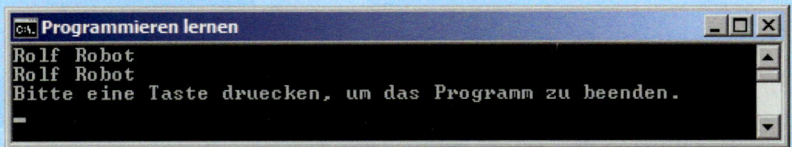

Ein Beispiel-
programm für eine
Wort-Eingabe

Das Beispiel zeigt zwar, wie eine Wort-Eingabe funktioniert, aber wie in dem ersten Beispiel (Eingabe einer Zahl), wird der Benutzer nicht informiert, was er zu tun hat. Das soll sich in dem folgenden Beispielprogramm ändern, das zeigt, wie man dem Computer ein gutes Benehmen beibringen kann und dabei die eben erlernten Befehle benutzt. Das Programm soll dazu den Benutzer des Programms nach seinem Vornamen und seinem Alter fragen. Nachdem der Benutzer die Eingaben gemacht hat, wird er von dem Computer freundlich begrüßt. So sieht das Programm dazu aus:

```
START

    WORT vorname
    ZAHL alter

    AUSGABE "Wie heißt du bitte?"
    WORTEINGABE vorname
    AUSGABE

    AUSGABE "Und wie alt bist du?"
    ZAHLEINGABE alter
    AUSGABE

    AUSGABE "Hallo"
    AUSGABE vorname
    AUSGABE "du bist"
    AUSGABE alter
    AUSGABE "Jahre alt."
    AUSGABE
    AUSGABE "Herzlich willkommen bei dem Programm!"
    AUSGABE

STOPP
```

An dem Programm ist zu erkennen, dass die Namen der Platzhalter nicht mehr nur aus einem Buchstaben wie x oder n bestehen. Vielmehr wurden den Platzhaltern so genannte »sprechende« Namen gegeben.

Das bedeutet, dass der Programmierer mit dem Namen eines Platzhalters auch ausdrückt, was in dem Platzhalter gespeichert werden soll. Bei dem Platzhalter alter wird jeder Programmierer sofort wissen, dass in diesem Platzhalter eine Zahl gespeichert werden soll, die das Alter des Benutzers angibt. Dieses Prinzip solltest du bei deinen eigenen Programmen auch immer berücksichtigen. So sieht das geänderte Programm nach dem Starten aus:

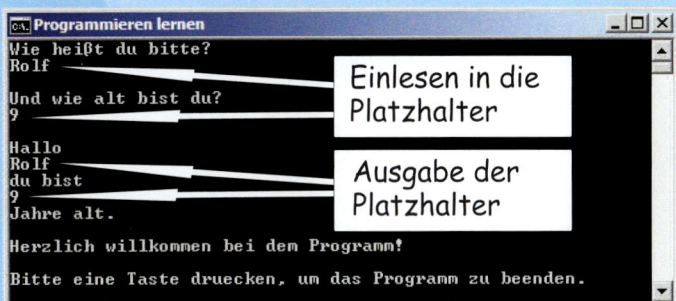

Der Computer lernt gutes Benehmen

Das Programm ist doch wirklich freundlich. Erst fragt es den Benutzer nach Vorname und Alter und dann wird der Benutzer persönlich angesprochen und herzlich begrüßt.

ROLF ROBOT ist begeistert

Aufgaben

Aufgabe 1: Fehler im Programm

Das folgende Programm enthält Fehler. Finde heraus, was nicht richtig ist.

```
START

    ZAHL a
    WORT b

    AUSGABE "Bitte eine Zahl eingeben:"
    ZAHLEINGABE b

    AUSGABE "Bitte ein Wort eingeben:"
    WORTEINGABE a

    AUSGABE a
    AUSGABE b

STOPP
```

Aufgabe 2: Ein Begrüßungsprogramm

Schreibe ein Programm, welches den Namen eines Benutzers über die Tastatur in einen Platzhalter einlesen kann. Mit diesem Namen sollen dann einige Ausgaben auf dem Bildschirm gemacht werden. Das Programm sollte dann so aussehen.

```
Programmieren lernen                          _ □ ✕
Wie heißt du bitte?
Rolf Robot

Guten Tag,
Rolf Robot
ich hoffe, dir geht es gut, liebe(r)
Rolf Robot
Bis dann.

Bitte eine Taste druecken, um das Programm zu beenden.
```

Das Begrüßungs-
programm

Und nun noch einmal die wichtigen Dinge!

ROLF ROBOT
fasst zusammen

Zusammenfassung und Tipps

✏ Platzhalter sind Stellvertreter für Zahlen oder Worte. Im Programm speichern sie beliebige Zahlen oder Worte.

✏ Die Welt der Programmierung wäre ohne Platzhalter nicht denkbar. Aber auch in vielen anderen Gebieten (wie der Mathematik) ist das Platzhalter-Prinzip sehr wichtig.

✏ Platzhalter werden auch *Variablen* genannt.

✏ Platzhalter haben einen eindeutigen Namen. Dabei gilt folgende Regel: Zuerst muss ein Buchstabe stehen, dann dürfen auch Ziffern oder wieder Buchstaben kommen. Die Buchstaben sollten kleingeschrieben sein.

✏ Platzhalter müssen durch Befehle vereinbart werden. Es gibt den ZAHL-Befehl und den WORT-Befehl. Damit können Platzhalter für Zahlen oder Worte angelegt werden.

✏ Durch die Befehle ZAHLEINGABE und WORTEINGABE können Werte über die Tastatur eingelesen werden und in Platzhaltern gespeichert werden.

✏ Der AUSGABE-Befehl kann auch Platzhalter ausgeben (bzw. die Werte, die die Platzhalter gespeichert haben).

Auf Fehlersuche

Werden alle Platzhalter direkt nach dem **START**-Befehl vereinbart?	✔
Sind alle Namen von Platzhaltern mit Kleinbuchstaben gebildet worden?	✔
Werden Platzhalter für Zahlen mit dem Befehl **ZAHLEINGABE** eingelesen?	✔
Werden Platzhalter für Worte mit dem Befehl **WORTEINGABE** eingelesen?	✔
Werden bei der Ausgabe von Platzhaltern falscherweise Anführungsstriche benutzt?	✔

Tipps zur Fehlersuche im Programm

KAPITEL 4

DER COMPUTER LERNT RECHNEN

Das Kapitel mit den Platzhaltern war schon der erste Schritt zur richtigen Programmierung. Nun kommt ein weiterer wichtiger Schritt – und zwar die Möglichkeit, dem Computer das Rechnen beizubringen. Dabei kann man den Computer beispielsweise so wie einen Taschenrechner programmieren, aber es ist natürlich auch noch viel mehr möglich. Zuerst wird dazu ein neuer Befehl eingeführt – der RECHNEN-Befehl.

Der RECHNEN-Befehl

Dieser Befehl ist ganz besonders wichtig, wenn der Computer etwas berechnen soll. Dabei kann eine Berechnung sehr einfach oder auch sehr kompliziert sein. Im letzten Kapitel haben wir gesehen, dass Platzhaltern ein Wert über die Tastatureingabe zugewiesen werden kann. Nun ist es aber so, dass Platzhalter nicht immer ihren Wert über die Tastatureingabe erhalten sollen. Manchmal ist es auch sinnvoll, dass der Platzhalter einen Wert durch eine Berechnung erhält. Und genau dann sollte der RECHNEN-Befehl eingesetzt werden. Das folgende Beispiel soll das verdeutlichen:

```
START

    ZAHL ergebnis

    RECHNEN ergebnis = 15 + 10

    AUSGABE ergebnis

STOPP
```

Nach dem Starten sieht das Programm so aus:

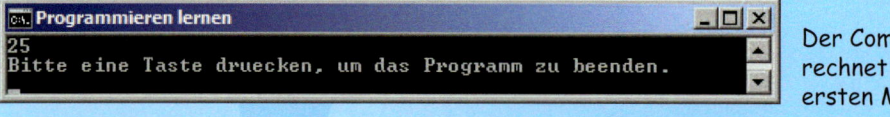

Der Computer rechnet zum ersten Mal

An dem Beispiel ist gut erkennbar, dass der Platzhalter ergebnis durch den RECHNEN-Befehl das Ergebnis einer Berechnung erhält – und zwar den Wert 25, denn 15 + 10 ist schließlich 25. Dabei werden zwei neue Zeichen benutzt: das Gleichheitszeichen = und das Plus-Zeichen +. Du hast mit Sicherheit auf Anhieb erkannt, wie das zu verstehen ist, aber trotzdem müssen diese neuen Zeichen erst einmal ausführlich besprochen werden.

Die Zuweisung

In dem letzten Beispiel wurde in einem Platzhalter der Wert einer Berechnung gespeichert. Man spricht in der Computerfachsprache dabei von

> Hier sind einige Beispiele für Zuweisungen. Du siehst, dass eine einfache Zuweisung nur daraus besteht, dem Platzhalter eine Zahl oder auch ein Wort zuzuweisen. Denk daran: Bei Worten muss man Anführungsstriche benutzen so wie bei der Ausgabe von Text.

Beispiele für Zuweisungen

einer **Zuweisung**. Eine Zuweisung bedeutet also, dass in einem Platzhalter ein neuer Wert gespeichert wird. Dieser Wert kann auch das Ergebnis einer Rechnung sein. ROLF ROBOT zeigt dir nun erst einmal einige Zuweisungen:

```
START
    ZAHL nummer
    WORT text

    RECHNEN nummer = 1
    RECHNEN text = "Hallo"

    AUSGABE "Nun kommt der Wert von nummer:"
    AUSGABE nummer
    AUSGABE "Nun kommt der Wert von text:"
    AUSGABE text
STOPP
```

Nach dem Starten des Programms erscheint diese Ausgabe:

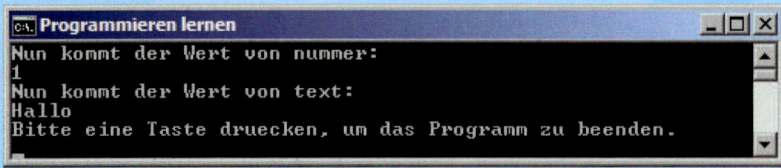

Einfache Zuweisungen für Zahlen und Worte

Man sieht, dass durch die Zuweisungen die Platzhalter nummer und text den Wert gespeichert haben und natürlich mit dem AUSGABE-Befehl auch auf den Bildschirm schreiben können.

WIE LANGE BEHÄLT EIN PLATZHALTER SEINEN WERT?

Das ist eine sehr gute und wichtige Frage. Ein Platzhalter behält seinen Wert, solange das Programm läuft. Wenn du eine Taste drückst, um das Programm zu beenden, dann werden das Programm und auch alle Platzhalter aus dem Speicher des Computers entfernt. Erst beim nächsten Starten des Programms gibt es wieder Platz im Speicher des Computers. Während das Programm läuft, behält der Platzhalter aber immer den Wert der letzten Zuweisung, wie das folgende Beispiel zeigt:

```
START

    ZAHL nummer
    RECHNEN nummer = 1
    AUSGABE "Erster Wert von nummer:"
    AUSGABE nummer

    AUSGABE "Bitte einen neuen Wert für nummer:"
    ZAHLEINGABE nummer
    AUSGABE "Neuer Wert von nummer:"
    AUSGABE nummer
```

```
RECHNEN nummer = 5
AUSGABE "Letzter Wert von nummer:"
AUSGABE nummer
```

STOPP

Nach dem Starten des Programms erscheint diese Ausgabe:

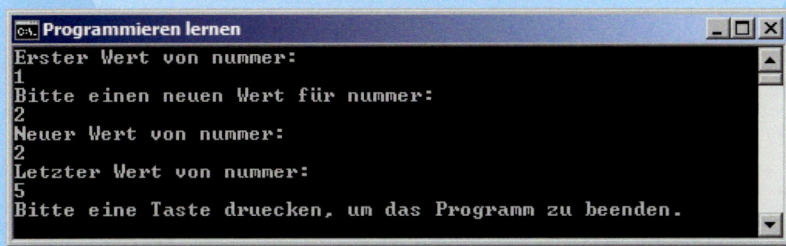

Letzter Wert eines
Platzhalters

An dem Programm ist gut erkennbar, dass ein Platzhalter im Laufe eines Programms seinen Wert beliebig oft ändern kann. In richtigen Computer-programmen ändern Platzhalter ihre Werte millionenfach, ohne dass Benutzer irgendetwas davon merken. Rolf Robot hat nun noch eine sehr wichtige Anmerkung zur Zu-weisung:

ACHTUNG! ACHTUNG!
Bei einer Zuweisung muss der Platz-halter immer links von dem Gleichheitszeichen stehen. In der Mathematik wäre das egal, aber beim Programmieren ist es ganz wichtig.
RICHTIG: zahl = 10
FALSCH: 10 = zahl

Ganz wichtiger Hinweis
von Rolf Robot

Mit Zahlen rechnen

Bei einem Beispiel für die Zuweisungen wurde bereits das erste echte Rechnen mit Zahlen gezeigt. Das ist natürlich nur der Anfang. Du wirst staunen, was der Computer alles berechnen kann. Vorher müssen wir uns allerdings anschauen, nach welchen Regeln der Computer rechnet und vor allem, mit welchen Rechenzeichen er arbeitet. Zum Glück arbeitet der Computer so, wie wir es aus dem Mathematikunterricht in der Schule gewohnt sind. Die Rechenzeichen für den Computer sehen so aus:

- ✏ Addieren (Plusrechnen)   +
- ✏ Subtrahieren (Minusrechnen)   -
- ✏ Multiplizieren (Malnehmen)   *
- ✏ Dividieren (Teilen)   /
- ✏ Klammern   ( )

Damit unterscheiden sich das Malnehmen- und das Teilen-Zeichen etwas von dem, was du aus der Schule gewohnt bist. Aber keine Angst, das hast du ganz schnell gelernt. Neben der Regel, dass Punkt- vor Strichrechnung gilt, werden Rechnungen in Klammern immer zuerst ausgeführt. Damit du das Rechnen mit Zahlen gut verstehst, werden jetzt erst einmal einige Beispiele dazu gezeigt.

Beispielprogramm für Rechnungen:

```
START
    ZAHL ergebnis

    RECHNEN ergebnis = 10 + 20
    AUSGABE "Ergebnis von 10 + 20 lautet:"
    AUSGABE ergebnis
```

```
    RECHNEN ergebnis = 3 * 7 + 20
    AUSGABE "Ergebnis von 3 * 7 + 20 lautet:"
    AUSGABE ergebnis

    RECHNEN ergebnis = (15 - 6) / 3
    AUSGABE "Ergebnis von (15 - 6) / 3 lautet:"
    AUSGABE ergebnis
STOPP
```

Schauen wir uns die Rechnungen genau an. In der ersten Berechnung werden einfach 10 und 20 addiert und dem Platzhalter ergebnis zugewiesen. In der zweiten Rechnung wird zuerst die Multiplikation (also 3*7) berechnet und dann die Zahl 20 hinzuaddiert. In der dritten Rechnung muss zuerst die Subtraktion (15-6) in der Klammer berechnet werden und dieses Ergebnis wird anschließend durch 3 geteilt. Nach dem Starten des Programms sieht es dann so aus:

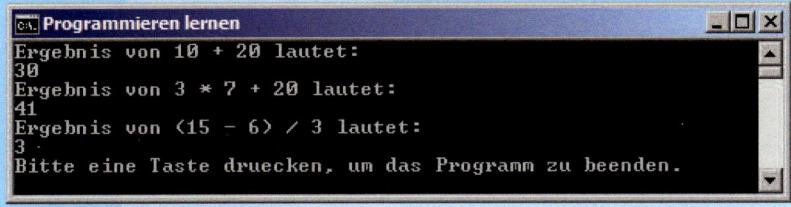

Echte Berechnungen
durchführen

Zwischenübung

Bevor es weitergeht, möchte ROLF ROBOT eine kleine Übung mit dir machen. Berechne die Ergebnisse der Aufgaben. Anschließend kannst du es überprüfen, denn ROLF ROBOT hat die richtigen Ergebnisse unten angegeben – allerdings in Spiegelschrift, damit du sie nicht direkt erkennen kannst.

Berechne bitte mal:
33 + 7 - 4 =
(22 + 8) / 10 =
3 * 4 + 8 / 2 =
4 + 3 * (2 + 3) =

Eine kleine
Zwischenübung

Die Lösung: 36 , 3 , 16 , 19

Nach diesen schon etwas komplizierten Rechnungen wird es nun richtig spannend. Wir werden nun ein Programm schreiben, das man gut für die Mathematik-Hausaufgaben benutzen könnte. Dazu muss allerdings zuerst das Rechnen mit Platzhalter-Werten besprochen werden.

Rechnen mit Platzhalter-Werten

Bei den bisherigen Rechnungen wurde mit Zahlen gerechnet und das Ergebnis dann einem Platzhalter zugewiesen. Genau so gut kann man aber auch mit den Werten der Platzhalter rechnen und das macht die Berechnungen noch viel interessanter. Nun erst einmal ein Beispiel, damit du eine Vorstellung davon bekommst:

```
START

    ZAHL x
    ZAHL ergebnis

    AUSGABE "Bitte eine Zahl"
    AUSGABE "für Platzhalter x eingeben:"
    ZAHLEINGABE x
```

```
RECHNEN ergebnis = 10 * x
AUSGABE ergebnis

AUSGABE
AUSGABE "Der Wert des Platzhalters x:"
AUSGABE x
```

STOPP

Nach dem Programmstart erscheint folgende Ausgabe:

```
┌─────────────────────────────────────────────────────┐
│ ▣ Programmieren lernen                    _ □ × │
├─────────────────────────────────────────────────┬───┤
│ Bitte eine Zahl                                 │ ▲ │
│ für Platzhalter x eingeben:                     │▒▒▒│
│ 10                                              │▒▒▒│
│ Das Ergebnis der Rechnung:                      │▒▒▒│
│ 100                                             │▒▒▒│
│                                                 │▒▒▒│
│ Der Wert des Platzhalters x:                    │▒▒▒│
│ 10                                              │▒▒▒│
│ Bitte eine Taste druecken, um das Programm zu beenden.│▼│
└─────────────────────────────────────────────────┴───┘
```

Mit Platzhaltern
rechnen

MERKEN: Ein Platzhalter stellt in einer Rechnung seinen Wert für die Berechnung zu Verfügung, aber sein Wert wird dabei nicht geändert. Das geschieht nur bei der Zuweisung, wie man bei Ausführung des Programms sehen konnte. Mit diesen neuen Erkenntnissen können wir nun ein richtig spannendes Problem aus dem Mathematikunterricht angehen: die automatische Reihenberechnung (Einmaleins).

Zur Erinnerung: Im Mathematikunterricht sollte jede Schülerin und jeder Schüler die Reihen von 1 bis 10 beherrschen. Die Reihe für die Zahl 3 sieht beispielsweise so aus:

3   6   9   12   15   18   21   24   27   30

Zuerst sollte ein solches Programm die Zahl einlesen, für die die Reihe berechnet werden soll, und anschließend dann die Reihe ausgeben. Das Programm dazu könnte dann so aussehen:

```
START
    ZAHL x
    ZAHL ergebnis
    AUSGABE "Welche Reihe? Bitte eingeben:"
    ZAHLEINGABE x

    AUSGABE "Hier kommt nun die Reihe:"
    AUSGABE
    RECHNEN ergebnis = 1 * x
    AUSGABE ergebnis
    RECHNEN ergebnis = 2 * x
    AUSGABE ergebnis
    RECHNEN ergebnis = 3 * x
    AUSGABE ergebnis
    RECHNEN ergebnis = 4 * x
    AUSGABE ergebnis
    RECHNEN ergebnis = 5 * x
    AUSGABE ergebnis
    RECHNEN ergebnis = 6 * x
    AUSGABE ergebnis
    RECHNEN ergebnis = 7 * x
    AUSGABE ergebnis
    RECHNEN ergebnis = 8 * x
    AUSGABE ergebnis
    RECHNEN ergebnis = 9 * x
    AUSGABE ergebnis
    RECHNEN ergebnis = 10 * x
    AUSGABE ergebnis
    AUSGABE
STOPP
```

Nach dem Starten ist es nun ganz einfach, die Reihe einer Zahl zu berechnen.

```
C:\ Programmieren lernen                          _ □ ×
Welche Reihe? Bitte eingeben:
3
Hier kommt nun die Reihe:

3
6
9
12
15
18
21
24
27
30

Bitte eine Taste druecken, um das Programm zu beenden.
```

Automatische
Reihenberechnung

Ist das nicht fantastisch?
Der Computer übernimmt einfach
die Reihenberechnung für dich. Das soll natürlich nicht dazu führen, dass du nicht mehr selbst
rechnest. Vielmehr kannst du es als Kon-
trolle für dein Können benutzen.

Rolf Robot ist
begeistert

Mit Worten rechnen

Mit Worten rechnen? Das hört sich natürlich erst einmal sehr merkwürdig
an und richtig rechnen kann man mit Worten auch nicht. Aber es ist möglich,
mehrere Worte oder Platzhalter für Worte zu addieren. Das bedeutet nichts
anderes, als dass die Worte zusammengefügt werden. Beispielsweise wird

aus dem Wort »Rolf« und dem Wort »Robot« dann das Wort »RolfRobot«. Hier wäre es natürlich schöner, wenn ein Leerzeichen noch zwischen die Worte eingefügt würde, denn dann wäre es der richtige Name »Rolf Robot«.

Merken: Subtrahieren, Multiplizieren und Dividieren kann man mit Worten aber nicht.

Das folgende Beispiel zeigt eine Addition von Worten:

```
START

    WORT eins
    WORT zwei
    WORT drei

    RECHNEN eins = "Das "
    RECHNEN zwei = "ist "
    RECHNEN drei = eins + zwei + "toll!"

    AUSGABE drei
    AUSGABE

STOPP
```

Die beiden Worte der Platzhalter eins und zwei werden zusammengefügt und zusätzlich noch ein Text hinzugefügt. Diese ganze Zusammenfügung erhält dann der Platzhalter drei, der dann auf dem Bildschirm ausgegeben wird. Nach dem Programmstart erscheint dann dieses Fenster:

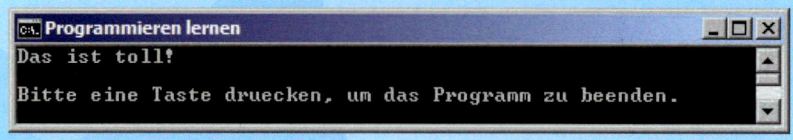

Worte können addiert werden

Aufgaben

Aufgabe 1: Das Doppelte und das Siebenfache

Am Anfang des dritten Kapitels wurde ein Beispiel für eine Rechnung vorgestellt. Von einer eingegebenen Zahl sollten das Doppelte und das Siebenfache berechnet werden und dann auf dem Bildschirm ausgegeben werden. Setze nun das Problem in einem Programm um. Die Ausgabe sollte so aussehen:

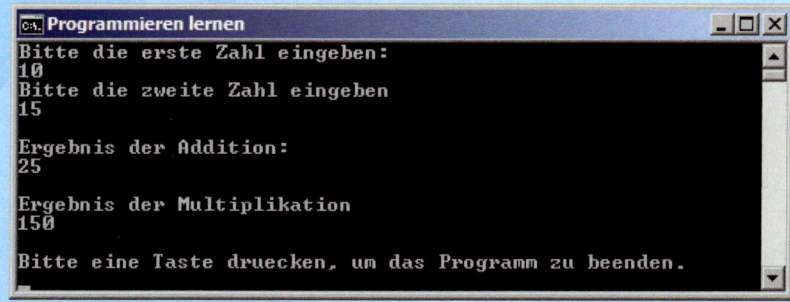

Das Doppelte und das Siebenfache

Aufgabe 2: Ein kleiner Taschenrechner

Schreibe ein Programm, welches zwei Zahlen addieren und multiplizieren kann. Dazu soll der Benutzer die erste und die zweite Zahl eingeben und das Programm addiert die beiden Zahlen und gibt das Ergebnis auf dem Bildschirm aus. Danach multipliziert das Programm die beiden Zahlen und gibt das Ergebnis ebenfalls aus. Wenn das Programm fertig ist, könnte es nach dem Starten so aussehen:

Ein kleiner Taschenrechner

Aufgabe 3: Ein Satzverdreher

Schreibe ein Programm, welches drei Worte von einem Benutzer einliest und anschließend Sätze aus den Worten macht. Diese Sätze sollen aber verdreht sein. Das bedeutet, dass die Worte immer an einer anderen Stelle stehen. Das fertige Programm könnte so aussehen:

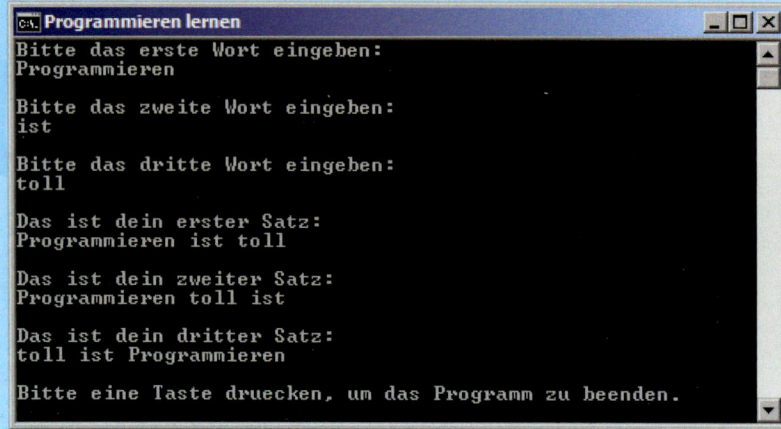

```
C:\ Programmieren lernen                                    _ □ ×
Bitte das erste Wort eingeben:
Programmieren

Bitte das zweite Wort eingeben:
ist

Bitte das dritte Wort eingeben:
toll

Das ist dein erster Satz:
Programmieren ist toll

Das ist dein zweiter Satz:
Programmieren toll ist

Das ist dein dritter Satz:
toll ist Programmieren

Bitte eine Taste druecken, um das Programm zu beenden.
```

Einen Satzverdreher programmieren

Findest du noch mehr Möglichkeiten, die Sätze zu verdrehen?

ROLF ROBOT hat noch eine Herausforderung

Und nun noch einmal die wichtigen Dinge!

ROLF ROBOT fasst zusammen

Zusammenfassung und Tipps

✏️ Der Computer kann mit Zahlen und sogar mit Worten rechnen.

✏️ Das Rechnen mit Zahlen ist so, wie man es aus dem Mathematik-unterricht gewohnt ist. Folgende Rechenzeichen werden benutzt: + (Addition), - (Subtraktion), * (Multiplikation), / (Division).

✏️ Das Rechnen mit Worten ist hingegen auf die Addition beschränkt. Worte können nur zusammengefügt werden.

✏️ Alle Berechnungen müssen mit dem RECHNEN-Befehl eingeleitet werden.

✏️ Einem Platzhalter können die Ergebnisse einer Berechnung zugewiesen werden – und zwar mit dem Gleichheitszeichen =. Der Platzhalter muss immer links von dem Gleichheitszeichen stehen!

✏️ **SEHR WICHTIG:** Wird ein Platzhalter in einer Berechnung benutzt, so gibt er nur seinen Wert für die Berechnung, ändert ihn aber nicht.

✏️ Ein Platzhalter kann seinen Wert im Laufe eines Programms millionen-fach ändern. Bei sehr großen Programmen kommt so etwas vor, ohne dass der Benutzer das merkt.

Auf Fehlersuche

Wird jede Zuweisung oder Berechnung mit dem **RECHNEN**-Befehl eingeleitet?	✔
Werden die richtigen Symbole zum Rechnen verwendet? Achte auf +, -, * und /.	✔
Wird die Rechenregel **Punkt vor Strich** beachtet?	✔
Steht der Platzhalter bei der Zuweisung immer links von dem Gleichheitszeichen?	✔
Werden bei Zuweisungen von Text an Wort-Platzhalter Anführungsstriche benutzt?	✔

Tipps zur Fehler-suche im Programm

PROGRAMME BEGINNEN ZU DENKEN

Der Computer soll denken lernen

Bei den bisherigen Programmen wurden die Befehle alle hintereinander ausgeführt. Dabei wird kein Befehl ausgelassen. Das ist auch gut so. Andererseits wäre es jedoch nicht schlecht, wenn man die Ausführung von Befehlen besser steuern könnte – also manche Befehle nur dann ausführen lässt, wenn es sinnvoll ist. ROLF ROBOT stellt sich dazu Folgendes vor:

Ein Programm fragt den Benutzer nach seinem Alter. Je nachdem, welches Alter der Benutzer hat, soll das Programm eine Bildschirmausgabe machen. Ist der Benutzer jünger als 10 Jahre, dann soll dieser Text ausgegeben werden: »Oh, du bist aber noch ein junger Benutzer« Ist der Benutzer aber 10 Jahre oder älter, dann soll dieser Text ausgegeben werden: »Aha, du bist schon ein erfahrener Benutzer«

ROLF ROBOT hat einen Vorschlag

Das Programm muss also einen Vergleich anstellen. Wenn das Alter des Benutzers kleiner als 10 ist, dann soll eine bestimmte Bildschirmausgabe gemacht werden. Ist es hingegen 10 oder größer, dann soll eine andere Bildschirmausgabe erfolgen. Eine solche Entscheidung kann mit dem FALLS-Befehl getroffen werden.

Der FALLS-Befehl

Der FALLS-Befehl führt eine Überprüfung durch. Wenn ein angegebener Vergleich stimmt, dann werden weitere Befehle ausgeführt. Zuerst aber ein kleines Beispiel zu ROLF ROBOTS Vorschlag, damit es nicht zu kompliziert wird:

```
START

    ZAHL alter

    AUSGABE "Bitte das Alter eingeben:"
    ZAHLEINGABE alter
```

```
FALLS alter < 10

    AUSGABE "Oh, du bist aber"
    AUSGABE "noch ein junger Benutzer"

ENDE
```

STOPP

Nun testen wir das Programm einmal mit einer Alterseingabe, die unter 10 liegt und einmal mit einer, die über 10 liegt:

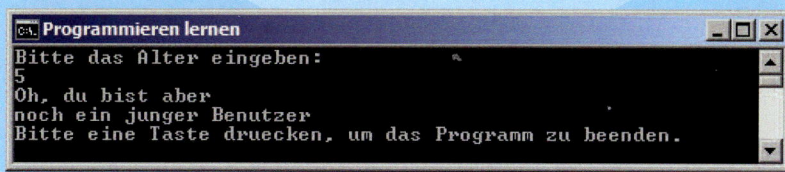

Für das Alter wird 5 eingegeben

Das Programm stellt den Vergleich an und erkennt, dass das eingegebene Alter in dem Platzhalter alter natürlich kleiner als 10 ist und führt deshalb die AUSGABE-Befehle aus.

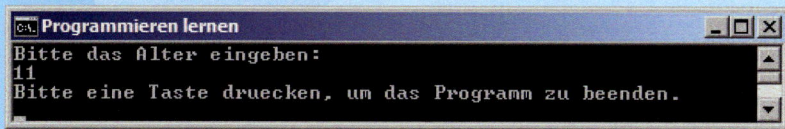

Für das Alter wird 11 eingegeben

Bei der Eingabe eines höheren Alters (zum Beispiel 11) passiert gar nichts. Es wird kein AUSGABE-Befehl ausgeführt. Aber was geschieht, wenn der Benutzer genau 10 eingibt?

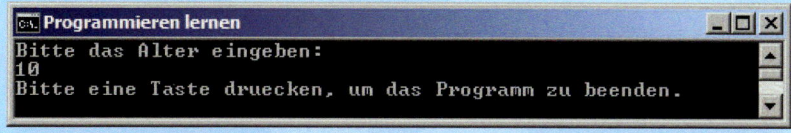

Für das Alter wird 10 eingegeben

Es findet ebenso keine Ausgabe statt. Das ist auch richtig so, denn 10 ist nicht kleiner als 10, sondern höchstens gleich. Nach diesen ersten Eindrücken müssen wir den FALLS-Befehl noch einmal ganz genau betrachten:

- Der FALLS-Befehl leitet einen Vergleich ein

- Direkt nach dem FALLS-Befehl wird der Vergleich geschrieben

  Nun kommen die Befehle, die ausgeführt werden sollen, wenn der Vergleich stimmt.

- Der ENDE-Befehl beendet den FALLS-Befehl

MERKEN: Die Befehle zwischen FALLS und ENDE werden wirklich nur ausgeführt, wenn der Vergleich richtig ist.

An dem ersten Beispiel und an der obigen Betrachtung hast du bestimmt erkannt, dass die Befehle zwischen FALLS und ENDE mit dem Tabulator eingerückt wurden. Das ist nicht unbedingt nötig, verbessert aber die Lesbarkeit des Programms. Übrigens machen alle Profi-Programmierer das natürlich auch so. Vor einigen weiteren Überlegungen und Beispielen zum FALLS-Befehl müssen wir zuerst einmal klären, was ein Vergleich ist und wie man einen Vergleich in der Programmiersprache verwenden kann.

Vergleiche mit Zahlen anstellen

In einem Computerprogramm kann man natürlich nicht alle möglichen Vergleiche anstellen, die du aus dem täglichen Leben gewohnt bist. Beispielsweise kann der Computer solche Vergleiche nicht verstehen:

- Heute fühle ich mich besser als gestern

- Die Mathematikarbeit war schwerer als sonst

- Die Sommerferien waren schöner als die Osterferien

Damit kann der Computer nichts anfangen. Er braucht hingegen immer einen Vergleich, den er auf Richtigkeit überprüfen kann. Damit er die Richtigkeit überprüfen kann, muss der Vergleich aber in einer ganz bestimmten Form geschrieben sein:

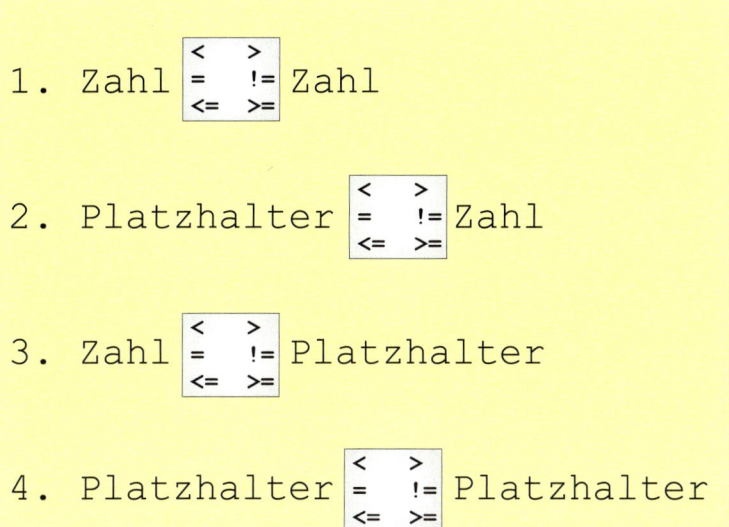

Möglichkeiten der Vergleiche

Das obige Bild zeigt die Möglichkeiten der Vergleiche. Es können also Zahlen und Platzhalter für Zahlen miteinander verglichen werden. Der Vergleich selbst wird dann durch das entsprechende Symbol festgelegt. Die 6 Symbole, die oben alle aufgeführt sind, dürfen natürlich immer nur einzeln benutzt werden.

Die einzelnen Symbole bedeuten dabei:

- < ist der Kleiner-Vergleich:

    Hier wird geprüft, ob ein Wert kleiner als der andere ist.

- > ist der Größer-Vergleich:

    Hier wird geprüft, ob ein Wert größer als der andere ist.

- **<=** ist der Kleiner-gleich-Vergleich:

  Hier wird geprüft, ob ein Wert kleiner als der andere oder gleich dem anderen ist.

- **>=** ist der Größer-gleich-Vergleich:

  Hier wird geprüft, ob ein Wert größer als der andere oder gleich dem anderen ist.

- **=** ist der Gleichheits-Vergleich:

  Hier wird geprüft, ob ein Wert gleich dem anderen ist.

- **!=** ist der Ungleich-Vergleich:

  Hier wird geprüft, ob ein Wert ungleich dem anderen ist.

Zwischenübung

Nach dieser ganzen Theorie hat ROLF ROBOT eine kleine Zwischenübung für dich vorbereitet. Überlege, ob der angegebene Vergleich richtig oder falsch ist. ROLF ROBOT verrät dir das Ergebnis natürlich erst am Ende der Übung (wie immer in Spiegelschrift).

```
START
    ZAHL eins
    ZAHL zwei
    RECHNEN eins = 10
    RECHNEN zwei = 20

    FALLS eins =  10
        AUSGABE "1. Vergleich ist richtig!"
    ENDE

    FALLS eins > zwei
        AUSGABE "2. Vergleich ist richtig!"
    ENDE
```

```
FALLS zwei >= 20
    AUSGABE "3. Vergleich ist richtig!"
ENDE

FALLS 5 > eins
    AUSGABE "4. Vergleich ist richtig!"
ENDE

FALLS 20 != zwei
    AUSGABE "5. Vergleich ist richtig!"
ENDE

FALLS eins + zwei >= 30
    AUSGABE "6. Vergleich ist richtig!"
ENDE


STOPP
```

Die Übung war bestimmt kein Problem für dich, oder?

Lösung: 1., 3. und 6. Vergleich sind richtig!

ROLF ROBOT
verrät die Lösung

Vergleiche mit Worten anstellen

Im Gegensatz zu Zahlen können mit Worten nicht so viele Vergleiche angestellt werden. Eigentlich sogar nur zwei Vergleiche und zwar die Vergleiche auf Gleichheit oder Ungleichheit der Worte. Damit sind die Möglichkeiten deutlich beschränkt, aber Vergleiche mit Worten kommen auch nicht so häufig vor wie Vergleiche mit Zahlen, denn Berechnungen sind nun mal das Wichtigste, was ein Computerprogramm macht. Das folgende Beispiel zeigt einen Vergleich mit Worten:

```
START
    WORT a
    WORT b

    AUSGABE "Bitte ein Wort eingeben:"
    WORTEINGABE a
    AUSGABE

    AUSGABE "Bitte noch ein Wort eingeben:"
    WORTEINGABE b
    AUSGABE

    FALLS a = b
        AUSGABE "Die Worte sind gleich!"
    ENDE

    FALLS a != b
        AUSGABE "Die Worte sind ungleich!"
    ENDE

STOPP
```

Nach dem Starten könnte es dann so aussehen:

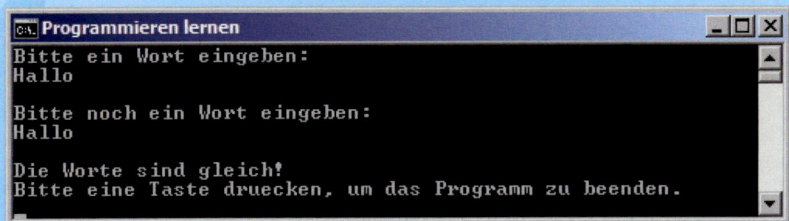

Ein Vergleich mit Worten

ACHTUNG: Wenn aus Versehen am Ende der Eingabe eines Wortes ein Leerzeichen eingegeben wird, dann stellt das Programm ganz korrekt die Ungleichheit fest, obwohl der Benutzer meint, dass die Worte genau gleich aussehen:

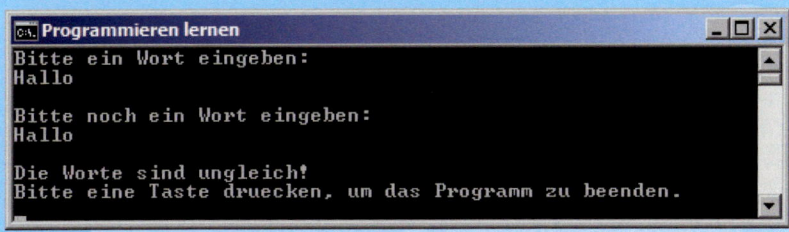

Ein verstecktes Leerzeichen am Ende des ersten Wortes

Und sonst?

Was passiert eigentlich, wenn der Vergleich nicht stimmt?

Nichts – auf jeden Fall bis jetzt. Aber nun lernst du den SONST-Befehl kennen und dieser Befehl macht eigentlich genau das, was sein Name sagt. Er führt genau dann Befehle aus, wenn der Vergleich nicht stimmt. Der SONST-Befehl kann natürlich immer nur dann angewendet werden, wenn vorher ein FALLS-Befehl verwendet wurde. Und der SONST-Befehl bezieht sich dann auch nur auf den vorangegangenen Vergleich des FALLS-Befehls. Das hört sich kompliziert an, ist es aber gar nicht. Das folgende Beispiel zeigt dir, wie der neue Befehl verwendet werden kann:

```
START

    ZAHL x

    AUSGABE "Bitte genau die Zahl 5 eingeben:"
    ZAHLEINGABE x

    FALLS x = 5
        AUSGABE "Sehr gut, das war die Zahl 5!"
    ENDE
    SONST
        AUSGABE "Hallo, du solltest"
        AUSGABE "eine 5 eingeben!"
    ENDE

STOPP
```

Wenn der Benutzer eine 5 eingibt, dann wird er gelobt. Tut er das nicht, dann reagiert der Computer etwas unfreundlicher. Der Computer erkennt durch den SONST-Befehl, dass er genau dann diese Ausgabe machen muss, wenn der Vergleich des vorhergehenden FALLS-Befehls nicht richtig ist. Nach dem Starten könnte es dann so aussehen:

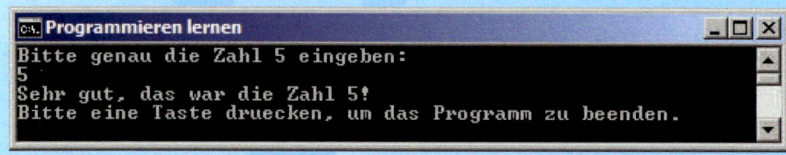

Der Benutzer wird gelobt

Es könnte aber auch so aussehen:

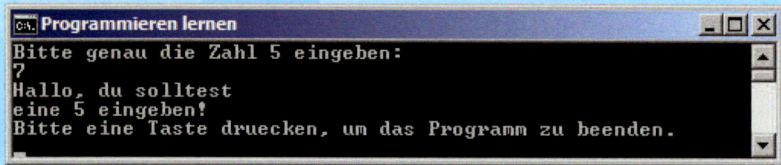

Der Computer erkennt den SONST-Fall

Weil es so wichtig ist, werden die Besonderheiten des FALLS-Befehls und des SONST-Befehls noch einmal dargestellt:

✏️ Ein FALLS-Befehl kann alleine stehen und wird mit dem ENDE-Befehl abgeschlossen.

✏️ Ein SONST-Befehl kann nicht alleine stehen, sondern immer nur direkt nach einem FALLS-Befehl. Der SONST-Befehl bezieht sich auch nur auf diesen vorhergehenden FALLS-Befehl.

✏️ Der SONST-Befehl wird auch mit einem ENDE-Befehl abgeschlossen.

✏️ Zwischen einem FALLS-Befehl und dem dazugehörigen ENDE-Befehl können beliebig viele Befehle stehen.

✏️ Zwischen einem SONST-Befehl und dem dazugehörigen ENDE-Befehl können ebenfalls beliebig viele Befehle stehen.

✏️ Nur nach einem FALLS-Befehl darf ein Vergleich stehen.

Mit diesen neuen Befehlen kannst du deinen Programmen schon richtig logisches Denken vermitteln. Damit hast du jetzt ein ganz besonders wichtiges Mittel der Programmierung kennen gelernt.

ROLF ROBOT hat noch eine Anmerkung

Im Falle eines FALLS

Wenn ein Vergleich richtig ist, dann werden alle Befehle zwischen FALLS und ENDE ausgeführt. Da FALLS auch ein Befehl ist, kann natürlich auch ein FALLS-Befehl ausgeführt werden. Damit lernt ein Programm in mehreren Stufen zu denken und kommt dem menschlichen Denken noch näher, denn Menschen denken manchmal sehr kompliziert und in vielen Stufen. Du hast möglicherweise schon von den modernen Schachcomputern gehört, die so gut sind, dass sie die Großmeister im Schach schlagen können. Schach ist ein ungeheuer kompliziertes Spiel und gute Spieler denken viele Züge im Voraus. Der Computer muss dann auch im Voraus denken und das geschieht unter anderem durch viele Vergleiche, die in Stufen aufgebaut sind.

SCHACHCOMPUTER

Bei einem der großen Schachcomputer werden in einer Sekunde ungefähr 200 Millionen Züge berechnet. Das ist fast unvorstellbar. Und trotzdem sind die Menschen im Schach immer noch besser als diese Computer, aber das kann sich natürlich irgendwann ändern.

Die einfachste Form eines FALLS-Befehls in einem FALLS-Befehl kann beispielsweise so aussehen:

```
START

    ZAHL x

    AUSGABE "Bitte eine hohe Zahl eingeben:"
    ZAHLEINGABE x

    FALLS x > 1000

        AUSGABE "Gut, eine hohe Zahl!"
```

```
    FALLS x > 50000
        AUSGABE "Sogar sehr hoch!"
    ENDE


ENDE
SONST
    AUSGABE "Die Zahl ist aber nicht hoch!"
ENDE

STOPP
```

Der Benutzer wird aufgefordert, eine Zahl einzugeben. Wenn er eine Zahl eingibt, die größer als 1000 ist, dann werden die Befehle nach dem ersten FALLS ausgeführt. Dabei wird dann mit einem zweiten FALLS geprüft, ob die Zahl sogar höher als 50000 ist. Wenn das der Fall ist, dann wird eine zusätzliche Ausgabe auf dem Bildschirm gemacht. Der SONST-Befehl wird natürlich dann ausgeführt, wenn die Zahl nicht größer als 1000 ist. Nach dem Starten des Programms werden nun verschiedene Eingaben getestet:

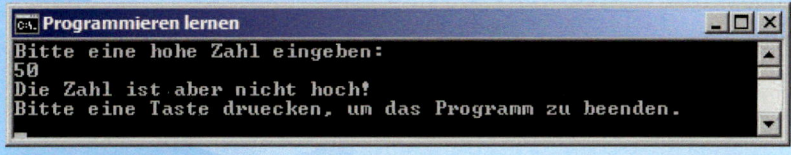

Eine niedrige Zahl wird eingegeben

Die Zahl 50 ist kleiner als 1000 und deshalb bemängelt der Computer zu Recht die Eingabe.

Die Zahl 1500 wird eingegeben. Der Computer antwortet erwartungsgemäß:

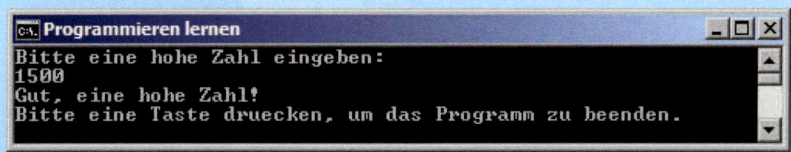

Eine höhere Zahl wird eingegeben

Mit der Zahl 60000 wird nun eine sehr hohe Zahl eingegeben. Der Computer erkennt, dass die Zahl größer als 1000 ist, und erkennt dann auch, dass die Zahl größer als 50000 ist. Die weitere Ausgabe eines Textes erfolgt dann auf dem Bildschirm:

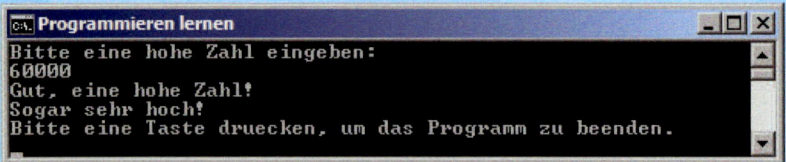

Eine sehr hohe Zahl wird eingegeben

In der Computerfachsprache nennt man FALLS-Befehle, die in mehreren Stufen vorkommen auch **Verschachtelung von Befehlen** oder **verschachtelte Befehle**.

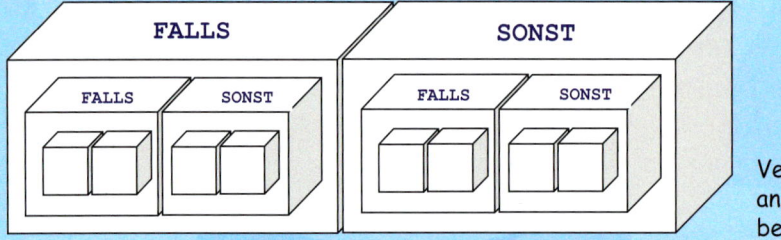

Verschachtelungen anschaulich betrachtet

Das obige Beispiel zeigte zwei Stufen. Es ist selbstverständlich möglich, noch weitere Stufen zu programmieren. In jedem FALLS-Befehl kann ja wieder ein FALLS-Befehl stehen und in diesem steht dann wieder ein FALLS-Befehl und immer so weiter. In den meisten Programmen kommt man mit zwei bis drei Stufen aus, aber theoretisch (also denkbar) sind sehr viele Stufen möglich, wie das folgende Beispiel zeigen möchte:

```
START

    ZAHL x
    ZAHL y
```

```
AUSGABE "Bitte die erste Zahl eingeben:"
ZAHLEINGABE x

AUSGABE "Bitte die zweite Zahl eingeben:"
ZAHLEINGABE y

FALLS x > y

    FALLS x + y = 100

        FALLS x * y < 2100

            FALLS x * y > 1900

                AUSGABE "SUPER!"

            ENDE

        ENDE

    ENDE

ENDE

STOPP
```

Das ist schon ganz schön kompliziert. Hier werden 4 FALLS-Befehle ineinander verschachtelt. Die Ausgabe »SUPER!« kann nur erfolgen, wenn die beiden eingegebenen Zahlen jeden einzelnen Vergleich bestehen, also der jeweilige Vergleich richtig ist. Das können nur ganz bestimmte Zahlen erreichen. Überlege doch erst einmal, welche beiden Zahlen alle Bedingungen erfüllen können? Rolf Robot verrät dir dann die Lösung auf der nächsten Seite – aber erst nachdenken!

Hast du die beiden Zahlen gefunden?

Lösung: 71 und 29 , 72 und 28, 73 und 27, 74 und 26

ROLF ROBOT
verrät die Lösung

Das war nun wirklich kompliziert. Wenn du die beiden Zahlen nicht gefunden hast, dann ist das nicht schlimm. Es ist nur wichtig, dass du verstanden hast, dass FALLS-Befehle innerhalb von FALLS-Befehlen stehen können und wie das dann mit den Vergleichen funktioniert. Im folgenden Unterkapitel geht es um weitere Besonderheiten bei Vergleichen. Das ist auch etwas kompliziert, aber das Gute daran ist, dass man dadurch manchmal die Stufen bei den FALLS-Befehlen vermeiden kann.

Vergleiche mit UND / ODER

Bei einem Vergleich konnten wir bisher entweder Zahlen oder Platzhalter miteinander vergleichen. Manchmal ist es aber sinnvoll, dass der Vergleich noch etwas mehr kann. Das folgende Beispiel zeigt dir die Problematik. Ein Benutzer soll eine Zahl eingeben und es soll geprüft werden, ob die Zahl zwischen 1 und 10 ist. Mit einer Verschachtelung der FALLS-Befehle könnte man dieses Problem auch lösen, aber es geht auch anders:

```
START

    ZAHL x

    AUSGABE "Bitte eine Zahl eingeben:"
    ZAHLEINGABE x


    FALLS x >= 1 UND x <= 10

        AUSGABE "Richtig: Zahl ist zwischen 1..10"

    ENDE
    SONST

        AUSGABE "Falsch: Zahl nicht zwischen 1..10"

    ENDE

STOPP
```

Nach dem Starten sieht es dann so aus:

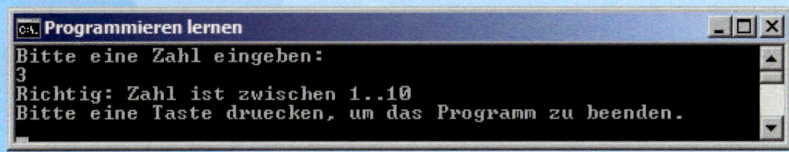

Die Zahl 3 wird eingegeben

Das Programm erkennt, dass die Zahl zwischen 1 und 10 liegt. Bei einer Eingabe der Zahl 15 wird erkannt, dass die Zahl nicht dazwischen liegt.

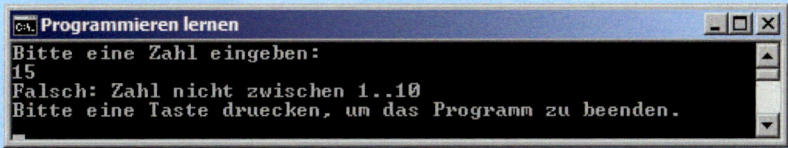

Die Zahl 15 wird eingegeben

Was ist hier eigentlich passiert?

Durch den UND-Befehl können zwei Vergleiche miteinander verknüpft werden. Das ist fast so, wie wir es auch im täglichen Leben benutzen. Beispielsweise könnte man sagen: »Wenn der erste Ferientag ist und es gutes Wetter ist, dann gehe ich im Freibad schwimmen.« Nur wenn beide Bedingungen (Vergleiche) erfüllt sind, dann geht es ins Freibad. Die beiden Bedingungen sind *erster Ferientag* und *gutes Wetter*. Für das Programmieren bedeutet es, dass der UND-Befehl zwei Vergleiche verbindet und dieser Gesamtvergleich ist nur richtig, wenn beide einzelnen Vergleiche richtig sind.

MERKEN: Bei dem UND-Befehl müssen beide Vergleiche richtig sein, dann ist auch der gesamte Vergleich richtig.

Bevor wir mit einem weiteren Befehl, dem ODER-Befehl, fortfahren, noch ein anderes Beispiel:

```
START

    WORT vorname
    WORT nachname

    AUSGABE "Bitte den Vornamen eingeben:"
    WORTEINGABE vorname

    AUSGABE "Bitte den Nachnamen eingeben:"
    WORTEINGABE nachname

    FALLS vorname = "James" UND nachname = "Bond"

        AUSGABE "Hallo 007!"

ENDE
```

```
    SONST

        AUSGABE "Ich kenne Sie leider nicht!"

    ENDE

STOPP
```

Nur wenn die Vergleiche von Vorname und Nachname richtig sind, dann wird der Benutzer (also *James Bond*) nett begrüßt. Das sieht dann so aus:

James Bond wird begrüßt

Der ODER-Befehl arbeitet fast genau wie der UND-Befehl, nur mit dem Unterschied, dass nicht beide Vergleiche richtig sein müssen, sondern nur einer von beiden. Es können natürlich auch beide richtig sein, aber sie müssen nicht.

MERKEN: Bei dem ODER-Befehl muss nur ein Vergleich richtig sein, dann ist auch der gesamte Vergleich richtig.

Das folgende Beispiel zeigt die Verwendung des ODER-Befehls. Ein Benutzer soll entweder die Zahl 3 oder die Zahl 7 eingeben:

```
START

    ZAHL x

    AUSGABE "Bitte die Zahl 3 oder"
    AUSGABE "die Zahl 7 eingeben:"
    ZAHLEINGABE x
```

```
FALLS x = 3 ODER x = 7

    AUSGABE "Sehr gut!"

ENDE
SONST

    AUSGABE "Das war weder 3 noch 7!"

ENDE

STOPP
```

Die Eingabe der 3 oder der 7 wird dann korrekt erkannt:

```
Programmieren lernen                              _ □ ×
Bitte die Zahl 3 oder
die Zahl 7 eingeben:
3
Sehr gut!
Bitte eine Taste druecken, um das Programm zu beenden.
```

Ein Oder-Vergleich
wird durchgeführt

Nun wird es wirklich Zeit für einige Aufgaben. Diese ganzen neuen und teilweise recht komplizierten Erkenntnisse müssen nun praktisch umgesetzt werden.

Aufgaben

Aufgabe 1: Ein kleiner Vokabeltrainer

Angenommen, du hast im Englischunterricht fünf neue Vokabeln kennengelernt. Um die Vokabeln richtig zu üben, schreibst du ein kleines Vokabel-Lern-Programm. Folgende Vokabeln sollen abgefragt werden:

- Hund ➜ dog
- Katze ➜ cat
- Maus ➜ mouse
- Haus ➜ house
- Auto ➜ car

Das Programm soll das deutsche Wort anzeigen und dann den Benutzer nach dem englischen Wort fragen. Wenn der Benutzer das richtige englische Wort eingibt, so soll er dafür ein Lob erhalten. Ansonsten bekommt er eine Meldung, dass er einen Fehler gemacht hat. Nach dem Start könnte das Programm dann so aussehen:

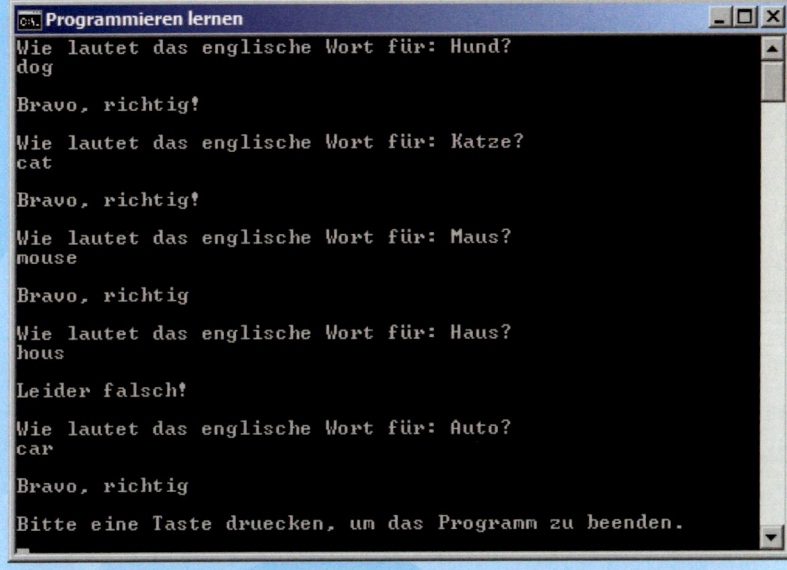

Ein kleiner Vokabeltrainer

Aufgabe 2: Ein kleiner Rechentrainer

Das Kopfrechnen ist eine ganz wichtige Sache. Deshalb ist es besonders sinnvoll, ein kleines Programm zu schreiben, das dir beim Üben hilft. Das Programm soll so funktionieren: Ein Benutzer gibt zwei Zahlen ein und das Programm fragt ihn dann nach dem Ergebnis der Addition dieser beiden Zahlen. Wenn der Benutzer das richtige Ergebnis eingibt, dann erhält er von dem Programm ein tolles Lob, ansonsten wird er getröstet und ermuntert, es noch einmal zu versuchen.

Nach dem Start könnte das Programm dann so aussehen:

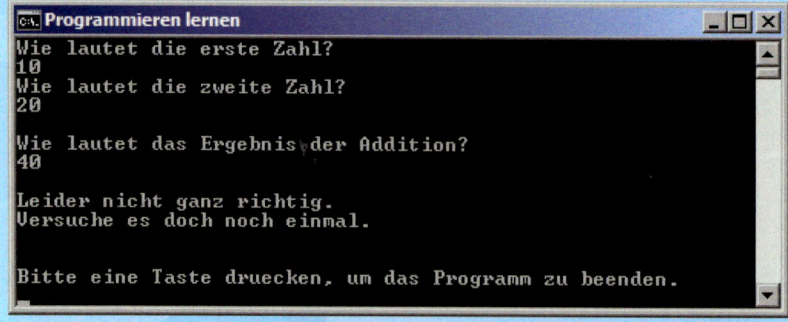

```
Programmieren lernen                              _ □ ×
Wie lautet die erste Zahl?
10
Wie lautet die zweite Zahl?
20

Wie lautet das Ergebnis der Addition?
30

Das war super.

Bitte eine Taste druecken, um das Programm zu beenden.
```

Zwei Zahlen werden richtig addiert

oder auch so:

```
Programmieren lernen                              _ □ ×
Wie lautet die erste Zahl?
10
Wie lautet die zweite Zahl?
20

Wie lautet das Ergebnis der Addition?
40

Leider nicht ganz richtig.
Versuche es doch noch einmal.

Bitte eine Taste druecken, um das Programm zu beenden.
```

Zwei Zahlen werden nicht richtig addiert

Der Computer erkennt, ob richtig gerechnet wurde oder nicht. Die entsprechende Meldung wird dann auf dem Bildschirm ausgegeben. Man kann das Programm natürlich noch erweitern. ROLF ROBOT hat dazu eine Anregung für dich:

Wie wäre es, wenn du das Programm noch erweiterst? Du könntest ja alle Grundrechenarten abfragen. Zuerst eine Aufgabe zur Addition, dann eine zur Subtraktion und auch zur Multiplikation sowie Division. Bei der Subtraktion wäre es gut, wenn das Programm zuerst prüft, ob die erste Zahl größer als die zweite ist.

ROLF ROBOT hat eine weitere Anregung für das Programm

Aufgabe 3: Geheime Informationen schützen

Stell dir vor, du verfügst über ganz spezielle geheime Informationen. Diese Informationen musst du natürlich gegen unerlaubten Zugriff von Spionen schützen. Deshalb versteckst du diese Informationen in einem Computerprogramm. Nur wer den richtigen Namen und das richtige Passwort eingibt, erhält Eintritt in den geschützten Bereich. Dann muss allerdings noch eine richtige Geheimzahl eingegeben werden und erst dann werden die Informationen angezeigt. Die richtigen Eingaben könnten beispielsweise so aussehen:

- Name: **Robot**
- Passwort: **geheim**
- Geheimzahl: **123**

Nach dem Starten des Programms würde der Benutzer mit diesen Eingaben an die geheimen Informationen kommen. Die geheimen Informationen kannst du dir natürlich dabei selbst ausdenken. So könnte die richtige Eingabe dann auf dem Bildschirm aussehen:

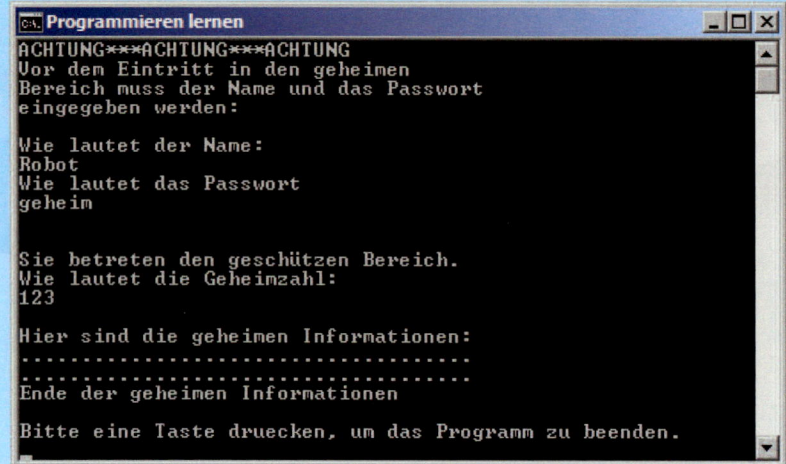

Die richtigen Eingaben für die geheimen Informationen

Die Eingabe eines falschen Namens oder eines falschen Passwortes führt dann zu dieser Ausgabe:

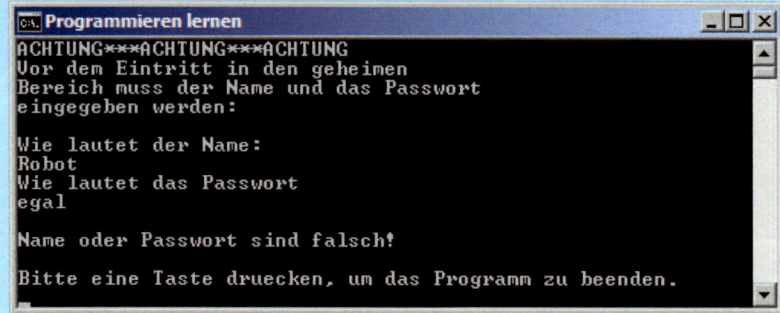

Das Passwort ist falsch

Hier ist noch ein kleiner Tipp für die Umsetzung: Bei der Abfrage von Name und Passwort kann einer der beiden Befehle (UND bzw. ODER) eingesetzt werden. Auch der FALLS-Befehl in einem FALLS-Befehl kann zum Einsatz kommen – es fragt sich natürlich nur, an welcher Stelle? Aber das wirst du bestimmt ganz schnell herausfinden.

Und nun noch einmal die wichtigen Dinge!

ROLF ROBOT
fasst zusammen

Zusammenfassung und Tipps

✏ Können Computer richtig denken? Eigentlich nicht, aber der Programmierer kann Befehle verwenden, mit denen ein Programm Vergleiche anstellen kann und damit bestimmte Befehle ausführt oder nicht. Damit lernt der Computer auch das Denken.

✏ Der FALLS-Befehl leitet einen solchen Vergleich ein und wird mit dem ENDE-Befehl abgeschlossen. Zwischen diesen beiden Befehlen stehen dann die Anweisungen, die der Computer ausführen soll, wenn der Vergleich richtig ist. Wenn der Vergleich nicht richtig ist, könnten Befehle ausgeführt werden, die zwischen dem SONST-Befehl und dem ENDE-Befehl stehen.

✏ Es können Platzhalter, Zahlen und Worte miteinander verglichen werden. So wie in der Mathematik werden Vergleichssymbole eingesetzt:

<   >   =   !=   <=   >=

✏ In einem FALLS-Befehl können wiederum FALLS-Befehle stehen, in denen dann wieder FALLS-Befehle stehen.

✏ Mit dem UND- bzw. ODER-Befehl können komplizierte Vergleiche angestellt werden. Bei dem UND-Befehl müssen beide Vergleiche richtig sein, damit auch der Gesamtvergleich richtig ist. Bei dem ODER-Befehl reicht ein richtiger Vergleich.

Auf Fehlersuche

Steht nach dem **FALLS**-Befehl sofort der Vergleich?	✔
Wird der **FALLS**-Befehl mit dem **ENDE**-Befehl abgeschlossen?	✔
Folgt der **SONST**-Befehl direkt auf einen **FALLS**-Befehl?	✔
Wird der **SONST**-Befehl mit dem **ENDE**-Befehl abgeschlossen?	✔
Werden Worte und Platzhalter für Worte nur mit dem Gleichheitszeichen = oder dem Ungleichheitssysmbol != verglichen?	✔
Steht zwischen zwei Vergleichen entweder der **UND**- oder der **ODER**-Befehl?	✔

Tipps zur Fehlersuche im Programm

KAPITEL 6

WIEDER-HOLUNGEN

Wiederholungen sind langweilig?

Das stimmt vielleicht bei Fernsehsendungen, aber bei der Programmierung sind Wiederholungen sehr wichtig und überhaupt nicht langweilig. Warum das so ist, zeigt dir ROLF ROBOT nun an einem kleinen Beispiel:

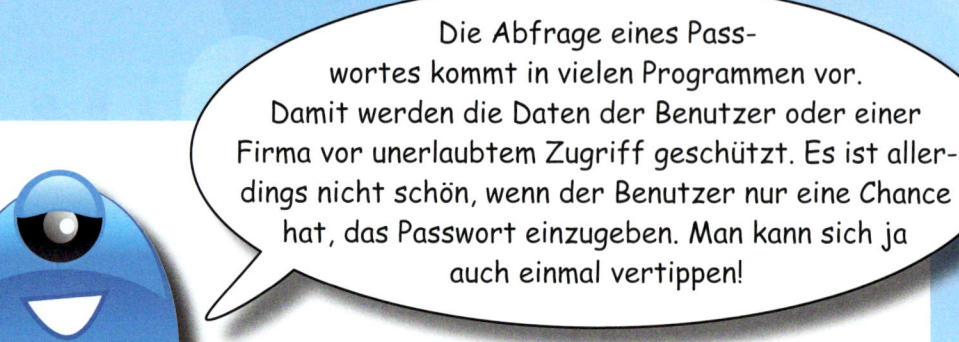

Die Abfrage eines Passwortes kommt in vielen Programmen vor. Damit werden die Daten der Benutzer oder einer Firma vor unerlaubtem Zugriff geschützt. Es ist allerdings nicht schön, wenn der Benutzer nur eine Chance hat, das Passwort einzugeben. Man kann sich ja auch einmal vertippen!

Rolf Robot hat ein Beispiel
für Wiederholungen

Aus diesem Grund wäre es sinnvoll, wenn der Benutzer eines Programms nicht nur einmal die Möglichkeit hat, sein Passwort einzugeben, sondern drei Versuche erhält. Das Programm würde also die Passworteingabe dreimal zulassen, bevor es sich beendet. Nur die Eingabe des richtigen Passwortes innerhalb der drei Versuche würde dem Benutzer dann zu den geheimen Informationen verhelfen. Für das Programm würde eine solche Wiederholung bedeuten, dass bestimmte Befehle solange wiederholt werden, bis eine festgelegte Bedingung eingetroffen ist (beispielsweise, dass der dritte Versuch der Passworteingabe erfolgt ist). Genau dafür gibt es natürlich die entsprechenden Befehle, die nun vorgestellt werden.

Der WIEDERHOLE-SOLANGE-Befehl

Der WIEDERHOLE-Befehl macht genau das, was sein Name sagt. Er veranlasst den Computer, etwas zu wiederholen. Jetzt stellt sich nur die Frage, was der Computer wiederholen soll und vor allem, wie lange er etwas wiederholen soll? Deshalb erst einmal ein kleines Beispiel:

```
START

    ZAHL x

    WIEDERHOLE

        AUSGABE "Bitte die Zahl 5 eingeben"
        ZAHLEINGABE x

    SOLANGE x != 5

    AUSGABE "Na, endlich..."

STOPP
```

In dem Programm sind zwei neue Befehle zu erkennen: der WIEDERHOLE-Befehl und der SOLANGE-Befehl. Der WIEDERHOLE-Befehl leitet eine Wiederholung ein. Alles, was zwischen ihm und dem SOLANGE-Befehl steht, soll wiederholt werden – und zwar solange der Vergleich, der direkt hinter dem SOLANGE-Befehl steht, richtig ist. Nun schauen wir uns aber erst einmal das Programm an, nachdem es gestartet wurde:

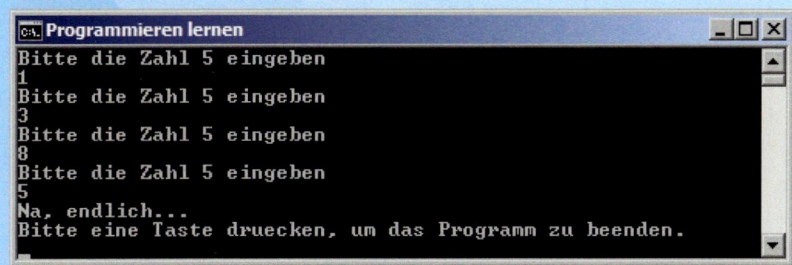

Wiederholung
der Eingabe

Solange die eingegebene Zahl ungleich der 5 ist, wird alles wiederholt, was zwischen WIEDERHOLE und SOLANGE steht. Erst als der Benutzer die 5 eingibt, ist der Vergleich nicht mehr richtig und die Wiederholung endet.

MERKEN: Solange der Vergleich nach dem SOLANGE-Befehl richtig ist, wird alles zwischen WIEDERHOLE und SOLANGE wiederholt. Der Vergleich darf aber nur nach dem SOLANGE-Befehl stehen!

Es ist doch wirklich toll, dass der Computer etwas solange tut, wie man möchte. Ob es nun das Einlesen von Zahlen oder das Berechnen von Werten ist. Er macht es einfach so lange, bis der Vergleich nicht mehr stimmt. Das folgende Beispiel zeigt eine weitere Verwendung dieser neuen Möglichkeiten:

```
START

    ZAHL x
    ZAHL y
    ZAHL ergebnis
    WORT eingabe

    WIEDERHOLE

        AUSGABE "Bitte eine Zahl eingeben:"
        ZAHLEINGABE x

        AUSGABE "Bitte noch eine Zahl eingeben:"
        ZAHLEINGABE y

        RECHNEN ergebnis = x + y
        AUSGABE "Das Ergebnis der Addition lautet:"
        AUSGABE ergebnis
        AUSGABE

        AUSGABE "Noch eine Berechnung?"
        AUSGABE "Bitte ja oder nein eingeben"
        WORTEINGABE eingabe

    SOLANGE eingabe = "ja"

AUSGABE
AUSGABE "ENDE"

STOPP
```

Das Beispiel könnte dir bekannt vorkommen, denn es ist ungefähr so, wie eine Aufgabe aus Kapitel 4. Der Unterschied jetzt liegt aber in der Wiederholung der Berechnung, wenn der Benutzer es möchte. Wenn er nämlich »ja« eingibt, dann wird die komplette Berechnung wiederholt. Das ist doch viel angenehmer, als ständig das ganze Programm neu zu starten.

Nach dem Starten könnten die Eingaben so aussehen:

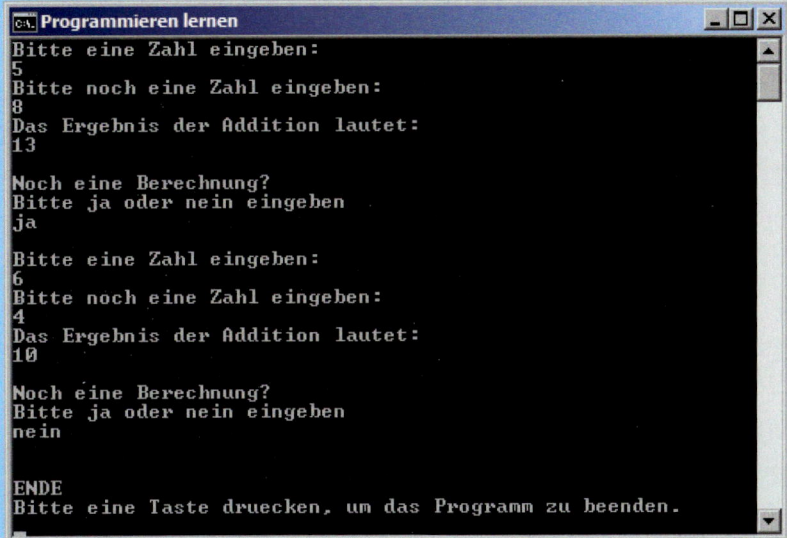

Berechnungen, so oft man möchte

Die bisherigen Beispiele zeigen Wiederholungen, die erst dann enden, wenn der Benutzer eine bestimmte Zahl oder ein bestimmtes Wort eingibt. Damit kann es passieren, dass es eine oder ganz viele Wiederholungen gibt. Es hängt ja von der Eingabe des Benutzers ab. Zum Glück gibt es auch Möglichkeiten, eine Wiederholung genau zu steuern. Das bedeutet, dass vorher festgelegt wird, wie oft etwas wiederholt wird. Bevor wir uns damit ausführlich beschäftigen, soll das folgende kleine Beispiel zeigen, dass bei einer Wiederholung auch etwas schief gehen kann:

```
START

    ZAHL x
    RECHNEN x = 1

    WIEDERHOLE
        AUSGABE "Endlos..."
    SOLANGE x = 1

STOPP
```

Bei genauer Betrachtung stellt man fest, dass der Vergleich nach dem SOLANGE-Befehl immer richtig ist, denn der Platzhalter x ändert seinen Wert in der Wiederholung nicht. Damit wurde eine sogenannte **Endlos-Wiederholung** geschaffen, die niemals aufhört. Erst das Schließen des Programmfensters kann die Wiederholung bzw. das ganze Programm beenden. Solche Endlos-Wiederholungen sind bei Programmierern gefürchtet, vor allem wenn sie unabsichtlich programmiert wurden. Dann kann es mitten im Programm plötzlich dazu führen, dass nichts mehr geht – so wie in dem vorherigen kleinen Beispiel. Nach dem Starten sieht die Bildschirmausgabe dann so aus:

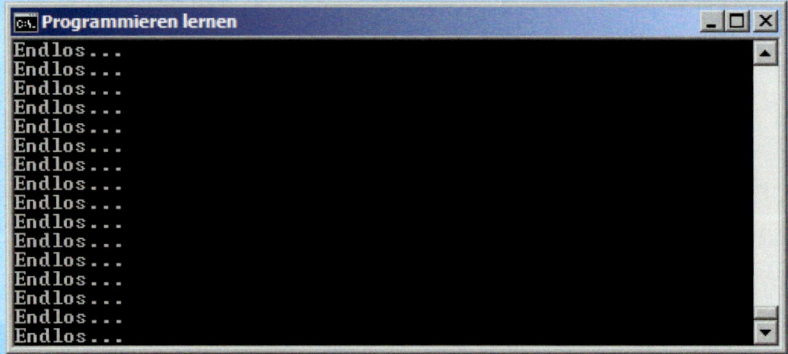

Eine Endlos-Wiederholung

Eine Wiederholung steuern

Nun kommen wir zu einem sehr wichtigen Punkt bei den Wiederholungen – der genauen Steuerung der Wiederholungsanzahl. Damit stellt sich die grundsätzliche Frage, wie der Computer eine Wiederholung zählen kann? Das folgende Beispiel zeigt eine Möglichkeit:

```
START

    ZAHL x
    RECHNEN x = 1

    AUSGABE "x hat den Wert:"
    AUSGABE x

    RECHNEN x = x + 1
    AUSGABE "x hat den Wert:"
    AUSGABE x

STOPP
```

Nach dem Starten erscheint folgende Bildschirmausgabe:

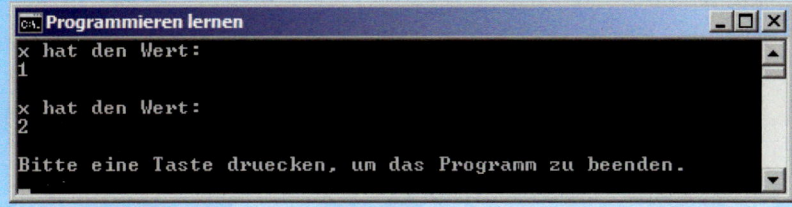

Der Computer zählt

Was ist nun hier passiert? Eigentlich etwas sehr Einfaches: Dem Platzhalter x wurde ein neuer Wert zugewiesen – und zwar sein eigentlicher Wert erhöht um 1. Damit bekommt x den Wert 2 zugewiesen. Dieser Trick ist ganz wichtig in der Programmierung, denn damit kann der Wert eines Platzhalters ganz einfach erhöht werden und eine Erhöhung um 1 ist nichts anderes als Zählen. Das nächste Bild zeigt noch einmal diesen wichtigen Zusammenhang:

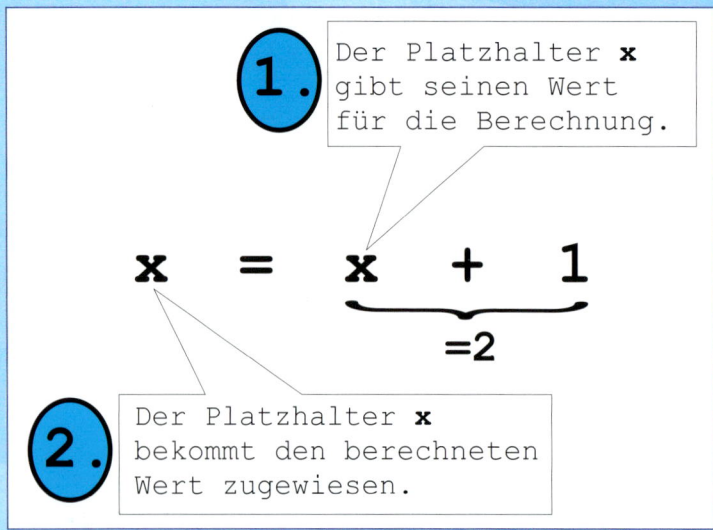

Ein Platzhalter
erhöht seinen Wert

An der Abbildung ist zu erkennen, dass die Berechnung der erste Schritt ist. Der Platzhalter gibt seinen Wert und es wird die Zahl 1 hinzuaddiert. Erst im zweiten Schritt bekommt der Platzhalter dann diese Zahl (also die 2) zugewiesen.

Mit diesem Trick ist es nun ganz einfach, eine Wiederholung genau zu steuern. In einem ersten Beispiel soll nun das Wort »Hallo« genau fünfmal auf den Bildschirm geschrieben werden:

```
START

    ZAHL anzahl
    RECHNEN anzahl = 1

    WIEDERHOLE

        AUSGABE "Hallo"

        RECHNEN anzahl = anzahl + 1

    SOLANGE anzahl <=5

    AUSGABE

STOPP
```

Der Platzhalter anzahl wird bei jeder Wiederholung um 1 erhöht. Erst wenn sein Wert 6 ist, stoppt die Wiederholung. Damit wird das Wort »Hallo« genau fünfmal auf den Bildschirm geschrieben, wie die folgende Ausgabe zeigt:

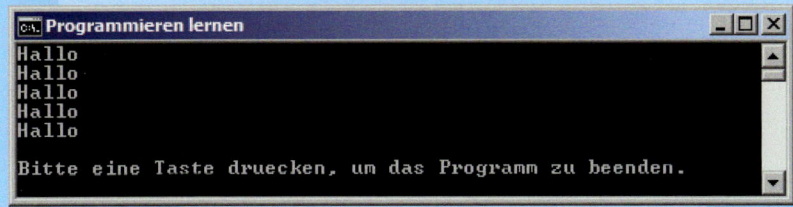

Genau fünfmal das Wort »Hallo«

Nun können wir auch das Anfangsbeispiel von ROLF ROBOT in Angriff nehmen, weil alle nötigen Kenntnisse jetzt vorhanden sind. **Zur Erinnerung**: Ein Benutzer sollte ein Passwort genau dreimal eingeben dürfen, bevor das Programm ihm den Zugang zu den geheimen Informationen verweigert. Mithilfe der gesteuerten Wiederholung ist dieses Programm nun kein Problem mehr.

```
START

    WORT name
    WORT passwort
    ZAHL anzahl

    RECHNEN anzahl = 1

    WIEDERHOLE
      AUSGABE "ACHTUNG***ACHTUNG***ACHTUNG"
      AUSGABE "Versuch Nr:"
      AUSGABE anzahl
      AUSGABE "Vor dem Eintritt in den geheimen"
      AUSGABE "Bereich muss der Name und das"
      AUSGABE "Passwort eingegeben werden:"
      AUSGABE
      AUSGABE "Wie lautet der Name:"
      WORTEINGABE name
```

```
AUSGABE "Wie lautet das Passwort"
WORTEINGABE passwort
AUSGABE

FALLS name = "Robot" UND passwort = "geheim"
    AUSGABE "Hier sind die geheimen"
    AUSGABE "Informationen:"
    AUSGABE "..............................."
    AUSGABE "Ende der geheimen Informationen"

    RECHNEN anzahl = 5
ENDE
SONST
    AUSGABE "Name oder Passwort sind falsch!"
ENDE

AUSGABE
RECHNEN anzahl = anzahl + 1

SOLANGE anzahl <=3

FALLS anzahl = 4
    AUSGABE "Leider nur drei Versuche!"
ENDE

STOPP
```

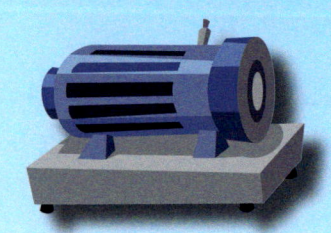

Nach dem Starten könnte es so aussehen:

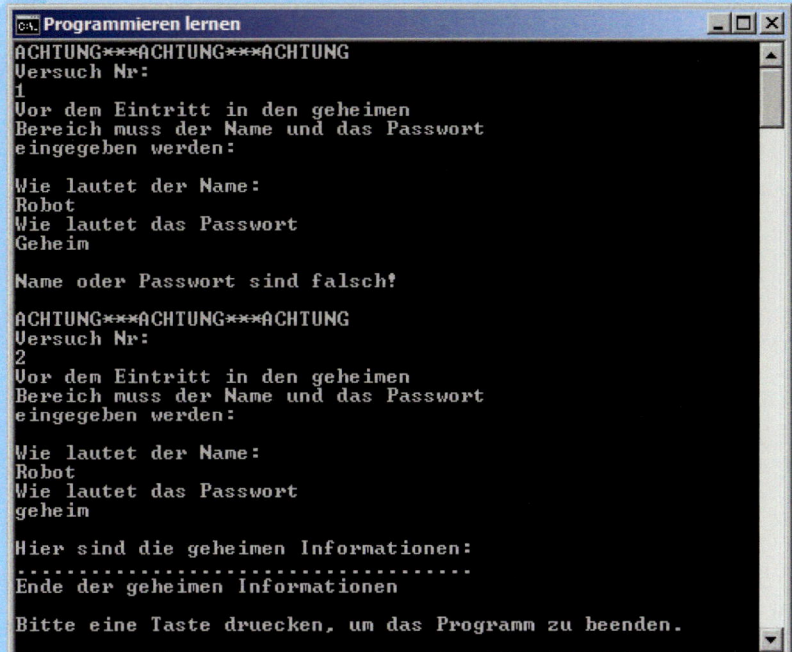

```
Programmieren lernen                              _ □ ×
ACHTUNG***ACHTUNG***ACHTUNG
Versuch Nr:
1
Vor dem Eintritt in den geheimen
Bereich muss der Name und das Passwort
eingegeben werden:

Wie lautet der Name:
Robot
Wie lautet das Passwort
Geheim

Name oder Passwort sind falsch!

ACHTUNG***ACHTUNG***ACHTUNG
Versuch Nr:
2
Vor dem Eintritt in den geheimen
Bereich muss der Name und das Passwort
eingegeben werden:

Wie lautet der Name:
Robot
Wie lautet das Passwort
geheim

Hier sind die geheimen Informationen:
.....................................
Ende der geheimen Informationen

Bitte eine Taste druecken, um das Programm zu beenden.
```

Geheime Informationen beim zweiten Versuch

Das Programm zeigt neben dem Zählen der Versuche noch eine weitere Besonderheit. Wenn der Benutzer den richtigen Namen und das richtige Passwort eingegeben hat, dann sollte die Wiederholung ebenfalls beendet werden, denn es ist ja nicht sinnvoll, den Benutzer noch einmal nach Name und Passwort zu fragen. Deshalb wird der Platzhalter einfach auf den Wert 5 gesetzt. Damit ist der Vergleich nach dem SOLANGE auf jeden Fall nicht richtig und die Wiederholung endet. Die zweite Besonderheit ist der FALLS-Befehl nach der Wiederholung. Hier wird der Platzhalter auf den Wert 4 geprüft. Diesen Wert kann er nur haben, wenn der Benutzer dreimal falsche Daten eingegeben hat, und deshalb ist dann auch die Ausgabe mit dem Hinweis auf die drei Versuche angebracht. Man sieht, dass hinter diesem kleinen Programm schon einige komplizierte Dinge stehen, die man alle beachten muss, um Wiederholungen genau so zu steuern, wie man möchte.

Zwischenübung

ROLF ROBOT hat nun zur Auflockerung eine kleine Übung vorbereitet. Die Lösung verrät er natürlich erst im Anschluss. Überlege, wie oft das Wort »Test« auf dem Bildschirm ausgegeben wird.

```
START
    ZAHL anzahl

    RECHNEN anzahl = 3

    WIEDERHOLE

        AUSGABE "Test"

        FALLS anzahl = 5

            RECHNEN anzahl = 8

        ENDE

        RECHNEN anzahl = anzahl + 1

    SOLANGE anzahl < 10
STOPP
```

Ganz schön schwierig, oder?

Lösung: Das Wort wird genau viermal ausgegeben

ROLF ROBOT verrät die Lösung

Eine Wiederholung wiederholt sich

Zwischen den Befehlen WIEDERHOLE und SOLANGE stehen eigentlich nur weitere Befehle, die ausgeführt werden sollen. Dann könnte man doch auch eine Wiederholung ausführen - also eine Wiederholung in einer Wiederholung starten. Das hört sich ganz schön kompliziert an und deshalb schauen wir uns erst einmal ein kleines Beispiel an:

```
START
    ZAHL anzahl
    ZAHL ende
    WORT eingabe

    WIEDERHOLE
        AUSGABE "Wie oft soll das Wort Test"
        AUSGABE "ausgegeben werden?"
        ZAHLEINGABE ende

        RECHNEN anzahl = 1

        WIEDERHOLE
            AUSGABE "Test"
            RECHNEN anzahl = anzahl + 1
        SOLANGE anzahl <= ende

        AUSGABE "Noch einmal?"
        AUSGABE "Dann bitte ja eingeben"
        WORTEINGABE eingabe

    SOLANGE eingabe = "ja"
STOPP
```

In diesem Beispiel wird ein Benutzer aufgefordert, eine Zahl einzugeben. Dann wird mithilfe einer Wiederholung das Wort »Test« so oft auf den Bildschirm geschrieben, wie der Benutzer es wollte. Anschließend wird er gefragt, ob er eine weitere Ausgabe möchte. Falls ja, dann wiederholt sich die ganze Ausgabe erneut. Solange, bis der Benutzer nicht mehr möchte.

Nach dem Starten des Programms könnte es dann so aussehen:

```
Programmieren lernen                                      _ □ ×
Wie oft soll das Wort Test ausgegeben werden?
3
Test
Test
Test
Noch einmal? Dann bitte ja eingeben
ja
Wie oft soll das Wort Test ausgegeben werden?
5
Test
Test
Test
Test
Test
Noch einmal? Dann bitte ja eingeben
nein
Bitte eine Taste druecken, um das Programm zu beenden.
```

Wiederholung in einer Wiederholung

VERSCHACHTELTE WIEDERHOLUNGEN

In der Programmierfachsprache nennt man die erste Wiederholung eine **äußere Wiederholung** und die zweite eine **innere Wiederholung**. Das liegt daran, dass die zweite (also innere) in der ersten (also äußeren) stattfindet.

Es ist durchaus denkbar, noch weitere innere Wiederholungen einzufügen. Die Anzahl ist nicht beschränkt. In den meisten Fällen reicht allerdings eine Wiederholung. Trotzdem lohnt es sich, auch dieses Beispiel anzuschauen:

```
START
    ZAHL anzahl1
    ZAHL anzahl2
    ZAHL ergebnis
```

```
RECHNEN anzahl1 = 1
WIEDERHOLE

    RECHNEN anzahl2 = 1
    WIEDERHOLE

        RECHNEN ergebnis = anzahl1 * anzahl2
        AUSGABE ergebnis
        RECHNEN anzahl2 = anzahl2 + 1

    SOLANGE anzahl2 <= 3

    RECHNEN anzahl1 = anzahl1 + 1

SOLANGE anzahl1 <= 3

STOPP
```

Nach dem Starten erscheint folgende Ausgabe:

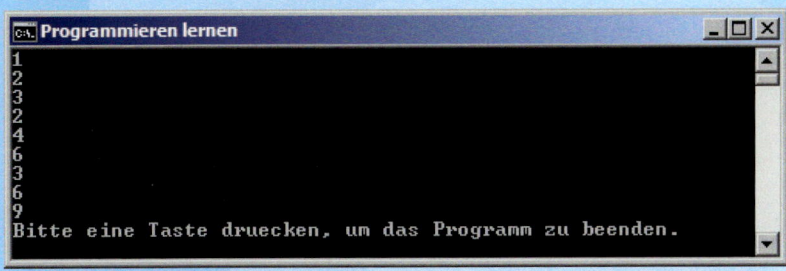

Eine äußere und eine innere Wiederholung

Die Ausgabe sieht schon ziemlich schwierig aus. Aber wieso stehen ausgerechnet dieses Zahlen als Ergebnis auf dem Bildschirm? Das wird nun ganz genau beleuchtet:

✏ Der Platzhalter anzahl1 ist der Zähler für die äußere Wiederholung.

✏ Der Platzhalter anzahl2 ist der Zähler für die innere Wiederholung.

✏ Nach dem Starten wird der Zähler für die äußere Wiederholung auf den Wert 1 gesetzt. Insgesamt läuft diese Wiederholung genau dreimal.

✏ Innerhalb der äußeren Wiederholung läuft dann jedes Mal die innere Wiederholung. Deren Zähler wird auch jedes Mal auf den Startwert 1 gesetzt. Damit läuft die innere Wiederholung auch dreimal.

✏ In der inneren Wiederholung wird ein Ergebnis berechnet. Da die äußere Wiederholung dreimal läuft und die innere Wiederholung jedes Mal ebenso, ergeben sich 3*3 = 9 Berechnungen und Ausgaben auf dem Bildschirm. Die Ergebnisse berechnen sich dann so:

```
                  ┌ anzahl2 = 1            ergebnis = 1
anzahl1 = 1 *  ┤  anzahl2 = 2      ➡      ergebnis = 2
                  └ anzahl2 = 3            ergebnis = 3

                  ┌ anzahl2 = 1            ergebnis = 2
anzahl1 = 2 *  ┤  anzahl2 = 2      ➡      ergebnis = 4
                  └ anzahl2 = 3            ergebnis = 6

                  ┌ anzahl2 = 1            ergebnis = 3
anzahl1 = 3 *  ┤  anzahl2 = 2      ➡      ergebnis = 6
                  └ anzahl2 = 3            ergebnis = 9
```

Berechnungen
innerhalb der
Wiederholungen

Nun ist es aber dringend Zeit, einige Aufgaben zu erledigen.

Aufgaben

Aufgabe 1: Alle Zahlen ausgeben

Dieses Programm soll alle Zahlen ausgeben, die der Benutzer möchte. Er gibt dazu eine Startzahl und eine Endzahl ein, und das Programm gibt automatisch alle Zahlen aus, die dazwischen liegen. Nach dem Starten könnte eine Eingabe so aussehen:

```
Programmieren lernen                                    _ □ ×
Bitte den Startwert eingeben:
3
Bitte den Endwert eingeben:
15

Hier sind die Zahlen:
3
4
5
6
7
8
9
10
11
12
13
14
15
Bitte eine Taste druecken, um das Programm zu beenden.
```

Alle Zahlen zwischen Start und Ende

Aufgabe 2: Einen Countdown programmieren

Wenn beispielsweise eine Rakete startet oder ein anderes wichtiges Ereignis stattfinden soll, dann zählt man die letzten Sekunden bis zu dem Ereignis mit – in einem *Countdown* (das ist englisch und heißt so viel wie Herunterzählen). Schreibe dazu ein Programm, das von einer Startzahl (die der Benutzer eingeben soll) bis zur Zahl 1 herunterzählt und die Zahlen auf dem Bildschirm anzeigt.

Noch ein kleiner Tipp: Einen Platzhalter kann man nicht nur um eins hochzählen, sondern natürlich auch um eins herunterzählen. Wie das funktioniert, wirst du bestimmt ganz schnell mithilfe der Subtraktion herausfinden.

Nach dem Starten des Programms könnte es so aussehen:

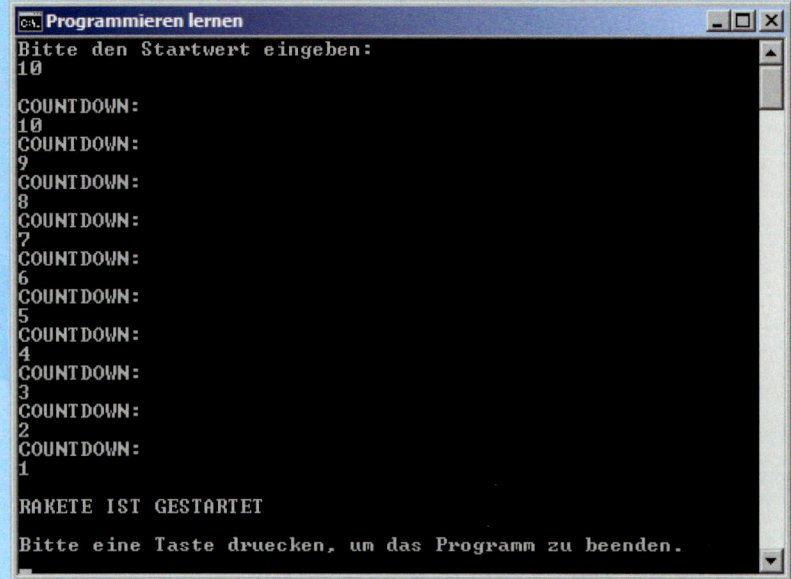

Einen Countdown programmieren

Aufgabe 3: Automatische Reihenberechnung

Die automatische Reihenberechnung wurde bereits in den vorherigen Kapiteln angesprochen. Nun kannst du mithilfe der Wiederholungen das Programm noch viel besser umsetzen. Der Benutzer soll einfach eine Zahl eingeben und anschließend wird die komplette Reihe der Zahl angezeigt. Zur Erinnerung: Die Reihe der Zahl 3 lautet beispielsweise:

3   6   9   12   15   18   21   24   27   30

oder die Reihe der Zahl 7:

7   14   21   28   35   42   49   56   63   70

In Anschluss wird der Benutzer danach gefragt, ob er eine weitere Reihe berechnen lassen möchte und falls ja, dann wiederholt sich der Vorgang.

Noch ein kleiner Tipp zur Umsetzung: Du brauchst eine äußere und eine innere Wiederholung. Die Reihenberechnung wird nämlich auch mit einer Wiederholung durchgeführt.

Nach dem Starten des Programms könnte es so aussehen:

```
Programmieren lernen                                    _ □ X
Welche Reihe soll berechnet werden?
3

Hier ist die Reihe:
3
6
9
12
15
18
21
24
27
30

Noch einmal? Dann bitte ja eingebn
ja
Welche Reihe soll berechnet werden?
7

Hier ist die Reihe:
7
14
21
28
35
42
49
56
63
70

Noch einmal? Dann bitte ja eingebn
nein
Bitte eine Taste druecken, um das Programm zu beenden.
```

Die automatische Reihenberechnung wird immer besser

Aufgabe 4: Eine Sternchentreppe

Dieses Programm ist ganz schön schwierig – also eine echte Herausforderung für dich. In dem Programm sollen Wiederholungen dazu genutzt werden, um eine Treppe aus Sternchen auf den Bildschirm zu zeichnen. Folgende Tipps sollten dir die Arbeit etwas erleichtern:

- Der Zähler einer inneren Schleife kann als Startwert immer den Wert des Zählers aus der äußeren Schleife erhalten.

- Einem Wort-Platzhalter kann ein Sternchen * als Text hinzugefügt werden, indem einfach das * addiert wird.

- Wenn man einen Wort-Platzhalter »leeren« möchte, dann muss man ihm einfach einen leeren Text "" zuweisen.

Nach dem Starten des Programms soll folgendes Bild erzeugt werden:

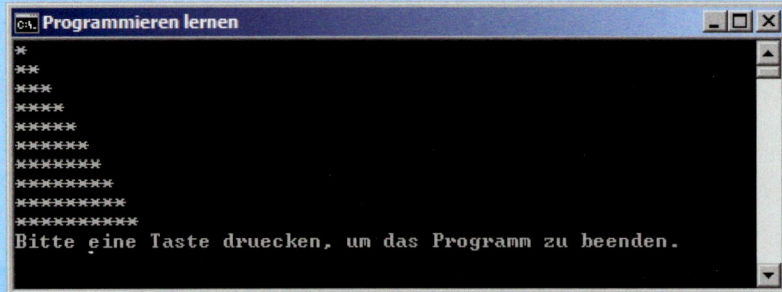

Eine Stern-
chentreppe
programmieren

Wenn du noch eine weitere Herausforderung suchst, dann versuche doch einmal, diese Sternchenpyramide zu programmieren:

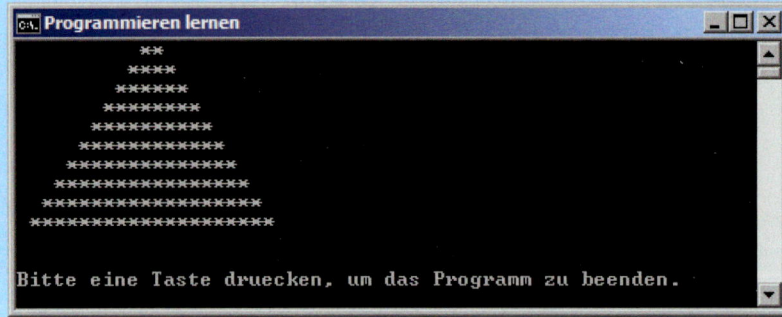

Eine Pyramide
aus Sternchen

Diese Erweiterungsaufgabe ist wirklich kompliziert. Falls du es nicht schaffst, dann ist das überhaupt nicht schlimm. Mit einer solchen Aufgabe tun sich auch echte Programmierer schwer. Deshalb auch noch ein kleiner Tipp:

✏ Bevor die Sternchen addiert werden, müssen entsprechend viele Leerzeichen addiert werden – und zwar in jeder Zeile der Pyramide ein Leerzeichen weniger als beim Vorgänger. Das läuft also wieder auf eine Wiederholung hinaus, die wie bei der Countdown-Aufgabe heruntergezählt wird. Die Anzahl der Sterne ist immer gerade. Das bedeutet für den entsprechenden Zähler der Wiederholung, dass er mit einer geraden Zahl startet (also 2) und immer um 2 erhöht wird.

Und nun noch einmal die wichtigen Dinge!

ROLF ROBOT
fasst zusammen

Zusammenfassung und Tipps

✏️ Man kann beliebig viele hintereinander stehende Befehle wiederholen lassen. Die Befehle müssen nur zwischen dem WIEDERHOLE- und dem SOLANGE-Befehl stehen.

✏️ Die Wiederholung läuft immer weiter, solange der Vergleich (der direkt hinter dem SOLANGE-Befehl steht) richtig ist.

✏️ In einem Programm sollte sichergestellt sein, dass der Vergleich bei einer Wiederholung irgendwann nicht mehr richtig ist, und die Wiederholung damit abbricht. Sonst kommt es zu der so genannten (unter Programmierern gefürchteten) **Endlos-Wiederholung**.

✏️ Man kann eine Wiederholung genau steuern, indem ein Platzhalter-Zähler in der Wiederholung bei jedem Schritt um 1 hoch gezählt wird. Die Wiederholung endet dann, wenn der Zähler einen bestimmten Wert überschreitet, oder anders ausgedrückt: die Wiederholung läuft genau so lange, wie der Zähler kleiner oder gleich einem bestimmten Wert ist.

In einer Wiederholung kann natürlich eine Wiederholung laufen, in der dann wieder eine Wiederholung läuft und immer so weiter. Für die meisten Programme reichen aber entweder eine Wiederholung oder eine Wiederholung in einer Wiederholung.

Auf Fehlersuche

Stehen die Befehle zwischen **WIEDERHOLE** und **SOLANGE,** die wiederholt werden sollen?	✔
Steht der Vergleich direkt hinter dem **SOLANGE**-Befehl?	✔
Wird der Vergleich irgendwann nicht mehr richtig sein? **(Vorsicht: Endlos-Wiederholung)**	✔
Wird ein Zähler-Platzhalter in der Wiederholung entweder erhöht oder erniedrigt?	✔
Achtest du auf die richtige Zuordnung der **SOLANGE**-Befehle, wenn mehr als eine Wiederholung läuft?	✔

Tipps zur Fehlersuche im Programm

KAPITEL

7

PRO-GRAMMIER-TRICKS

Die letzten 6 Kapitel waren nicht nur spannend, sondern manchmal auch etwas kompliziert und anstrengend. Besonders die letzten Aufgaben waren ziemlich anspruchsvoll. Aus diesem Grund hat sich ROLF ROBOT überlegt, dass nun erst einmal ein Kapitel kommen muss, bei dem du dich etwas entspannen kannst und trotzdem interessante und wichtige Dinge lernst. ROLF ROBOT verrät dir seine Programmiertricks, mit denen ein Programm nicht nur leserlicher, sondern auch für den Benutzer schöner gestaltet werden kann.

Viel Spaß bei meinen Programmier-tricks!

ROLF ROBOT verrät seine Tricks

Trick 1: Bemerkungen sind wichtig

Stell dir vor, dass du ein kompliziertes Programm geschrieben hast, und einige Wochen später möchtest du an diesem Programm weiterarbeiten. Nach der langen Zeit fällt es dir sehr schwer, das komplizierte Programm sofort zu verstehen und du verbringst sehr viel Zeit damit, über die ganzen Befehle, die du geschrieben hast, nachzudenken. Wäre es nicht toll, wenn du dann im Programm Notizen zu den verwendeten Befehlen gemacht hättest? Solche Notizen sind möglich. Sie heißen Bemerkungen und es gibt natürlich einen Befehl dazu – den BEMERKUNG-Befehl. Dieser Befehl leitet einen Text ein, der bei der Programmausführung nicht übersetzt und damit auch nicht ausgeführt wird. Er dient also nur zur Beschreibung des Programms. Nun aber erst einmal ein Beispiel dazu:

```
BEMERKUNG: Das ist ein Beispiel für Bemerkungen

START

    BEMERKUNG: Nun kommt ein Platzhalter
    ZAHL x
```

```
BEMERKUNG: Ein Wert wird eingelesen
AUSGABE "Bitte einen Wert eingeben:"
ZAHLEINGABE x
AUSGABE

BEMERKUNG: Der Wert wird ausgegeben
AUSGABE "Der Wert lautet:"
AUSGABE x
AUSGABE

STOPP
```

An dem Programm ist erkennbar, dass nach dem Befehl BEMERKUNG einige Erläuterungen zu den darauf folgenden Befehlen gegeben wurden. Mithilfe der Bemerkungen ist das Programm deutlich besser zu lesen. Nach dem Starten des Programms ist aber von den Bemerkungen nichts zu sehen. Sie werden bei der Übersetzung des Programms einfach nicht beachtet, wie die folgende Ausgabe zeigt:

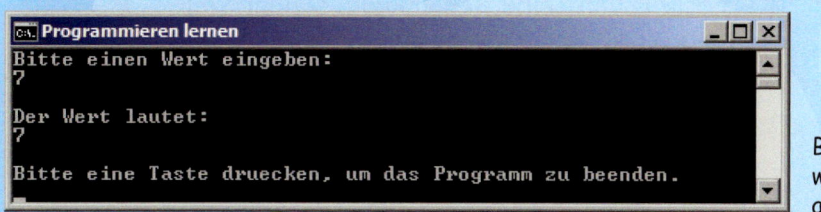

Bemerkungen werden nicht ausgeführt

Auch in der richtigen Programmierung werden Bemerkungen eingesetzt. Sie sind sogar sehr wichtig. In der Programmierfachsprache werden sie auch *Kommentare* genannt. Das folgende Beispiel zeigt, wie ein Berufs-programmierer seine Programme mit einigen Bemerkungen einleitet:

```
BEMERKUNG: ****************************
BEMERKUNG: Programm TEST
BEMERKUNG: Programmierer: Rolf Robot
BEMERKUNG: Version 1.0 vom 15. Dezember
BEMERKUNG: Letzte Änderung: 17. Dezember
BEMERKUNG: ****************************
```

START
.
.
.
STOPP

Es ist natürlich etwas aufwendiger, jedes Programm mit solchen Bemerkungen zu versehen. Aber es lohnt sich. Wenn man nach einigen Wochen an einem bestehenden Programm weiterarbeiten möchte, ist man sehr froh, wenn die Arbeit dadurch vereinfacht wird. Für die Berufsprogrammierer gibt es auch noch einen anderen Vorteil: Wenn eine Kollegin oder ein Kollege an einem bestehenden Programm arbeiten möchte, dann helfen die Bemerkungen beim Verständnis des bestehenden Programms.

Bemerkungen sind sehr wichtig, aber man sollte es nicht übertreiben! Nicht jeder Befehl braucht eine Bemerkung, sondern nur die wirklich wichtigen Stellen sollten im Programm mit einer Bemerkung versehen werden.

ROLF ROBOT hat noch eine Bemerkung

Trick 2: Farbe ins Spiel bringen

Die Ausgaben auf dem Bildschirm waren bislang etwas farblos. Das soll sich nun ändern. Mit dem FARBE-Befehl kommt nun richtig Farbe ins Spiel. Damit gestalten sich die Ausgaben viel interessanter und besser lesbar für den Benutzer. Mit dem **FARBE**-Knopf und der entsprechenden Farbe (einfach Klicken) kann die entsprechende Schriftfarbe gewählt werden.

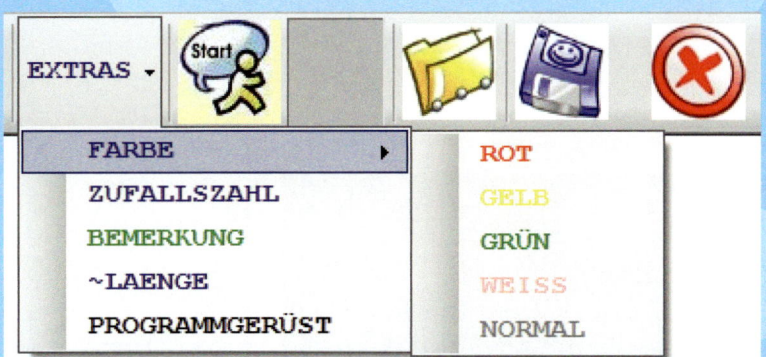

Der FARBE-Befehl und die Schriftfarben

Das folgende Beispiel zeigt, wie einfach es ist:

```
BEMERKUNG: ***********************
BEMERKUNG: Programmbeispiel: Farbe
BEMERKUNG: ***********************
START

    FARBE ROT
    AUSGABE "Schriftfarbe rot!"
    AUSGABE

    FARBE GELB
    AUSGABE "Schriftfarbe gelb!"
    AUSGABE

    FARBE GRUEN
    AUSGABE "Schriftfarbe grün!"
    AUSGABE
```

```
    FARBE WEISS
    AUSGABE "Schriftfarbe weiß!"
    AUSGABE

    FARBE NORMAL
    AUSGABE "Schriftfarbe normal!"
    AUSGABE

STOPP
```

Nach dem Starten sieht schon alles viel freundlicher aus:

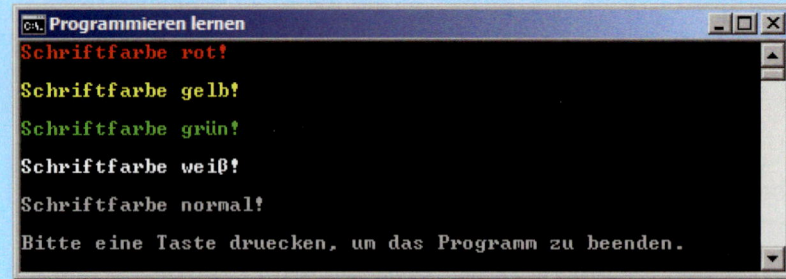

Die Schrift-
farbe kann
sich ändern

Für den Benutzer ist es gut, wenn das Programm beispielsweise Ausgaben in normaler Schriftfarbe macht und Eingaben des Benutzers in gelber Schriftfarbe. Warnungen oder Fehlermeldungen könnten sogar in roter Schriftfarbe sein. Damit ist die Bedienung eines Programms noch einfacher für den Benutzer. Ein Beispiel dazu könnte so aussehen:

```
BEMERKUNG: ***********************
BEMERKUNG: Programmbeispiel: Farbe
BEMERKUNG: für Ein- und Ausgabe
BEMERKUNG: ***********************

START

    ZAHL x
```

```
WIEDERHOLE

    AUSGABE "Bitte eine Zahl eingeben,"
    AUSGABE "die kleiner als 10 ist:"
    FARBE GELB
    ZAHLEINGABE x



    FALLS x >= 10

        FARBE ROT
        AUSGABE "Achtung: falsche Eingabe!"
        AUSGABE
    ENDE

    FARBE NORMAL

    SOLANGE x >= 10

    AUSGABE
    AUSGABE "Alles in Ordnung!"

STOPP
```

Nach dem Starten sieht die Ausgabe dann so aus:

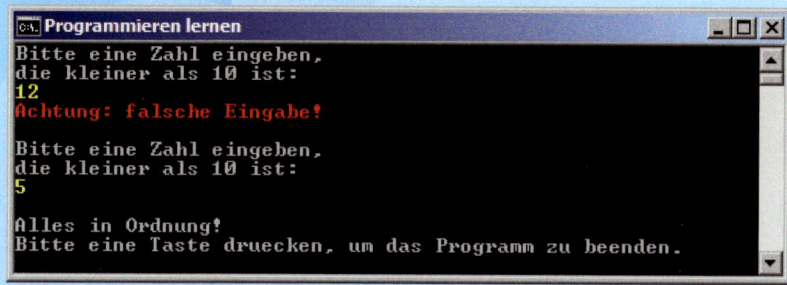

Farbe bei der Ein- und Ausgabe

Trick 3: Die Ausgabe verbessern

Die Ausgabe von Platzhalter-Inhalten erfolgte bislang immer in einer eigenen Zeile. Manchmal ist es aber sinnvoll, dass der Platzhalter-Inhalt in den Ausgabe-Text eingefügt wird. Die ganze Ausgabe wird dadurch viel ansprechender gestaltet, wie das folgende Beispiel zeigt:

```
BEMERKUNG: *********************
BEMERKUNG: Programmbeispiel: die
BEMERKUNG: Ausgabe gestalten
BEMERKUNG: *********************

START
    WORT name
    AUSGABE "Bitte den Namen eingeben:"
    FARBE GELB
    WORTEINGABE name

    FARBE NORMAL
    AUSGABE "Hallo " + name + ", wie geht es?"
    AUSGABE

STOPP
```

Nach der Eingabe des Benutzers sieht die Ausgabe des Programms dann so aus:

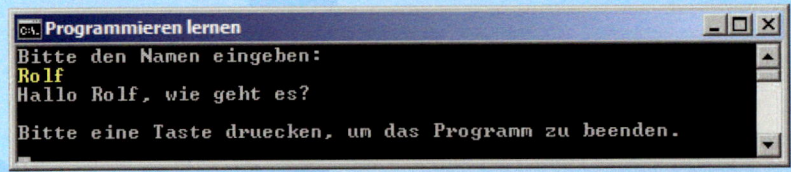

Die Ausgabe wird noch schöner

Der Platzhalter-Inhalt wurde einfach durch das Pluszeichen in den Ausgabe-Text eingefügt. Das funktioniert sogar mit Platzhaltern für Zahlen. Der Computer erkennt, dass es sich um eine Ausgabe handelt, und versucht nicht, eine Addition durchzuführen, wie man bei Zahlen ja annehmen könnte. Die folgenden Beispiele zeigen alle Möglichkeiten dieser neuen Ausgabe:

```
BEMERKUNG: ************************
BEMERKUNG: Programmbeispiel:
BEMERKUNG: Möglichkeiten der Ausgabe
BEMERKUNG: ************************

START

    WORT name
    ZAHL alter

    AUSGABE "Bitte den Namen eingeben:"
    FARBE GELB
    WORTEINGABE name
    FARBE NORMAL
    AUSGABE "Bitte das Alter eingeben:"
    FARBE GELB
    ZAHLEINGABE alter
    FARBE NORMAL
    AUSGABE
    AUSGABE name + ","
    AUSGABE "du bist " + alter + " Jahre alt."
    AUSGABE alter + " Jahre sind ein stolzes"
    AUSGABE "Alter, liebe(r) " + name + "."
    AUSGABE

STOPP
```

Nach der Eingabe sieht es dann so aus:

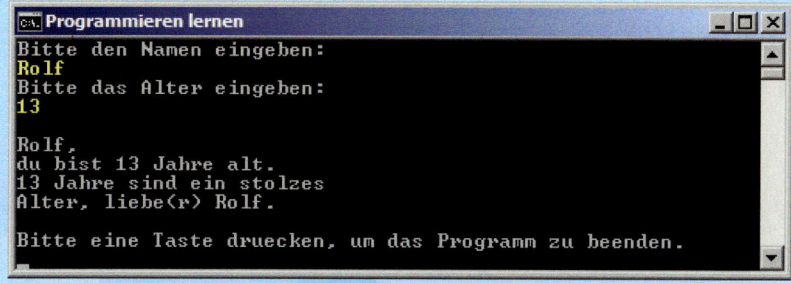

Möglichkeiten
der Ausgabe

Trick 4: Eine Zufallszahl erzeugen

Dieser Trick ist richtig toll. Mit Hilfe von Zufallszahlen können einige sehr interessante Programme geschrieben werden. Eine Zufallszahl ist genau das, was ihr Name sagt – und zwar eine vom Computer zufällig erzeugte Zahl. Der Zufall ist natürlich nicht ganz so, wie wir es aus dem täglichen Leben kennen, denn hinter der Erzeugung einer Zufallszahl steht eigentlich ein kleines Programm. Dieses Programm ist aber so gut, dass wir den Unterschied zwischen einem echten Zufall und einem Computerzufall nicht unterscheiden können. Man kann sich auch vorstellen, dass der Computer einen Würfel hat und jedes Mal, wenn wir es wollen, diesen Würfel benutzt und die gewürfelte Zahl mitteilt.

ZUFALLSZAHLEN

Die Erzeugung von zufälligen Zahlen ist auch für Wissenschaftler ein sehr interessantes Thema. Viele Wissenschaftler haben sich schon den Kopf darüber zerbrochen, wie man die perfekten Zufallszahlen erzeugen kann. Richtig zufällige Zahlen sind nämlich etwas Wertvolles, mit denen Wissenschaftler dann wichtige Experimente durchführen können.

Wie kann man nun eine Zufallszahl erzeugen? Das ist eigentlich ganz einfach. Wir müssen nur den Befehl ZUFALLSZAHL benutzen und dem Computer noch mitteilen, in welchem Zahlenbereich er eine zufällige Zahl erzeugen soll. Das folgende Beispiel zeigt es:

```
BEMERKUNG: *************************
BEMERKUNG: Programmbeispiel: Zufall
BEMERKUNG: *************************

START
    ZAHL zufall
```

```
RECHNEN zufall = ZUFALLSZAHL(10)
AUSGABE "Die erste Zufallszahl: " + zufall
AUSGABE

RECHNEN zufall = ZUFALLSZAHL(10)
AUSGABE "Die zweite Zufallszahl: " + zufall
AUSGABE

RECHNEN zufall = ZUFALLSZAHL(10)
AUSGABE "Die dritte Zufallszahl: " + zufall
AUSGABE
```

STOPP

Dem Platzhalter zufall wird ein zufälliger Wert zwischen 1 und 10 zugewiesen, weil nach dem Befehl ZUFALLSZAHL in Klammern die Zahl 10 steht. Denn dadurch sucht der Computer in dem Bereich von 1 bis 10 eine zufällige Zahl. Würde man in den Klammern beispielsweise 50 schreiben, dann würde es eine Zahl zwischen 1 und 50 werden. Man hat also alle Möglichkeiten, eine Zufallszahl nach seinen Wünschen erzeugen zu lassen, wie man nach dem Starten des Programms sieht:

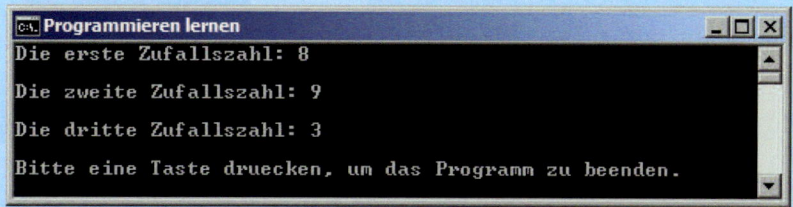

```
Programmieren lernen
Die erste Zufallszahl: 2

Die zweite Zufallszahl: 9

Die dritte Zufallszahl: 10

Bitte eine Taste druecken, um das Programm zu beenden.
```

Zufallszahlen erzeugen

Nach einem weiteren Programmstart könnten dann diese Zahlen erscheinen:

```
Programmieren lernen
Die erste Zufallszahl: 8

Die zweite Zufallszahl: 9

Die dritte Zufallszahl: 3

Bitte eine Taste druecken, um das Programm zu beenden.
```

Weitere Zufallszahlen

MERKEN: Die Zahl in den Klammern muss aber immer größer als Null sein, sonst kann keine Zufallszahl berechnet werden.

Besonders interessant ist es auch, den Benutzer zu fragen, in welchem Bereich er eine Zufallszahl haben möchte. Dazu wird einfach der eingelesene Platzhalter in den Klammern angegeben:

```
BEMERKUNG: *************************
BEMERKUNG: Programmbeispiel:
BEMERKUNG: Zufallszahl des Benutzers
BEMERKUNG: *************************

START

    ZAHL zufall
    ZAHL bereich

    AUSGABE "In welchem Bereich soll"
    AUSGABE "die Zufallszahl sein?"
    FARBE GELB
    ZAHLEINGABE bereich

    AUSGABE
    RECHNEN zufall = ZUFALLSZAHL(bereich)
    FARBE NORMAL
    AUSGABE "Die Zufallszahl lautet: " + zufall
    AUSGABE

STOPP
```

Nach der Eingabe des Benutzers sucht der Computer nach einer zufälligen Zahl zwischen 1 und der Eingabe. Nach dem Starten des Programms gibt der Benutzer beispielsweise die Zahl 30 ein. Der Computer zeigt dann eine zufällige Zahl zwischen 1 und 30, wie man an der Bildschirmausgabe sehen kann:

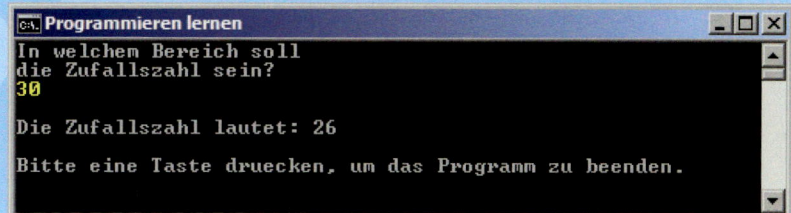

Eine Zufallszahl
erzeugen lassen

> Mit den Zufalls-
> zahlen ergeben sich ganz
> tolle neue Möglichkeiten für Pro-
> gramme. Du wirst schon sehen. Falls du
> in der Schule noch keine Kommazahlen
> hattest, dann kannst du den nächsten
> Trick einfach überspringen und
> direkt die Aufgaben in An-
> griff nehmen!

ROLF ROBOT hat noch einen Tipp

Trick 5: Kommazahlen im Programm

Bei der Eingabe einer Kommazahl nach dem Starten des folgenden Programms wird die Zahl (wie du es gewohnt bist) mit einem Komma eingegeben:

BEMERKUNG: ************************
BEMERKUNG: Programmbeispiel:
BEMERKUNG: Kommazahlen eingeben
BEMERKUNG: ************************

START

   ZAHL x

```
    AUSGABE "Bitte eine Kommazahl eingeben:"
    FARBE GELB
    ZAHLEINGABE x
    AUSGABE

    FARBE NORMAL
    AUSGABE "Die Kommazahl lautet: " + x
    AUSGABE

STOPP
```

Der Benutzer gibt beispielsweise die Zahl 1,52 ein:

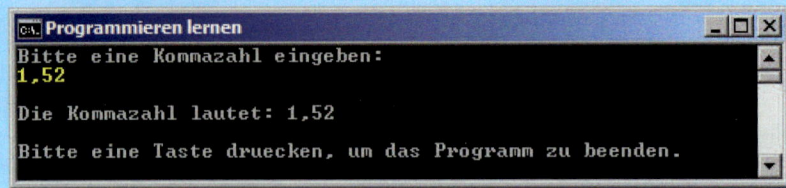

Eingabe einer Kommazahl

Sowohl die Eingabe als auch die Ausgabe erfolgt mit dem Komma. Leider ist es aber so, dass bei einer Zuweisung oder Berechnung mit einer Kommazahl im Programm, nicht das Komma, sondern der Punkt anstelle des Kommas verwendet werden muss. Das ist natürlich etwas gewöhnungsbedürftig, aber lässt sich nicht vermeiden. Warum das so ist, wird im Anschluss des folgenden Beispiels erklärt.

```
BEMERKUNG: ************************
BEMERKUNG: Programmbeispiel: Mit
BEMERKUNG: Kommazahlen rechnen
BEMERKUNG: ************************

START

    ZAHL x
    ZAHL y

    BEMERKUNG: Die Kommazahl 1,5 wird zugewiesen:
    RECHNEN x = 1.5
```

```
BEMERKUNG: Das Ergebnis von 5 * 1,5 ist 7,5
RECHNEN y = 5 * x

AUSGABE "Das Ergebnis lautet: " + y
AUSGABE
```

STOPP

Dem Platzhalter x wird die Kommazahl 1,5 zugewiesen. Allerdings wird anstelle des Kommas der Punkt verwendet.

MERKEN: Im Programm selbst wird für Kommazahlen der Punkt benutzt und bei Eingaben wird das Komma benutzt. Nach dem Starten sieht das kleine Beispielprogramm dann so aus:

Ausgabe erfolgt mit Komma

WARUM GIBT ES EIGENTLICH DIESEN UNTERSCHIED MIT KOMMA UND PUNKT?

Das liegt daran, dass in verschiedenen Ländern verschiedene Zeichen benutzt werden, um Kommazahlen darzustellen. In Deutschland oder auch in Frankreich wird das Komma benutzt. In England und den USA kommt aber der Punkt zum Einsatz. Da viele Programmiersprachen in den USA entwickelt oder weiterentwickelt wurden, hat sich der Punkt bei den Programmiersprachen durchgesetzt. Die Ein- und Ausgabe passt sich aber netterweise den Gepflogenheiten des Landes an. Die Programmiersprache aber nicht, denn sonst müsste sich ja die Bedeutung des Kommas bzw. Punktes bei den Befehlen ändern. Das Komma hat nämlich in vielen Programmiersprachen die Funktion, einzelne Befehle voneinander zu trennen. Diese Funktion brauchen wir bei unserer Programmiersprache noch nicht, denn jeder Befehl steht selbstverständlich in einer eigenen Zeile.

Aufgaben

Aufgabe 1: Die Schriftfarbe auswählen

Das folgende Programm soll es dem Benutzer ermöglichen, die Ausgabe eines Textes in einer von ihm gewählter Schriftfarbe vornehmen zu lassen. Zuerst wird der Benutzer gebeten, einen Text einzugeben. Anschließend wird er nach der Schriftfarbe gefragt. Der eingegebene Text wird dann in der entsprechenden Farbe angezeigt. Das fertige Programm könnte nach dem Starten dann so aussehen:

Der Benutzer wählt die Farbe

Aufgabe 2: Zufällige Schriftfarbe

Diese Aufgabe ist eine Erweiterung der ersten Aufgabe. Nach der Eingabe des Textes soll der Benutzer aber nicht wählen können, in welcher Farbe der Text ausgegeben werden soll, sondern es soll eine Ausgabe des Textes mit einer zufälligen Farbe erfolgen. Nach dem Starten des Programms könnte es dann so aussehen:

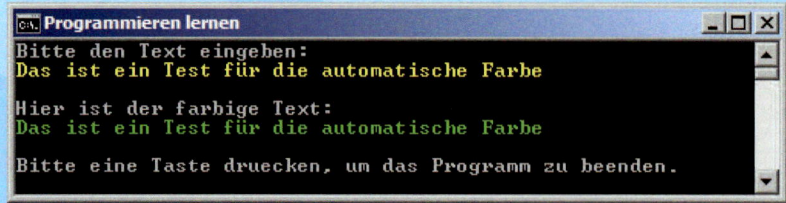

Der Zufall bestimmt die Farbe

Aufgabe 3: Zahlen raten mit dem Computer

Bei dieser Aufgabe bringst du dem Computer das Spielen bei. Er soll mit einem Benutzer das Spiel *Zahlenraten* spielen. Dazu *denkt* sich der Computer eine Zahl zwischen 1 und 100 aus. Der Benutzer rät eine Zahl und gibt sie ein. Wenn die Zahl richtig ist, dann wird der Computer gratulieren und das Spiel ist beendet. Wenn die geratene Zahl höher als die gedachte Zahl ist, dann wird der Computer das mitteilen. Ebenso, wenn die Zahl niedriger ist. Der Benutzer hat dann wieder die Möglichkeit, eine neue Zahl zu raten und einzugeben. Insgesamt dürfen höchstens 7 Versuche gemacht werden, die Zahl zu raten, sonst hat der Computer gewonnen. So könnte das fertige Programm nach dem Starten aussehen:

Der Benutzer hat gewonnen

Die nächste Bildschirmausgabe zeigt, dass der Benutzer nach 7 Versuchen auch verlieren kann:

```
C:\. Programmieren lernen                                    _ □ X
**********Das große Zahlenraten-Spiel*******************

Versuch Nr.:1
Wie lautet die Zahl?
30
Zu niedrig, bitte nochmal versuchen!

Versuch Nr.:2
Wie lautet die Zahl?
60
Zu hoch, bitte nochmal versuchen!

Versuch Nr.:3
Wie lautet die Zahl?
50
Zu hoch, bitte nochmal versuchen!

Versuch Nr.:4
Wie lautet die Zahl?
40
Zu niedrig, bitte nochmal versuchen!

Versuch Nr.:5
Wie lautet die Zahl?
45
Zu hoch, bitte nochmal versuchen!

Versuch Nr.:6
Wie lautet die Zahl?
41
Zu niedrig, bitte nochmal versuchen!

Versuch Nr.:7
Wie lautet die Zahl?
42
Zu niedrig, bitte nochmal versuchen!

Ich habe gewonnen, tut mir leid!

Bitte eine Taste druecken, um das Programm zu beenden.
```

Der Computer kann auch gewinnen

Du wirst sicher schnell erkannt haben, dass ein bestimmtes System beim Zahlenraten schneller zum Erfolg führt, als einfach nur zu raten. Für die Umsetzung dieses Programms könnten dir die folgenden Tipps helfen:

✏ Mit einem Wiederholungszähler kann genau gesteuert werden, dass maximal 7 Versuche durchgeführt werden.

✏ Falls der Benutzer die richtige Zahl erraten hat, dann kann die Wiederholung beendet werden, indem der Zähler einfach auf einen höheren Wert (beispielsweise 8) gesetzt wird.

✏ Mithilfe eines Platzhalters könnte man sich merken, ob der Benutzer die richtige Zahl erraten hat, und nach der beendeten Wiederholung dann einfach überprüfen, ob der Platzhalter den entsprechenden Wert hat. Beispielsweise könnte man einem Wort-Platzhalter das Wort »ja« zuweisen, wenn der Benutzer gewonnen hat.

Und nun noch einmal die wichtigen Dinge!

ROLF ROBOT
fasst zusammen

Zusammenfassung und Tipps

✏ Es gibt einen Befehl, der nicht übersetzt wird, sondern nur dazu dient, die anderen Befehle bzw. das Programm zu beschreiben. Dieser Befehl heißt BEMERKUNG und wird zur Unterscheidung von den anderen Befehlen grün eingefärbt.

✏ Die Schriftfarbe kann mit dem Befehl FARBE angepasst werden. Es muss nur die entsprechende Farbe dazu gewählt werden. Zur Auswahl stehen rot, gelb, grün, weiß und die normale Schriftfarbe, die bisher immer verwendet wurde. Mit dem Befehl FARBE ROT werden beispielsweise alle weiteren Ausgaben in roter Schriftfarbe durchgeführt.

✏ Die Ausgabe von Platzhalter-Inhalten kann auch direkt nach einer Textausgabe erfolgen. Der Platzhalter wird einfach mit dem Pluszeichen angefügt.

✏ Der Befehl ZUFALLSZAHL erzeugt eine zufällige Zahl innerhalb eines bestimmten Bereichs. Den Bereich muss man in Klammern hinter dem Befehl angeben. Beispielsweise sorgt der Befehl ZUFALLSZAHL(100) für eine zufällige Zahl zwischen 1 und 100.

✏️ Wenn man innerhalb des Programms eine Kommazahl benutzen möchte, dann muss anstelle des Kommas ein Punkt verwendet werden. Bei der Ein- und Ausgabe ist das nicht nötig.

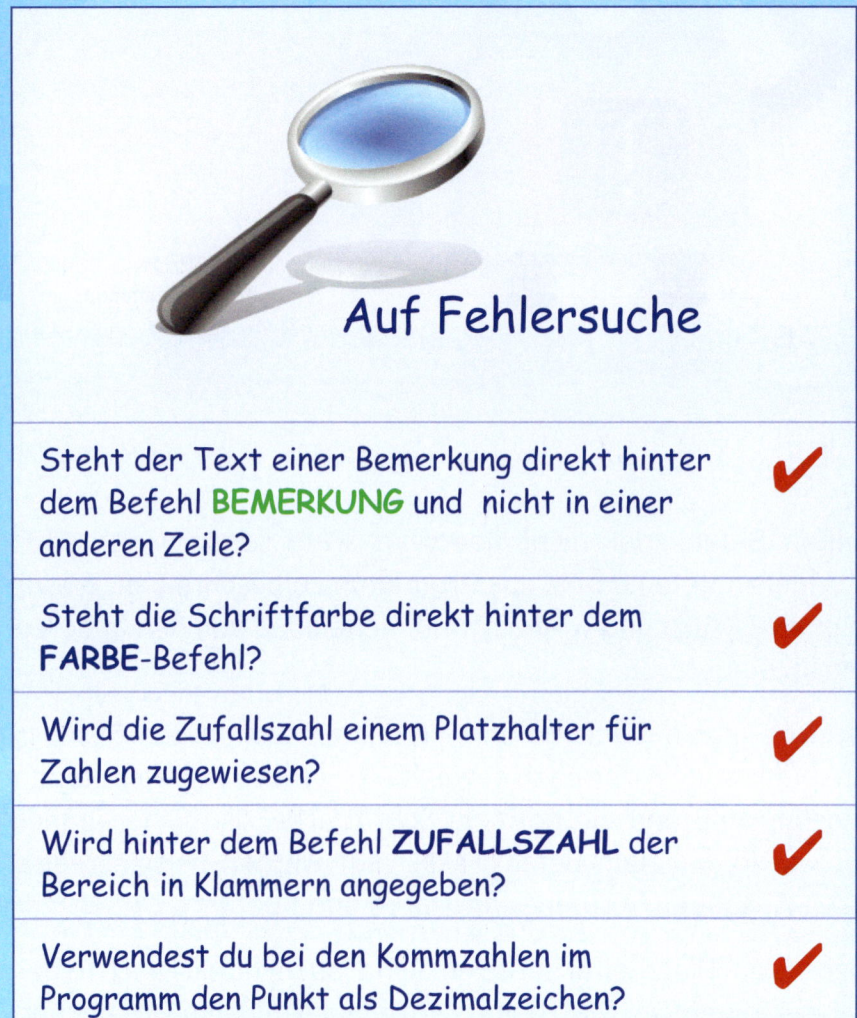

Auf Fehlersuche

Steht der Text einer Bemerkung direkt hinter dem Befehl **BEMERKUNG** und nicht in einer anderen Zeile? ✔

Steht die Schriftfarbe direkt hinter dem **FARBE**-Befehl? ✔

Wird die Zufallszahl einem Platzhalter für Zahlen zugewiesen? ✔

Wird hinter dem Befehl **ZUFALLSZAHL** der Bereich in Klammern angegeben? ✔

Verwendest du bei den Kommzahlen im Programm den Punkt als Dezimalzeichen? ✔

Tipps zur Fehler- suche im Programm

KAPITEL

8

FELDER VON ZAHLEN

Wettervorhersage und Zahlen

Die meisten Programme arbeiten mit einer großen Menge von Zahlen. Beispielsweise brauchst du nur an die Wettervorhersage denken. Um das Wetter vorherzusagen, müssen jeden Tag viele Tausende von Werten ermittelt werden. Die verschiedenen Wetterstationen übermitteln dabei die Werte an den Hauptcomputer. Auf diesem Computer ist ein kompliziertes Programm, mit dessen Hilfe die Wetterexperten dann das Wetter vorhersagen können. Beispielsweise wird in den verschiedenen

Wetterstationen mehrmals in der Stunde die Temperatur gemessen. Die Messwerte eines ganzen Tages muss der Hauptcomputer dann auswerten. Auf dem Papier könnten diese Werte so aussehen:

```
8:15 Uhr:
Station Schönblick : 17°C
Station Weitschau  : 15°C
Station Meeresblick: 16°C
Station Wiesengrund: 19°C
Station Bergblick  : 14°C

8:30 Uhr:
Station Schönblick : 18°C
Station Weitschau  : 15°C
Station Meeresblick: 17°C
Station Wiesengrund: 19°C
Station Bergblick  : 15°C

8:45 Uhr:
Station Schönblick : 18°C
Station Weitschau  : 16°C
Station Meeresblick: 18°C
Station Wiesengrund: 20°C
Station Bergblick  : 15°C
```

Aufzeichnung der Temperaturen

Man kann sich vorstellen, wie viele Werte da im Laufe eines Tages zusammenkommen. Das kann sich kein Mensch merken, nur ein Computer kann so viele Werte bearbeiten. Nun könnte man ein Programm schreiben, das die Messwerte in Platzhaltern speichert. Das würde dann so aussehen:

```
BEMERKUNG: ************************
BEMERKUNG: Programmbeispiel:
BEMERKUNG: Temperaturwerte erfassen
BEMERKUNG: ************************

START
   BEMERKUNG: Die Platzhalter für die
   BEMERKUNG: Temperaturen um 8:15 Uhr
   ZAHL station_1_8_15
   ZAHL station_2_8_15
   ZAHL station_3_8_15
```

```
ZAHL station_4_8_15
ZAHL station_5_8_15

BEMERKUNG: Die Platzhalter für die
BEMERKUNG: Temperaturen um 8:30 Uhr
ZAHL station_1_8_30
ZAHL station_2_8_30
ZAHL station_3_8_30
ZAHL station_4_8_30
ZAHL station_5_8_30

BEMERKUNG: Die Platzhalter für die
BEMERKUNG: Temperaturen um 8:45 Uhr
ZAHL station_1_8_45
ZAHL station_2_8_45
ZAHL station_3_8_45
ZAHL station_4_8_45
ZAHL station_5_8_45

AUSGABE "*****Rolf Robots Wetterstation*****"
AUSGABE
AUSGABE "Bitte die Temperaturen"
AUSGABE "für 8:15 Uhr eingeben:"
FARBE GELB
ZAHLEINGABE station_1_8_15
ZAHLEINGABE station_2_8_15
ZAHLEINGABE station_3_8_15
ZAHLEINGABE station_4_8_15
ZAHLEINGABE station_5_8_15

FARBE NORMAL
AUSGABE "Bitte die Temperaturen"
AUSGABE "für 8:30 Uhr eingeben:"
FARBE GELB
ZAHLEINGABE station_1_8_30
ZAHLEINGABE station_2_8_30
ZAHLEINGABE station_3_8_30
```

```
    ZAHLEINGABE station_4_8_30
    ZAHLEINGABE station_5_8_30

    FARBE NORMAL

    AUSGABE "Bitte die Temperaturen"
    AUSGABE "für 8:45 Uhr eingeben:"
    FARBE GELB
    ZAHLEINGABE station_1_8_45
    ZAHLEINGABE station_2_8_45
    ZAHLEINGABE station_3_8_45
    ZAHLEINGABE station_4_8_45
    ZAHLEINGABE station_5_8_45
    AUSGABE
    FARBE NORMAL
STOPP
```

HINWEIS: Aus Platzgründen sind längere Ausgaben manchmal auf zwei oder mehr Zeilen verteilt. Das muss in dem Programm nicht so sein, da dort mehr Zeichen in einer Zeile ausgegeben werden können.

Nach dem Starten des Programms könnten dann alle Temperaturen der einzelnen Stationen eingegeben werden:

Eingabe der Temperaturen

Man sieht, dass die Erfassung von diesen 15 Temperaturen sehr aufwendig ist. Das Programm braucht alleine 15 verschiedene Platzhalter, um alle Temperaturen zu erfassen. Die Namen der Platzhalter müssen aus diesem Grund schon gut ausgewählt sein, sonst könnte niemand mehr auseinanderhalten, welcher Platzhalter welche Temperatur speichert. Was passiert aber nun, wenn nicht nur 15 sondern 15.000 Werte gespeichert werden müssen? Alleine das Anlegen der 15.000 Platzhalter würde den Programmierer stundenlang beschäftigen und Berechnungen mit so vielen verschiedenen Platzhaltern würden auch sehr kompliziert werden. Das folgende Beispiel zeigt den Aufwand, wenn alle Temperaturen addiert werden sollen:

```
ZAHL summe
RECHNEN summe = station_1_8_15 + station_2_8_15
              + station_3_8_15 + station_4_8_15
              + station_5_8_15 + station_1_8_30
              + station_2_8_30 + station_3_8_30
              + station_4_8_30 + station_5_8_30
              + station_1_8_45 + station_2_8_45
              + station_3_8_45 + station_4_8_45
              + station_5_8_45
```

Bei dieser Rechnung wird mir richtig schwindelig! Gut, dass es noch eine andere Möglichkeit gibt, wie du gleich sehen wirst.

ROLF ROBOT wird schwindelig

Der Befehl ZAHLFELD

Das vorige Beispiel hat es gezeigt. Die Erfassung von vielen Zahlen ist sehr aufwendig und Berechnungen werden immer komplizierter, je mehr Platzhalter beteiligt sind. Aus diesem und auch vielen anderen guten Gründen gibt es in der Programmierung die sogenannten **Felder von Zahlen**. Damit wird die Handhabung vieler verschiedener Zahlen deutlich einfacher und Berechnungen wie die Summenbildung aller Zahlen werden ganz leicht. Aber was ist nun ein solches Feld von Zahlen eigentlich?

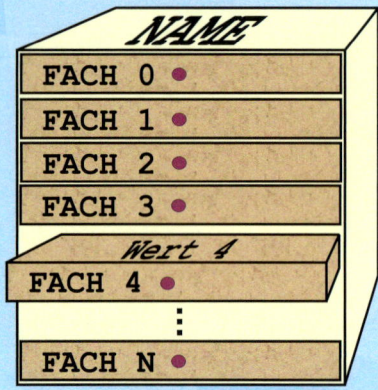

Ein Feld von Zahlen als Schubladenschrank

In der Tat könnte man sich ein Feld von Zahlen als einen großen Schubladenschrank vorstellen. Der Schrank hat natürlich einen Namen und beliebig viele Fächer, die mit 0 bis N nummeriert sind. N steht dabei für eine beliebig große positive Zahl. In jedem Fach kann nun ein Wert bzw. eine Zahl gespeichert werden. Möchte man nun beispielsweise die 5 Werte aus der Messung von 8:15 Uhr speichern, dann könnte man sich das so vorstellen:

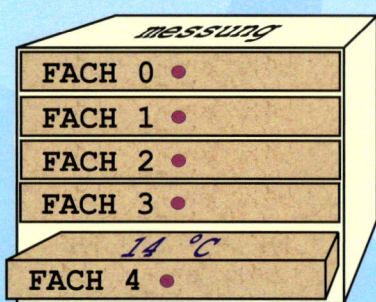

Speichern der Temperaturen aus der ersten Messung

Die Umsetzung dieser Vorstellung in die Programmiersprache geschieht nun mit einem neuen Befehl – dem ZAHLFELD-Befehl. Mithilfe dieses Befehls werden die Temperaturen der ersten Messung schon deutlich einfacher erfasst, wie das folgende Programm nun zeigt:

```
START

    ZAHLFELD messung[5]

    AUSGABE "Bitte die Temperaturen"
    AUSGABE "für 8:15 Uhr eingeben"
    FARBE GELB

    ZAHLEINGABE messung[0]
    ZAHLEINGABE messung[1]
    ZAHLEINGABE messung[2]
    ZAHLEINGABE messung[3]
    ZAHLEINGABE messung[4]

    FARBE NORMAL
    AUSGABE

STOPP
```

Nach dem Starten können alle 5 Messwerte eingegeben werden:

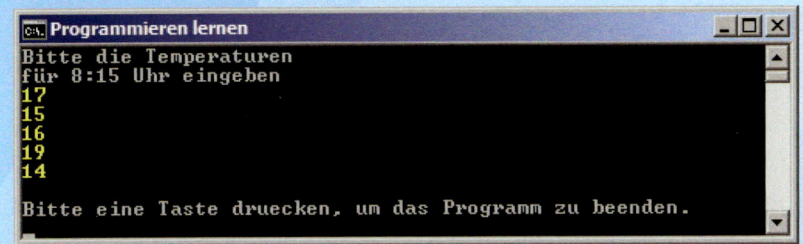

Eingabe mit einem ZAHLFELD

Der Befehl ZAHLFELD ist eigentlich nur eine Erweiterung des ZAHL-Befehls. Es entsteht ein *erweiterter Platzhalter*, der nicht nur einen Wert speichern kann, sondern beliebig viele Werte. Damit der Computer weiß, wie viele Werte dieser neue Platzhalter speichern soll, muss die Anzahl der Werte direkt hinter dem Namen in eckigen Klammern angegeben werden. Die folgenden Beispiele zeigen einige richtige und falsche Anwendungen des neuen Befehls:

- ✏️ ZAHLFELD `viele_werte[1000]`   **richtig**
- ✏️ ZAHLFELD `wert[0]`   **falsch**
- ✏️ ZAHLFELD `wert[1]`   **richtig**
- ✏️ ZAHLFELD `werte[-61]`   **falsch**

Einen ZAHLFELD-Platzhalter mit einer Anzahl von O Werten oder Minuszahlwerten ist natürlich nicht sinnvoll. Mindestens einen Wert sollte der Platzhalter schon speichern dürfen (bei einem Wert wäre allerdings auch ein einfacher ZAHL-Platzhalter ausreichend). Nach dem Anlegen eines solchen Platzhalters kann sehr einfach auf die einzelnen Werte zugegriffen werden. Es muss nur die entsprechende *Fachnummer* in eckigen Klammern angegeben werden. Das folgende Beispiel zeigt einen ZAHLFELD-Platzhalter, der 8 Zahlen speichern kann. Es werden aber nur das 1. und das 7. Fach gefüllt:

```
ZAHLFELD test[8]

RECHNEN test[0] = 10
RECHNEN test[6] = 20
```

Elemente eines Feldes

Jedes einzelne Fach eines Zahlfeldes kann eine Zahl speichern. Dabei ist jedes Fach eigentlich nichts anderes als ein Platzhalter, der mit einer entsprechenden *Fachnummer* angesprochen wird. In der Computerfachsprache nennt man diese Fächer eines Zahlfeldes auch **Elemente** des Feldes. Ein ZAHLFELD-Platzhalter besteht also aus einzelnen Elementen, die mithilfe einer Nummerierung benutzt werden können. Diese Nummerierung ist das Besondere an dem Feld und ermöglicht viele neue Möglichkeiten der Programmierung. Es werden nun einige dieser neuen Möglichkeiten mithilfe eines Beispiels gezeigt:

```
BEMERKUNG: ************************
BEMERKUNG: Programmbeispiel:
BEMERKUNG: Der Benutzer bestimmt die
BEMERKUNG: Anzahl der Elemente
BEMERKUNG: ************************

START

    ZAHL anzahl
    ZAHL nummer
    ZAHL inhalt

    AUSGABE "Wie viele Elemente soll"
    AUSGABE "das Zahlfeld haben?"
    FARBE GELB
    ZAHLEINGABE anzahl
    FARBE NORMAL

    BEMERKUNG: Das Zahlfeld wird angelegt
    ZAHLFELD feld[anzahl]

    AUSGABE "Welches Element soll"
    AUSGABE "gefüllt werden?"
    FARBE GELB
    ZAHLEINGABE nummer
    FARBE NORMAL

    AUSGABE "Welchen Inhalt soll"
    AUSGABE "das Element haben?"
    FARBE GELB
    ZAHLEINGABE inhalt
    FARBE NORMAL

    BEMERKUNG: Element nummer bekommt einen Inhalt

    RECHNEN feld[nummer] = inhalt
```

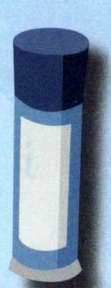

```
AUSGABE "Element Nr. " + nummer
AUSGABE "hat als Inhalt: " + feld[nummer]
```

STOPP

Das Beispielprogramm zeigt, dass die Anzahl der Elemente eines Zahlfeldes nicht am Programmanfang feststehen muss, sondern mitten im Programm festgelegt werden kann. Der Computer reagiert also während des Programmlaufes auf die Eingabe des Benutzers und legt ein Feld mit den entsprechenden Elementen an. Die Elemente des Feldes können ebenfalls mithilfe eines Platzhalters angesprochen werden. Damit kann der Benutzer im Programm das Element bestimmen, mit welchem er arbeiten möchte. Nach dem Starten könnte das Programm dann so aussehen:

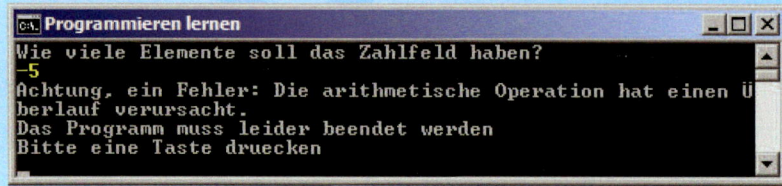

Der Benutzer bestimmt die Anzahl der Elemente

Wenn der Benutzer allerdings eine fehlerhafte Anzahl eingibt, dann könnte es so aussehen:

Ein Fehler wird verursacht

Die Fehlermeldung ist etwas schwer verständlich. Sie bedeutet, dass es dem Computer nicht möglich war, ein Feld mit einer Minuszahl an Elementen anzulegen.

Ebenso gibt es Probleme, wenn die Nummer nicht innerhalb der zulässigen Grenzen für das Feld ist – also kleiner als Null oder größer oder gleich der Anzahl der Elemente:

```
Programmieren lernen
Wie viele Elemente soll das Zahlfeld haben?
10
Welches Element soll gefüllt werden?
12
Welchen Inhalt soll das Element haben?
233
Achtung, ein Fehler: Der Index war außerhalb des Arraybereic
hs.
Das Programm muss leider beendet werden
Bitte eine Taste druecken
```

Eine falsche Nummer wird eingegeben

Die Nummer 12 ist nicht zulässig, denn es wurde ein Feld mit 10 Elementen vereinbart. Damit darf die Nummer nur zwischen 0 und 9 liegen. Das Programm wird deshalb beendet. Für den Benutzer ist es sehr unerfreulich, wenn ein Programm einfach beendet wird, weil ein Fehler auftritt. Deshalb sollten solche Fehler vermieden werden, indem die Anzahl und die Nummer zuerst überprüft werden, bevor das Feld angelegt wird bzw. ein Element des Feldes angesprochen wird. Eine solche Überprüfung könnte so in das obige Beispiel eingefügt werden:

```
:
:
WIEDERHOLE

    AUSGABE "Wie viele Elemente soll das"
    AUSGABE "Zahlfeld haben?"
    FARBE GELB
    ZAHLEINGABE anzahl
    FARBE NORMAL

    FALLS anzahl < 1
        AUSGABE "Die Anzahl ist zu gering!"
    ENDE

SOLANGE anzahl < 1

BEMERKUNG: Das Zahlfeld wird angelegt
ZAHLFELD feld[anzahl]
    :
    :
```

Ebenso kann eine Überprüfung der Nummer erfolgen, um einen Fehler bei dem Zugriff auf ein Element zu verhindern:

```
    :
    :
WIEDERHOLE
    AUSGABE "Welches Element soll gefüllt werden?"
    FARBE GELB
    ZAHLEINGABE nummer
    FARBE NORMAL

    FALLS nummer < 0 ODER nummer >= anzahl
        AUSGABE "Diese Nummer ist falsch!"
    ENDE

SOLANGE nummer < 0 ODER nummer >= anzahl
    :
    :
```

Damit wird das Programm nicht durch falsche Eingaben des Benutzers vorzeitig beendet, wie die folgende Bildschirmausgabe zeigt:

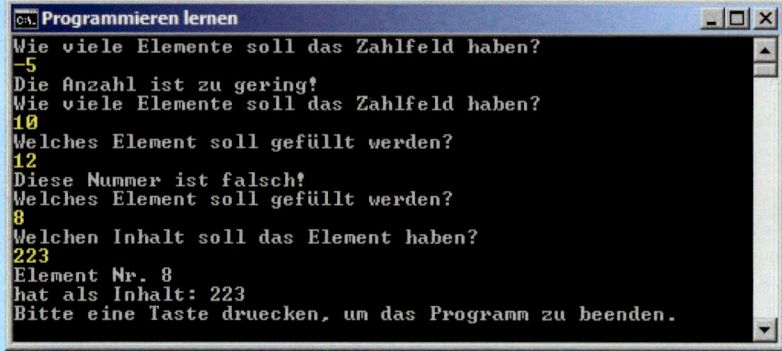

Fehlerhafte Eingaben werden abgefangen

WARUM BEGINNT DIE NUMMERIERUNG DER ELEMENTE EIGENTLICH MIT NULL?

Diese Frage hast du dir bestimmt schon von Anfang an gestellt – zu Recht. In manchen Programmiersprachen beginnt die Nummerierung auch mit der Eins, in vielen wichtigen Programmiersprachen aber eben mit der Null. Es gibt technische Gründe, warum es sinnvoller ist, mit der Null zu beginnen. An dieser Stelle ist die Erklärung dazu aber viel zu kompliziert. Also muss man sich einfach merken, dass die Nummerierung mit Null startet.

Zwischenübung

Zur Auflockerung hat ROLF ROBOT sich eine kleine Übung für dich ausgedacht, deren Lösung er (wie immer) am Ende verrät. Das folgende Programm arbeitet mit den Elementen eines Feldes. Was wird wohl auf dem Bildschirm ausgegeben?

```
BEMERKUNG: ************************
BEMERKUNG: Rolf Robots Zwischen-
BEMERKUNG: übung zu Feldern
BEMERKUNG: ************************

START
    ZAHLFELD feld[5]
    ZAHL nummer
    ZAHL ergebnis
    RECHNEN nummer = 2
    RECHNEN feld[0] = 10
    RECHNEN feld[nummer] = 20
    RECHNEN nummer = nummer + 2
    RECHNEN feld[nummer] = 30
    RECHNEN ergebnis = feld[4] - feld[2] + feld[0]
    AUSGABE "Das Ergebnis lautet: " + ergebnis
STOPP
```

Speech bubble (upside down text):

War die Übung
sehr schwer?

Lösung: feld[0] = 10 , feld[2] = 20
und feld[4] = 30.

Es wird also 30 - 20 + 10 = 20
ausgegeben.

ROLF ROBOT verrät die Lösung

Felder und Wiederholungen

Felder und Wiederholungen sind ein gutes Team. Sie passen zusammen, weil beide mit einer Art Zähler arbeiten können. Die Wiederholung kann mit einem Zähler die Anzahl der Wiederholungen steuern und das Feld kann mit einer Nummerierung seine Elemente ansprechen. Der Zähler einer Wiederholung muss also nur mit der Nummerierung des Feldes zusammenarbeiten. Das ist ganz einfach, wie das folgende Beispiel zeigt:

```
BEMERKUNG: ************************
BEMERKUNG: Programmbeispiel:
BEMERKUNG: Felder und Wiederholungen
BEMERKUNG: ************************

START

    ZAHLFELD feld[10]
    ZAHL zähler
```

```
RECHNEN zähler = 0

WIEDERHOLE

    RECHNEN feld[zähler] = 100
    RECHNEN zähler = zähler + 1

SOLANGE zähler < 10

STOPP
```

In dem Beispiel durchläuft ein Zähler alle Zahlen von 0 bis 9 und kann deshalb alle Elemente des Feldes hintereinander ansprechen und auf den Wert 100 setzen. So einfach kann es sein, 10 Elementen den Wert 100 zuzuweisen. Genauso einfach wäre es, 1000 Elementen einen bestimmten Wert zuzuweisen oder sogar 100.000 Elementen, denn der Zähler muss ja nur etwas länger laufen. Du erinnerst dich bestimmt noch an das Beispiel mit der Wettervorhersage und den Temperaturen. Nun ist es viel einfacher, alle Messungen zu erfassen. Man muss nur Wiederholungen und Felder richtig zusammenarbeiten lassen:

```
BEMERKUNG: *************************
BEMERKUNG: Programmbeispiel:
BEMERKUNG: Temperaturwerte mit
BEMERKUNG: Feldern erfassen
BEMERKUNG: *************************

START

    ZAHLFELD messung_1[5]
    ZAHLFELD messung_2[5]
    ZAHLFELD messung_3[5]
    ZAHL zähler

    AUSGABE "*****Rolf Robots Wetterstation*****"
    AUSGABE
```

```
    AUSGABE "Bitte die Temperaturen"
    AUSGABE "für 8:15 Uhr eingeben:"
    FARBE GELB
    RECHNEN zähler = 0
    WIEDERHOLE
        ZAHLEINGABE messung_1[zähler]
        RECHNEN zähler = zähler + 1
    SOLANGE zähler < 5

    FARBE NORMAL
    AUSGABE "Bitte die Temperaturen"
    AUSGABE "für 8:30 Uhr eingeben:"
    FARBE GELB
    RECHNEN zähler = 0
    WIEDERHOLE
        ZAHLEINGABE messung_2[zähler]
        RECHNEN zähler = zähler + 1
    SOLANGE zähler < 5

    FARBE NORMAL
    AUSGABE "Bitte die Temperaturen"
    AUSGABE "für 8:45 Uhr eingeben:"
    FARBE GELB
    RECHNEN zähler = 0
    WIEDERHOLE
        ZAHLEINGABE messung_3[zähler]
        RECHNEN zähler = zähler + 1
     SOLANGE zähler < 5

    AUSGABE
    FARBE NORMAL

STOPP
```

Die Eingabe der Messwerte kann dann genau so wie in dem Anfangsbeispiel
erfolgen:

```
Programmieren lernen                                    _ □ ×
*****Rolf Robots Wetterstation*****

Bitte die Temperaturen für 8:15 Uhr eingeben:
17
15
16
19
14
Bitte die Temperaturen für 8:30 Uhr eingeben:
18
15
17
19
15
Bitte die Temperaturen für 8:45 Uhr eingeben:
18
16
18
20
15

Bitte eine Taste druecken, um das Programm zu beenden.
```

Messwerte
mit Feldern
erfassen

Die 15 Messwerte werden problemlos mit den 3 Feldern erfasst. Es wäre auch kein Problem 15.000 Messwerte zu erfassen. An dem Programm müsste man nur ein paar kleine Änderungen vornehmen, wie beispielsweise:

```
:
ZAHLFELD messung_1[15000]
:
AUSGABE "Bitte die Temperaturen"
AUSGABE "für 8:15 Uhr eingeben:"
FARBE GELB
RECHNEN zähler = 0

WIEDERHOLE

  ZAHLEINGABE messung_1[zähler]
  RECHNEN zähler = zähler + 1

SOLANGE zähler < 15000
:
```

Auf ein Starten des veränderten Programms verzichten wir ausnahmsweise, denn sonst müsste man 15.000 Messwerte eingeben und das kann dauern.

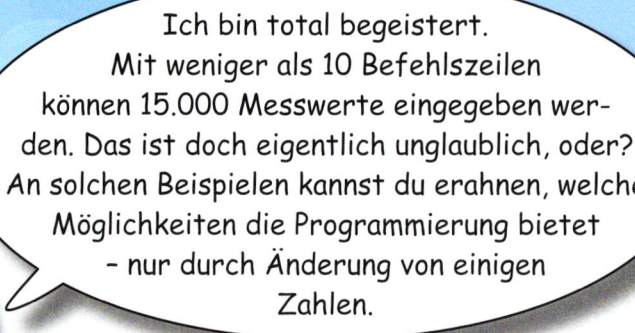

Ich bin total begeistert. Mit weniger als 10 Befehlszeilen können 15.000 Messwerte eingegeben werden. Das ist doch eigentlich unglaublich, oder? An solchen Beispielen kannst du erahnen, welche Möglichkeiten die Programmierung bietet – nur durch Änderung von einigen Zahlen.

Rolf Robot ist begeistert

Rolf Robots Begeisterung wird noch größer, wenn das nächste Beispiel besprochen wird. Das Zusammenspiel von Wiederholungen und Feldern lässt sich auch sehr gut nutzen, um Berechnungen mit den Elementen durchzuführen. Beispielsweise ist es für die Wettervorhersage nützlich, die Durchschnittstemperatur einer Wetterstation zu kennen. Dazu müssten alle Messwerte dieser Station addiert und anschließend durch die Anzahl der Werte geteilt werden. Das hört sich schwierig an, deshalb erst einmal ein Beispiel für eine einfache Durchschnittswertberechnung:

- Messwert 1:   15 °C
- Messwert 2:   19 °C
- Messwert 3:   17 °C
- Messwert 4:   16 °C
- Messwert 5:   18 °C
- Summe der Werte: 15 + 19 + 17 + 16 + 18 = 85
- Anzahl der Werte: 5
- **Durchschnittswert: 85 / 5 = 17**

Die durchschnittliche Temperatur beträgt also 17 °C.

Die Umsetzung in ein Programm könnte dann so aussehen:

```
BEMERKUNG: ************************
BEMERKUNG: Programmbeispiel:
BEMERKUNG: Durchschnittswert der
BEMERKUNG: Temperaturen berechnen
BEMERKUNG: ************************

START

    ZAHLFELD messung_1[5]
    ZAHL zähler
    ZAHL summe
    ZAHL durchschnitt

    AUSGABE "*****Rolf Robots Wetterstation*****"
    AUSGABE

    AUSGABE "Bitte die Temperaturen"
    AUSGABE "für 8:15 Uhr eingeben:"
    FARBE GELB
    RECHNEN zähler = 0

    WIEDERHOLE
        ZAHLEINGABE messung_1[zähler]
        RECHNEN zähler = zähler + 1
    SOLANGE zähler < 5

    BEMERKUNG: Nun wird die Summe berechnet
    RECHNEN zähler = 0
    RECHNEN summe = 0

    WIEDERHOLE
        RECHNEN summe = summe + messung_1[zähler]
        RECHNEN zähler = zähler + 1
    SOLANGE zähler < 5

    BEMERKUNG: Durch die Anzahl teilen
    RECHNEN durchschnitt = summe / 5
```

```
FARBE NORMAL
AUSGABE "Der Durchschnittswert für 8:15 Uhr"
AUSGABE "lautet: " + durchschnitt

STOPP
```

Die Eingabe der Beispieltemperaturen ergibt dann die folgende Bildschirmausgabe:

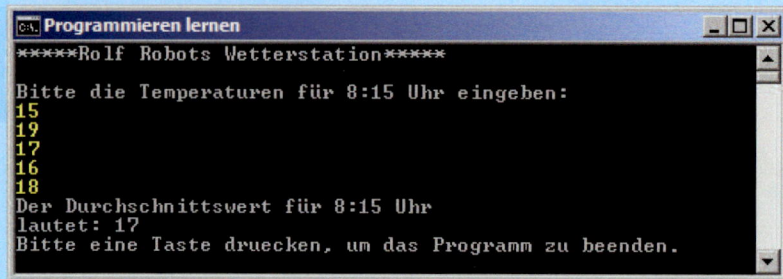

Den Durch-
schnittswert
berechnen

Der *Trick* bei diesem Programm ist, dass bei jedem Durchlauf der Wiederholung dem Platzhalter summe der Inhalt des entsprechenden Feldelementes hinzuaddiert wird und dadurch eine Aufsummierung aller Elemente des Feldes in dem Platzhalter summe stattfindet.

> Die Aufsummierung von Elementen eines Feldes innerhalb einer Wiederholung ist eine ganz grundlegende Angelegenheit in der Programmierung. Wenn du dieses Prinzip richtig verstanden hast, dann wird dir das auch bei zukünftigen Problemen eine große Hilfe sein.

ROLF ROBOT kennt die
Bedeutung der Summierung

Der ~LAENGE-Befehl

Dieser Befehl sorgt dafür, dass die Länge (also die Anzahl der Elemente) von einem Feld angegeben wird. Der Befehl beginnt mit einer Art Schlange ~. Das sieht etwas merkwürdig aus, aber an dem nächsten Beispiel erkennst du, dass es Vorteile hat – und zwar erhöht es die Lesbarkeit im Programm.

```
BEMERKUNG: ************************
BEMERKUNG: Programmbeispiel: Die
BEMERKUNG: Länge eines Feldes
BEMERKUNG: ************************

START
    ZAHL anzahl
    AUSGABE "Wie viele Elemente?"
    FARBE GELB
    ZAHLEINGABE anzahl
    FARBE WEISS
    ZAHLFELD feld[anzahl]
    AUSGABE

    AUSGABE "Anzahl der Elemente: " + feld~LAENGE

    AUSGABE
    FARBE NORMAL
STOPP
```

Das Programm liest die Anzahl ein und legt danach ein Feld von Zahlen mit dieser Anzahl an Elementen fest. Anschließend wird die Länge des Feldes (also die Anzahl der Elemente) ausgegeben. Der ~LAENGE-Befehl wird dazu einfach an den ZAHLFELD-Platzhalter angehängt. Durch die Schlange am Anfang des Befehls kann man sofort sehen, dass einem Platzhalter der Befehl angehängt wurde. Das ist einfach übersichtlicher.

Nach dem Starten sieht es dann so aus:

```
[C:\]  Programmieren lernen                               _ □ X
Wie viele Elemente?
10

Anzahl der Elemente: 10

Bitte eine Taste druecken, um das Programm zu beenden.
```

Die Anzahl der Elemente eines Feldes

Aufgaben

Aufgabe 1: Temperaturmesswerte prüfen

Für die Wettervorhersage kann es wichtig sein, zu überprüfen, wie oft eine bestimmte Temperatur bei den verschiedenen Messungen auftritt. Dazu sollst du, als erfahrener Programmierer, ein Programm schreiben, mit dem 10 Temperaturwerte erfasst werden können und anschließend nach der Häufigkeit einer bestimmten Temperatur gesucht werden kann. Dazu gibt der Benutzer die gesuchte Temperatur ein und der Computer sucht in den Eingaben nach dieser Temperatur und zeigt dann an, wie oft sie vorkam. Nach dem Starten könnte das Programm so aussehen:

```
[C:\]  Programmieren lernen                               _ □ X
***** TEMPERATUR-SUCHPROGRAMM *****

Bitte die 1. Messung eingeben:
19
Bitte die 2. Messung eingeben:
15
Bitte die 3. Messung eingeben:
18
Bitte die 4. Messung eingeben:
20
Bitte die 5. Messung eingeben:
15
Bitte die 6. Messung eingeben:
16
Bitte die 7. Messung eingeben:
17
Bitte die 8. Messung eingeben:
15
Bitte die 9. Messung eingeben:
17
Bitte die 10. Messung eingeben:
15

Nach welcher Temperatur suchen?
15

Die Temperatur 15 wurde 4-mal gefunden
Bitte eine Taste druecken, um das Programm zu beenden.
```

Suchen nach einer Temperatur

Hier ist noch ein kleiner Tipp für die Umsetzung: Das Suchen nach einer Temperatur findet natürlich in einer Wiederholung statt, in der alle Elemente des Feldes hintereinander mit der zu suchenden Temperatur verglichen werden. Bei einer Übereinstimmung könnte einfach ein Platzhalter seinen Wert um 1 erhöhen.

Aufgabe 2: Ein Feld von Zufallszahlen

Dieses Programm soll ein ganzes Feld mit Zufallszahlen erzeugen und auch auf dem Bildschirm ausgeben. Dazu wird der Benutzer zuerst gefragt, wie viele Elemente das Feld haben soll und anschließend in welchem Bereich die Zufallswerte erzeugt werden sollen. Das Programm soll dann jedem Element des Feldes eine Zufallszahl zuweisen und die ganzen Elemente dann auch auf dem Bildschirm ausgeben. So könnte das Programm nach dem Starten aussehen:

```
Programmieren lernen                                    _ □ ×
Wie viele Elemente soll das Zahlfeld haben?
20
In welchem Bereich sollen die Zufallszahlen sein:?
999
Element: 0 hat die Zufallszahl: 815
Element: 1 hat die Zufallszahl: 241
Element: 2 hat die Zufallszahl: 22
Element: 3 hat die Zufallszahl: 28
Element: 4 hat die Zufallszahl: 675
Element: 5 hat die Zufallszahl: 272
Element: 6 hat die Zufallszahl: 704
Element: 7 hat die Zufallszahl: 211
Element: 8 hat die Zufallszahl: 313
Element: 9 hat die Zufallszahl: 529
Element: 10 hat die Zufallszahl: 367
Element: 11 hat die Zufallszahl: 552
Element: 12 hat die Zufallszahl: 679
Element: 13 hat die Zufallszahl: 528
Element: 14 hat die Zufallszahl: 798
Element: 15 hat die Zufallszahl: 619
Element: 16 hat die Zufallszahl: 969
Element: 17 hat die Zufallszahl: 883
Element: 18 hat die Zufallszahl: 187
Element: 19 hat die Zufallszahl: 953
Bitte eine Taste druecken, um das Programm zu beenden.
```

Ein Feld von Zufallszahlen

Aufgabe 3: Kopfrechnen trainieren

Das Kopfrechnen ist enorm wichtig, auch wenn der Computer für dich rechnen könnte. Du musst immer daran denken, dass der Computer nur so schlau ist, wie du ihn programmierst. Deshalb sind deine Fähigkeiten beim Rechnen mindestens genauso wichtig, wie zu der Zeit, als es noch keine Computer und Taschenrechner gab. Das folgende Programm soll deshalb auch das Kopfrechnen trainieren. Dazu gibt der Benutzer 5 Zahlen zwischen 1 und 20 ein. Der Computer speichert die Zahlen in einem Feld. Anschließend soll der Benutzer alle Zahlen im Kopf addieren und das Ergebnis eingeben. Wenn er richtig gerechnet hat, dann wird er entsprechend gelobt oder erhält eine Aufmunterung, es noch einmal zu versuchen.

Das Programm könnte nach dem Starten so aussehen:

```
Programmieren lernen                          _ | □ | X |
***** KOPFRECHEN-TRAINER *****

Bitte die 1. Zahl eingeben:
99
Die Zahl ist nicht zwischen 1 und 20!
Bitte die 1. Zahl eingeben:
10
Bitte die 2. Zahl eingeben:
12
Bitte die 3. Zahl eingeben:
5
Bitte die 4. Zahl eingeben:
8
Bitte die 5. Zahl eingeben:
1

Wie lautet die Summe der Zahlen?
36
Super, das ist richtig!

Bitte eine Taste druecken, um das Programm zu beenden.
```

Der Computer trainiert deine Rechenkünste

Wie wäre es mit einer kleinen Erweiterung des Kopf-rechnen-Trainers? Die Zahlen sollen nicht nur addiert, sondern auch subtrahiert wer-den – und zwar in zufälliger Reihenfolge. Das wäre doch richtig spannend, oder?

ROLF ROBOT hat einen interessanten Vorschlag

Nach der Erweiterung könnte das Kopfrechnen dann so aussehen:

```
Programmieren lernen                                        _ □ ×
***** KOPFRECHEN-TRAINER *****

Bitte die 1. Zahl eingeben:
10
Bitte die 2. Zahl eingeben:
15
Bitte die 3. Zahl eingeben:
9
Bitte die 4. Zahl eingeben:
3
Bitte die 5. Zahl eingeben:
7
Hier kommt nun die Aufgabe:

10
+
15
+
9
-
3
-
7

Wie lautet nun das Ergebnis?
24
Super, das ist richtig!

Bitte eine Taste druecken, um das Programm zu beenden.
```

Kopfrechnen
mit Zufall

Es kann natürlich passieren, dass zufällig öfter subtrahiert wird und als Ergebnis eine Minuszahl herauskommt. Wenn du noch nie von Minuszahlen gehört hast, dann starte das Programm einfach neu und versuche es mit einer neuen Aufgabe. **Hier noch ein paar Tipps für die Umsetzung:**

✏ Der Computer muss das Ergebnis mithilfe einer Wiederholung berechnen. Dabei wird ein Ergebnis-Platzhalter benutzt. Das jeweilige Element des Feldes wird dabei entweder zu dem Ergebnis-Platzhalter addiert oder subtrahiert. Darüber entscheidet eine Zufallszahl, die entweder eine 1 oder eine 2 sein kann. Je nach Zufallszahl wird dann auf dem Bildschirm ein »+« oder ein »-« ausgegeben.

✏ Wenn du das Programm perfektionieren willst, dann solltest du noch eine Überprüfung einbauen – und zwar sollte nur subtrahiert werden, wenn die Summe, die bis zu diesem Zeitpunkt berechnet wurde, größer ist als die Zahl, die subtrahiert werden soll. Das ist allerdings schon ziemlich kompliziert, aber eine gute Herausforderung für dich.

Und nun noch einmal die wichtigen Dinge!

ROLF ROBOT
fasst zusammen

Zusammenfassung und Tipps

✏ Das Erfassen von vielen verschiedenen Zahlen ist eine Aufgabe, die der Computer sehr oft erledigen muss. Aus diesem Grund gibt es eine einfache Möglichkeit, beliebig viele Zahlen zu speichern – mit dem neuen Befehl ZAHLFELD.

✏ Der ZAHLFELD-Befehl ist eigentlich eine Erweiterung des ZAHL-Befehls. Es wird ebenfalls ein Platzhalter angelegt. Diesen Platzhalter bezeichnet man als **Feld**, weil er beliebig viele Zahlen in seinen einzelnen **Elementen** speichern kann. Auf jedes dieser Elemente kann durch eine Nummerierung zugegriffen werden.

✏ Die Anzahl der Zahlen, die gespeichert werden sollen, werden bei einem ZAHLFELD-Platzhalter durch eckige Klammern und die entsprechende Angabe festgelegt. Ein Beispielfeld, welches 10 Zahlen speichern kann, wäre so anzulegen: ZAHLFELD feld[10]

✏ Jedes Element eines Zahlfeldes ist eigentlich nichts anderes als ein Platzhalter für Zahlen. Durch die Angabe einer Nummer kann ein Element angesprochen werden. Beispielsweise wird so dem 5. Element ein Wert zugewiesen: RECHNEN feld[4] = 100

✏ **WICHTIG:** Die Nummerierung beginnt mit Null!

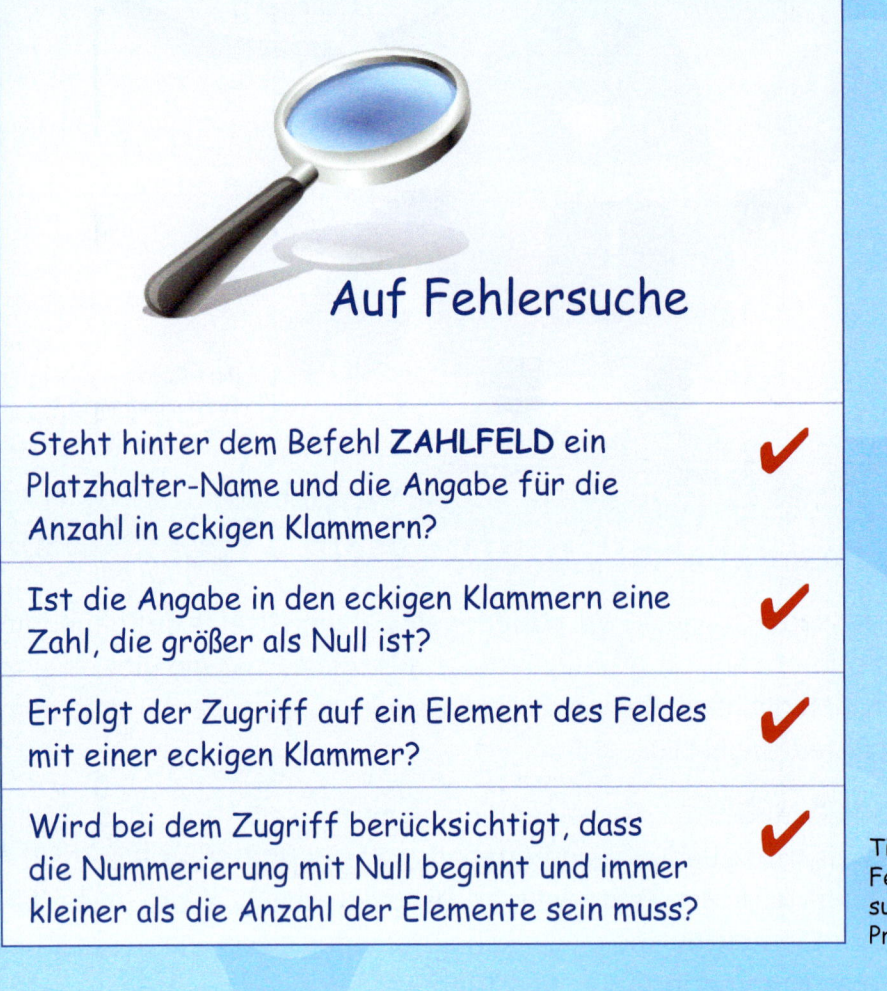

Auf Fehlersuche

Steht hinter dem Befehl **ZAHLFELD** ein Platzhalter-Name und die Angabe für die Anzahl in eckigen Klammern? ✔

Ist die Angabe in den eckigen Klammern eine Zahl, die größer als Null ist? ✔

Erfolgt der Zugriff auf ein Element des Feldes mit einer eckigen Klammer? ✔

Wird bei dem Zugriff berücksichtigt, dass die Nummerierung mit Null beginnt und immer kleiner als die Anzahl der Elemente sein muss? ✔

Tipps zur Fehler-suche im Programm

KAPITEL

9

FELDER VON WORTEN

Ein Wort ist schon ein Feld

Eigentlich hast du bereits seit dem dritten Kapitel mit Feldern gearbeitet, ohne es zu wissen. Denn ein WORT-Platzhalter ist eigentlich schon ein Feld, denn er speichert ja beliebig viele Zeichen. Man kann sogar auf die einzelnen Zeichen zugreifen, wie bei einem Feld aus Zahlen mithilfe einer Nummerierung. Das folgende Beispiel verdeutlicht es:

```
BEMERKUNG: *************************
BEMERKUNG: Programmbeispiel:
BEMERKUNG: Ein Wort ist ein Feld
BEMERKUNG: *************************

START

    WORT test
    RECHNEN test = "Hallo"
    BEMERKUNG: das erste Zeichen wird ausgegeben
    AUSGABE test[0]

STOPP
```

Nach dem Starten erscheint folgende Ausgabe:

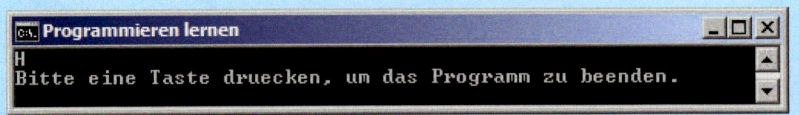

Das erste Zeichen wird ausgegeben

Das kleine Programm zeigt, dass ein WORT-Platzhalter eigentlich ein Feld ist, mit dem beliebig viele Zeichen gespeichert werden können. Im Unterschied zu einem Feld von Zahlen müssen wir uns nicht darum kümmern, dem Computer vorher die Anzahl der Zeichen anzugeben, die gespeichert werden sollen. Die ermittelt der Computer automatisch nach der Zuweisung eines Textes oder nach Eingabe eines Textes. Die Nummerierung der Zeichen beginnt wie gewohnt mit der Null. Das Ende der Nummerierung hängt natürlich von der Länge des Textes ab. Die nächste Abbildung soll das noch einmal anschaulich machen:

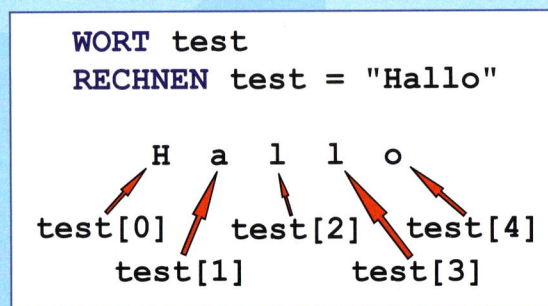

Jedes Zeichen hat seine Nummerierung

Mithilfe der Nummerierung könnte man natürlich auch alle Zeichen des
WORT-Platzhalters ausgeben. Dazu braucht man nur eine Wiederholung, die
von O bis zur Anzahl der Zeichen minus 1 läuft. Das folgende Beispiel zeigt
eine solche Ausgabe der einzelnen Zeichen:

```
BEMERKUNG: *************************
BEMERKUNG: Programmbeispiel: Ein Wort
BEMERKUNG: Wort zeichenweise ausgeben
BEMERKUNG: *************************

START

    WORT test
    ZAHL zähler
    RECHNEN test = "Hallo"

    BEMERKUNG: Mit einer Wiederholung
    BEMERKUNG: die Zeichen ausgeben
    RECHNEN zähler = 0
    WIEDERHOLE

        AUSGABE test[zähler]
        RECHNEN zähler = zähler + 1

    SOLANGE zähler < 5

    AUSGABE

STOPP
```

Nach dem Starten werden dann alle Zeichen hintereinander ausgegeben:

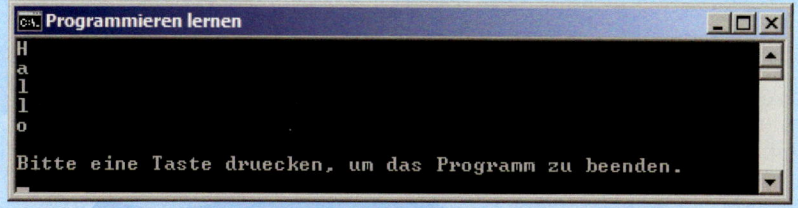

Die Zeichen
werden einzeln
ausgegeben

FELDER VON WORTEN

ACHTUNG: Die einzelnen Zeichen eines Wortes können mithilfe der Nummerierung ausgelesen und auf dem Bildschirm angezeigt werden. Sie können auch einem anderen WORT-Platzhalter hinzugefügt werden. Es ist allerdings nicht möglich, ein einzelnes Zeichen in dem WORT-Platzhalter zu ändern oder ein einzelnes Zeichen direkt einem Wort zuzuweisen. Das folgende Beispiel zeigt diesen Unterschied:

```
START

    WORT eingabe
    WORT test
    RECHNEN test = "Hallo"
    WORTEINGABE eingabe

    BEMERKUNG: Die Ausgabe eines Zeichens geht
    AUSGABE eingabe[0]

    BEMERKUNG: Diese Zuweisung geht nicht
    RECHNEN eingabe[0] = "a"

    BEMERKUNG: Diese Zuweisung geht auch nicht
    RECHNEN test = eingabe[0]

    BEMERKUNG: Das Hinzufügen an ein anderes Wort
    BEMERKUNG: geht allerdings!
    RECHNEN test = test + eingabe[0]

STOPP
```

In einem Feld von Zahlen konnte die Zuweisung einer Zahl an ein Element ohne Probleme durchgeführt werden. In einem Feld von Worten, das in einem der nächsten Kapitel besprochen wird, ist die Zuweisung eines Wortes auch ohne Probleme möglich. Nur der WORT-Platzhalter selbst verhält sich in dieser Hinsicht etwas merkwürdig. Das liegt in der Art, wie der Computer ein Wort speichert. Die vollständige Erklärung würde allerdings hier viel zu weit gehen. Es ist nur wichtig, dass man sich diesen kleinen Unterschied merkt.

Das ist doch eine tolle Angelegenheit mit den einzelnen Zeichen. Ich frage mich nur, was passiert, wenn der Benutzer einen Text in einen Wort-Platzhalter eingibt? Dann weiß das Programm doch nicht, wie viele Zeichen der Wort-Platzhalter hat, oder?

ROLF ROBOT hat eine wichtige Frage

Das ist in der Tat eine wichtige Frage. Wie sollen die einzelnen Zeichen in einer Wiederholung ausgegeben werden, wenn die Anzahl der Zeichen unbekannt ist? Zum Glück gibt es einen bekannten Befehl, der weiter hilft – der ~LAENGE-Befehl.

Der ~LAENGE-Befehl

Dieser Befehl sorgt dafür, dass die Länge (also die Anzahl der Zeichen) von einem WORT-Platzhalter angegeben wird. Der Befehl ist bereits von den Zahlenfeldern bekannt.

```
BEMERKUNG: ************************
BEMERKUNG: Programmbeispiel: Die
BEMERKUNG: Länge eines Wortes
BEMERKUNG: ************************
```

```
START

    WORT eingabe
    AUSGABE "Bitte einen Text eingeben:"
    FARBE GELB
    WORTEINGABE eingabe
    FARBE WEISS
    AUSGABE

    BEMERKUNG: Die Länge des Textes wird ausgegeben
    AUSGABE "Anzahl der Zeichen: " + eingabe~LAENGE

    AUSGABE
    FARBE NORMAL

STOPP
```

Das Programm liest einen Text in einen WORT-Platzhalter ein und gibt anschließend die Länge des Textes aus. Der ~LAENGE-Befehl wird dazu einfach an den WORT-Platzhalter angehängt. Durch die Schlange am Anfang des Befehls kann man sofort sehen, dass einem WORT-Platzhalter der Befehl angehängt wurde. Das ist wirklich übersichtlicher. Nach dem Starten wird dann die Länge des eingegebenen Textes ermittelt:

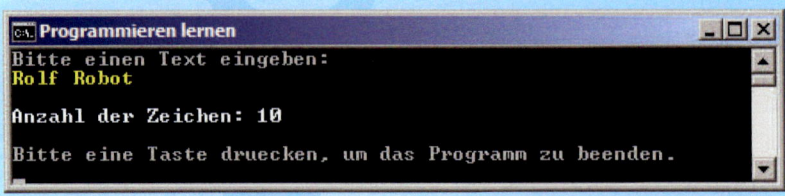

Die Länge wird ermittelt und ausgegeben

Der Text »Rolf Robot« hat in der Tat 10 Zeichen, denn das Leerzeichen zwischen Rolf und Robot muss auch mitgezählt werden. Mithilfe dieses neuen Befehls könnte man nun auch ein beliebiges Wort Zeichen für Zeichen ausgeben. Man muss vorher nur die Länge ermitteln.

Der Befehl WORTFELD

Ein WORT-Platzhalter ist bereits ein Feld. Das haben wir in den letzten Kapiteln gelernt. Das hindert uns aber nicht daran, ein Feld aus Worten anzulegen. So wie bei den Feldern von Zahlen wird mit einem neuen Befehl ein erweiterter Platzhalter angelegt, der dann beliebig viele Worte speichern kann. Die Nummerierung ist genau so, wie wir es gewohnt sind.

> Lass dich jetzt nicht verwirren! Ein Feld von Worten sind einfach beliebig viele Worte, die aber jedes für sich selbst ein Feld sind – und zwar von Zeichen.

ROLF ROBOT hilft
bei der Verwirrung

Am besten schauen wir uns ein Beispiel dazu an. Es wird ein Feld von drei Worten angelegt. Jedem dieser Worte wird ein Text zugewiesen. Anschließend werden die Worte mithilfe einer Wiederholung auf dem Bildschirm ausgegeben:

```
BEMERKUNG: ************************
BEMERKUNG: Programmbeispiel: Ein
BEMERKUNG: Feld von drei Worten
BEMERKUNG: ************************
```

```
START

    BEMERKUNG: Ein Feld von 3 Worten
    WORTFELD feld[3]
    ZAHL zähler


    RECHNEN feld[0] = "Das"
    RECHNEN feld[1] = "ist ein"
    RECHNEN feld[2] = "Beispiel"

    RECHNEN zähler = 0
    FARBE GELB
    WIEDERHOLE

        AUSGABE feld[zähler]
        RECHNEN zähler = zähler + 1

    SOLANGE zähler < 3

    AUSGABE
    FARBE NORMAL

STOPP
```

Nach dem Starten werden die Texte wie erwartet auf den Bildschirm geschrieben:

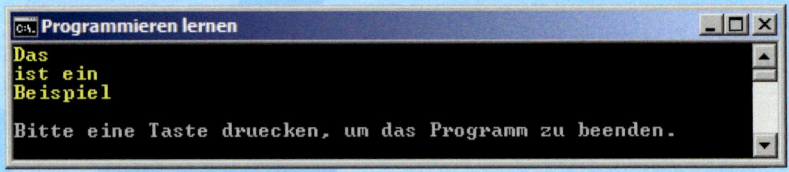

Ein Feld von Worten wird ausgegeben

Ein Feld von Feldern

Wenn man es ganz genau betrachtet, dann haben wir es bei einem Feld von Worten mit einem Feld von vielen einzelnen Feldern zu tun - also einem Feld von Feldern. In der Computerfachsprache spricht man dabei von einem *zweidimensionalen Feld*, obwohl sich das viel komplizierter anhört, als es eigentlich ist. Man kann nun bei jedem einzelnen Element eines Wort-Feldes auch jedes einzelne Zeichen dieses Elementes ansprechen. Dazu muss man zuerst angeben, welches Element man benutzen möchte und anschließend, welches Zeichen angesprochen werden soll. In beiden Fällen wird das mit der gewohnten Nummerierung erreicht. Das nächste Beispiel zeigt, wie ein solcher Zugriff aussehen könnte:

```
BEMERKUNG: ************************
BEMERKUNG: Programmbeispiel: Ein
BEMERKUNG: Feld von drei Worten
BEMERKUNG: ************************

START

  WORTFELD feld[3]
  ZAHL wortzähler
  ZAHL zeichenzähler

  RECHNEN feld[0] = "Das"
  RECHNEN feld[1] = "ist ein"
  RECHNEN feld[2] = "Beispiel"
  RECHNEN wortzähler = 0

  FARBE GELB
  BEMERKUNG: Das Feld von Worten wird ausgegeben
  WIEDERHOLE

    BEMERKUNG: Jedes Wort wird
    BEMERKUNG: zeichenweise ausgegeben
    RECHNEN zeichenzähler = 0
```

```
WIEDERHOLE

    AUSGABE feld[wortzähler][zeichenzähler]
    RECHNEN zeichenzähler = zeichenzähler + 1

    SOLANGE zeichenzähler<feld[wortzähler]~LAENGE

    RECHNEN wortzähler = wortzähler + 1
    AUSGABE

SOLANGE wortzähler < 3

AUSGABE
FARBE NORMAL
```

STOPP

An dem Programm ist ersichtlich, dass ein bestimmtes Zeichen in einem bestimmten Wort-Element eines Wort-Feldes mithilfe einer Nummerierung für das Element und direkt danach für das Zeichen angesprochen wird. Also eigentlich eine **Doppel-Nummerierung**, denn es ist ja auch ein Feld von Feldern. Die Länge eines Wortes kann natürlich auch bei einem Element eines Wort-Feldes ermittelt werden und dient dazu, dass in der inneren Wiederholung die einzelnen Zeichen eines jeden Elementes korrekt ausgegeben werden.

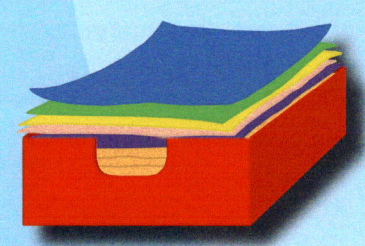

Nach dem Starten sieht das Programm dann so aus:

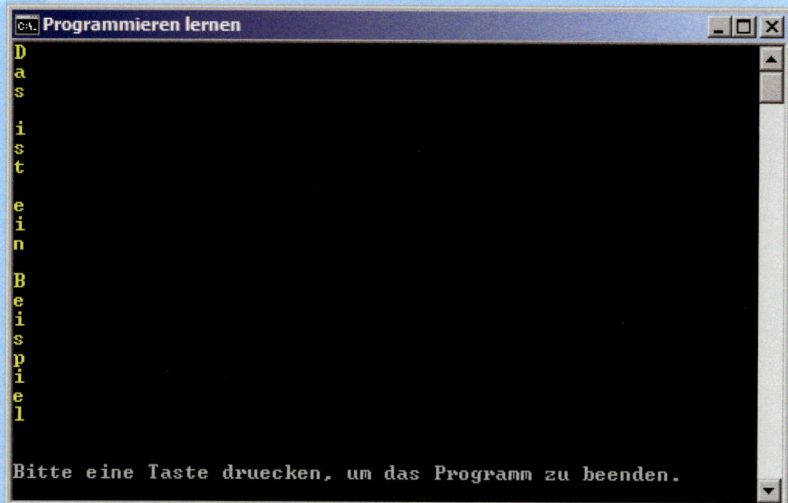

Die Elemente eines Wort-Feldes werden zeichenweise ausgegeben

Für das bessere Verständnis wird diese **Doppel-Nummerierung** noch einmal genau dargestellt:

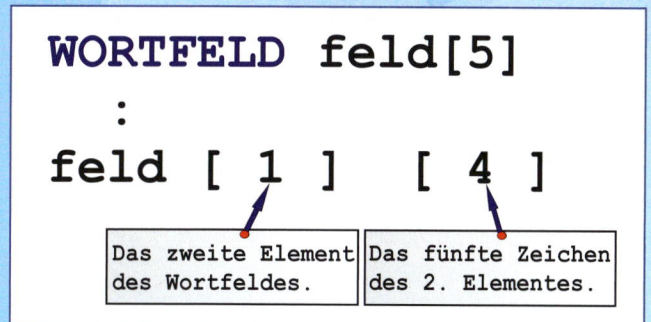

Die Doppel-Nummerierung im Überblick

Die Felder von Feldern waren bestimmt ein wenig anstrengend, aber mit ein wenig Übung werden sie dir genau so leicht fallen, wie die einfachen Felder. Aus diesem Grund ist es jetzt Zeit für einige Aufgaben zu diesen vielen neuen Erkenntnissen.

Aufgaben

Aufgabe 1: Texte rückwärts ausgeben

Worte rückwärts aussprechen ist eine lustige Angelegenheit. Manche Menschen haben das Rückwärtssprechen so geübt, dass sie sich richtig in dieser Rückwärtssprache unterhalten können. Das ist dann wie eine Geheimsprache, die sonst keiner versteht. In der Schule wäre das manchmal nicht schlecht, wenn du dich mit deinem Tischnachbarn unterhalten könntest, ohne dass der Lehrer oder andere Schüler euch verstehen. Aber so weit soll es bei diesem Programm gar nicht gehen. Es soll einfach einen eingegebenen Text rückwärts wieder ausgeben. So könnte nach dem Starten das fertige Programm aussehen:

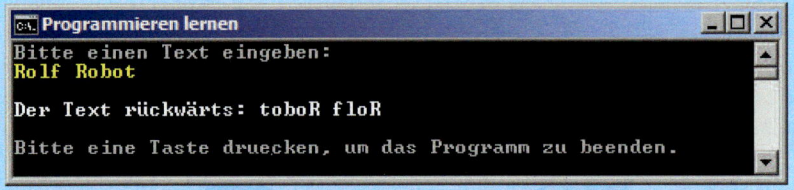

Texte rückwärts ausgeben

Hier ist noch ein kleiner Tipp: Erinnerst du dich an die Aufgabe mit dem Countdown – also dem Rückwärtszählen? Das könnte dir bei dieser Aufgabe auch helfen – ebenso wie der ~LAENGE-Befehl. Für die Rückwärts-Ausgabe des Textes könnte ein WORT-Platzhalter sinnvoll sein, dem vorher alle Zeichen des eingegebenen Textes rückwärts hinzugefügt werden (mit dem Plus-Zeichen).

Aufgabe 2: Ein richtiger Vokabeltrainer

Mithilfe der Felder von Worten und den Zufallszahlen kannst du einen richtig tollen Vokabeltrainer programmieren. Dieser Trainer kann beliebig viele Vokabeln einlesen und anschließend eine Zufallsabfrage starten, die den Benutzer so lange abfragt, wie er möchte. Zusätzlich kann sich das Programm merken, wie viele richtige Antworten gegeben wurden. Als Besonderheit könnte das Programm sogar noch eine Auswertung vornehmen und den

Benutzer loben, wenn er mehr als die Hälfte der Antworten richtig hat. Diese Auswertung kannst du natürlich noch verfeinern, wenn du möchtest. Das fertige Programm könnte dann so aussehen:

```
Programmieren lernen                                    _ □ ×
*****VOKABELTRAINER DELUXE*****
Wie viele Vokabeln bitte?
4
Bitte das 1. deutsche Wort eingeben:
Hund
Bitte das Wort in der anderen Sprache:
dog
Bitte das 2. deutsche Wort eingeben:
Katze
Bitte das Wort in der anderen Sprache:
cat
Bitte das 3. deutsche Wort eingeben:
Maus
Bitte das Wort in der anderen Sprache:
mouse
Bitte das 4. deutsche Wort eingeben:
Auto
Bitte das Wort in der anderen Sprache:
car

Nun kommt die Abfrage:


Wie lautet das Wort für : Maus
mous
Schade, leider nicht richtig!

Noch eine Vokabel (ja/nein)?
ja

Wie lautet das Wort für : Auto
car
Bravo, gut gemacht!

Noch eine Vokabel (ja/nein)?
ja

Wie lautet das Wort für : Katze
cat
Bravo, gut gemacht!

Noch eine Vokabel (ja/nein)?
nein

Es sind 2 von 3 Antworten richtig!
Tolle Leistung
Bitte eine Taste druecken, um das Programm zu beenden.
```

Eine zufällige Vokabelabfrage

Der Vokabeltrainer funktioniert natürlich für alle Sprachen, oben wurde er beispielsweise mit englischen Vokabeln getestet. **Hier ist noch ein kleiner Tipp für die Umsetzung:** Achte bei der zufälligen Abfrage darauf, dass die Zufallszahl zwischen 0 und der Anzahl der Vokabeln minus 1 liegt. Das erreichst du durch den Befehl:

```
RECHNEN zufall = ZUFALLSZAHL(anzahl) – 1
```

ROLF ROBOT
fasst zusammen

Zusammenfassung und Tipps

✏ Jeder WORT-Platzhalter ist eigentlich schon ein Feld – und zwar ein Feld von Zeichen. Jedes dieser Zeichen kann mit einer Nummerierung und den eckigen Klammern gelesen, **aber nicht verändert** werden.

✏ Die Nummerierung geht dabei wie gewohnt von O bis zur Anzahl der Zeichen minus 1. Um die Länge (also die Anzahl der Zeichen) eines WORT-Platzhalters zu ermitteln, kann der ~LAENGE-Befehl eingesetzt werden. Er wird einfach an den Platzhalter angehängt.

✏ Es gibt natürlich auch Felder von Worten. Diese Felder werden mit dem Befehl WORTFELD eingeleitet und sind ein erweiterter Platzhalter, der beliebig viele Worte speichern kann. Die Nummerierung ist dabei genau so, wie wir es gewohnt sind.

✏ In einem Feld von Worten können aber auch die einzelnen Zeichen eines jeden Elementes angesprochen werden. Dafür braucht man eine sogenannte *Doppel-Nummerierung*. In der ersten eckigen Klammer wird das Element des Feldes gewählt und in der zweiten eckigen

Klammer dann das gewünschte Zeichen. Das sieht beispielsweise so aus:

```
WORTFELD feld[4]
:
BEMERKUNG: 1. Element und 4. Zeichen
AUSGABE feld[0][3]
```

Auf Fehlersuche

Steht hinter dem Befehl **WORTFELD** ein Platzhalter-Name und die Angabe für die Anzahl in eckigen Klammern?	✔
Ermittelst du die Länge eines Wort-Platz-halters oder eines Wortfeldes mit dem **~LAENGE**-Befehl?	✔
Wird bei einem Feld von Worten darauf geachtet, dass bei einer Doppel-Nummerierung die erste Klammer das Element wählt und die zweite Klammer das Zeichen?	✔
Achtest du darauf, dass die Nummerierung immer mit Null beginnt?	✔

Tipps zur Fehler-suche im Programm

KAPITEL 10

SORTIEREN VON FELDERN

Wozu eigentlich sortieren?

Im täglichen Leben kann es durchaus sein, dass du bei dem Wort *Sortieren* sofort an das Aufräumen deines Zimmers denken musst. Keine Angst, darum geht es beim Sortieren von Feldern überhaupt nicht. Obwohl eine gewisse Ordnung nicht schaden kann – das hast du bestimmt auch schon beim Schreiben der Programme festgestellt. Ohne eine Struktur und einen logischen Aufbau sind Programme nicht nur schlecht lesbar, sondern auch nicht wirklich gut programmiert. So ist es auch mit Feldern von Zahlen. Für manche Aufgabenstellungen müssen das Feld bzw. die Elemente des Feldes sortiert sein. Bei der Wettervorhersage wird jeden Abend im Fernsehen nicht nur die Durchschnittstemperatur, sondern auch die niedrigste und höchste Temperatur mitgeteilt. In einem sortierten Feld ist es ganz einfach, diese Werte (also niedrigsten und höchsten) zu bestimmen. Man muss nur den ersten und letzten Wert nehmen. In einem unsortierten Feld wäre das natürlich nicht möglich. ROLF ROBOT zeigt dir nun, was unter einem sortierten Feld eigentlich zu verstehen ist:

Stell dir mal folgendes Feld vor:

```
ZAHLFELD messung[4]
messung[0] = 19
messung[1] = 15
messung[2] = 21
messung[3] = 14
```

Dieses Feld ist unsortiert. Nach der Größe sortiert, würde es so aussehen:

Ein Feld wird sortiert

Das Beispiel von ROLF ROBOT müssen wir jetzt noch einmal genauer betrachten. Einem Feld von Zahlen werden Messwerte zugewiesen, die nicht sortiert sind. Um das Feld zu sortieren, müssten also die Messwerte ihre Position in dem Feld verändern. Das erste Feldelement würde also den niedrigsten Wert bekommen, das zweite Feldelement den zweitniedrigsten und immer so weiter. Das letzte Feldelement bekäme dann natürlich den höchsten Messwert. In einem Programm könnte das so umgesetzt werden:

```
BEMERKUNG: ************************
BEMERKUNG: Programmbeispiel:
BEMERKUNG: Messwerte sortieren
BEMERKUNG: ************************

START
    ZAHLFELD messung[4]

    BEMERKUNG: Das Feld ist unsortiert
    RECHNEN messung[0] = 19
    RECHNEN messung[1] = 15
    RECHNEN messung[2] = 21
    RECHNEN messung[3] = 14

    BEMERKUNG: Das Feld wird sortiert
    RECHNEN messung[0] = 14
    RECHNEN messung[1] = 15
    RECHNEN messung[2] = 19
    RECHNEN messung[3] = 21

    AUSGABE "Der niedrigste Messwert:"
    AUSGABE messung[0]
    AUSGABE "Der höchste Messwert:"
    AUSGABE messung[3]
STOPP
```

Nach dem Starten des Programms sieht es dann so aus:

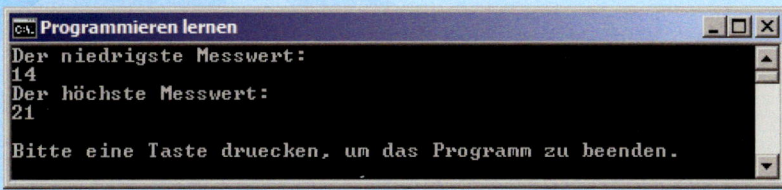

Niedrigster und höchster Wert in einem sortierten Feld

An dem Programm ist gut ersichtlich, dass die Elemente des Feldes ihre Inhalte (Werte) vertauschen müssen, damit aus einem unsortierten Feld ein sortiertes Feld wird. Und genau das ist es, worum es bei der Sortierung geht: Die Elemente eines Feldes müssen so vertauscht werden, dass ein sortiertes Feld entsteht. In dem obigen Beispiel wurde das so gemacht, dass den Elementen einfach die richtigen Werte zugewiesen wurden. Das kann natürlich nicht der Sinn eines Programms sein, dass der Programmierer das Feld im Kopf sortiert und dann im Programm die Zuweisungen vornimmt. Stell dir nur einmal vor, es müssen 100.000 Werte sortiert werden. Wie lange soll der arme Programmierer denn arbeiten, um das im Programm zu schreiben? Es muss also eine andere Möglichkeit geben, um Felder zu sortieren. Du wirst staunen: man braucht weniger als 20 Befehlszeilen, um beispielsweise ein Feld von 100.000 Elementen zu sortieren - ist das nicht fantastisch? Bis dahin ist aber noch einige Denkarbeit zu leisten. Zuerst kümmern wir uns deshalb darum, wie man aus einem Feld den niedrigsten Wert herausfinden kann.

Den niedrigsten Wert bestimmen

In einem sortierten Feld soll der niedrigste Wert an der ersten Stelle stehen, also dem ersten Feldelement zugewiesen werden. Dazu müssen folgende Schritte durchgeführt werden:

✏️ Das Element mit dem niedrigsten Wert wird gesucht und gefunden.

✏️ Das erste Element und das gefundene Element vertauschen ihre Werte.

Das könnte man sich ungefähr so vorstellen:

```
Finden:     19    15    21   (14)
                  ⬅──────────➡
Tauschen:   14    15    21    19
```
Das erste Element bekommt den niedrigsten Wert

Das sieht doch eigentlich ganz einfach aus. Für dich ist es auch kein Problem, den niedrigsten Wert auf einen Blick zu erkennen. Aber wie soll der Computer das schaffen? Es gibt nur eine Möglichkeit: Der Computer muss alle Zahlen in dem Feld untersuchen und Vergleiche anstellen. Zusätzlich muss er sich merken, an welcher Position das niedrigste Element vorkommt. Aber eins nach dem anderen. Zuerst verrät dir ROLF ROBOT noch einen speziellen Trick für die Suche.

> Bevor der Computer das Feld durchsucht, tun wir einfach so, als hätte das erste Element den niedrigsten Wert. Wir speichern diesen Wert in einem zusätzlichen Platzhalter. Dann überprüfen wir alle anderen Elemente in einer Wiederholung. Falls noch ein niedrigerer Wert vorkommt, dann speichern wir eben diesen neuen Wert in dem Platzhalter und merken uns die Position.

ROLF ROBOTS Sortiertrick

Dieser Tipp von ROLF ROBOT ist ganz wichtig. Einfach so zu tun, als hätte das erste Element den niedrigsten Wert ist ganz schön trickreich. Damit fällt der Vergleich mit den anderen Werten viel einfacher. Schau dir das folgende Programm genau an, es findet tatsächlich den niedrigsten Wert mit Hilfe von ROLF ROBOTS Trick:

```
BEMERKUNG: ************************
BEMERKUNG: Programmbeispiel:
BEMERKUNG: Den niedrigsten Wert
BEMERKUNG: eines Feldes finden
BEMERKUNG: ************************
```

```
START

    ZAHLFELD messung[4]
    ZAHL niedrigster
    ZAHL position
    ZAHL zähler

    BEMERKUNG: Das Feld ist unsortiert
    RECHNEN messung[0] = 19
    RECHNEN messung[1] = 15
    RECHNEN messung[2] = 21
    RECHNEN messung[3] = 14

    BEMERKUNG: Die Suche startet
    RECHNEN zähler = 1
    RECHNEN niedrigster = messung[0]
    RECHNEN position = 0

    WIEDERHOLE

        FALLS messung[zähler] < niedrigster

            RECHNEN niedrigster = messung[zähler]
            RECHNEN position = zähler

        ENDE

        RECHNEN zähler = zähler + 1

    SOLANGE zähler < 4

    AUSGABE "Der niedrigste Messwert:"
    AUSGABE niedrigster
    AUSGABE "Steht an Position:"
    AUSGABE position
    AUSGABE

STOPP
```

Nach dem Starten sieht die Bildschirmausgabe so aus:

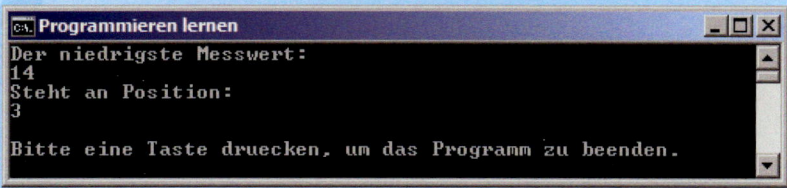

Der niedrigste Wert und seine Position werden gefunden

Das Wichtigste in dem Programm ist die Umsetzung von ROLF ROBOTS Trick. Der Platzhalter niedrigster wird auf den Wert des ersten Elementes messung[0] gesetzt. Wir tun also so, als wäre das der niedrigste Wert, lassen uns aber in der Wiederholung gerne vom Gegenteil überzeugen, denn, falls ein weiteres Element einen niedrigeren Wert hat, dann wird der Platzhalter einfach neu gesetzt und gleichzeitig die Position des Platzhalters in dem Platzhalter position gesichert. Es kann sogar sein, dass der Platzhalter niedrigster seinen Wert öfter ändert – und zwar immer dann, wenn noch ein niedrigerer Wert gefunden wurde. Damit ist auf jeden Fall am Ende der Wiederholung der niedrigste Wert in dem Platzhalter gespeichert. Dieses Ändern des Wertes kann man gut mit der folgenden Änderung des Programms nachvollziehen. Dabei wurden in dem FALLS-Befehl nur einige Ausgaben eingefügt:

```
:
    FALLS messung[zähler] < niedrigster

        RECHNEN niedrigster = messung[zähler]
        RECHNEN position = zähler
        FARBE ROT
        AUSGABE "Achtung neuer"
        AUSGABE "niedrigster Wert:"
        FARBE GRUEN
        AUSGABE niedrigster
        FARBE ROT
        AUSGABE "An Position:"
        FARBE GRUEN
        AUSGABE position
        AUSGABE
```

```
    ENDE
    RECHNEN zähler = zähler + 1
:
```

Nach dem Starten sieht es dann so aus:

Neue niedrigere
Werte werden
erkannt

Platzhalter tauschen ihre Inhalte

Nach der erfolgreichen Suche des niedrigsten Wertes und der Sicherung
der Position muss jetzt noch das Vertauschen der Werte erfolgen. Dieses
Tauschen ist gar nicht so einfach, wie das folgende Beispiel zeigt:

```
BEMERKUNG: ************************
BEMERKUNG: Programmbeispiel:
BEMERKUNG: Werte vertauschen
BEMERKUNG: ************************

START

    ZAHL x
    ZAHL y
```

```
RECHNEN x = 1
RECHNEN y = 2

BEMERKUNG: Ein Tauschversuch
RECHNEN x = y
RECHNEN y = x

AUSGABE "Der Wert von x: " + x
AUSGABE "Der Wert von y: " + y
```

STOPP

Nach dem Starten sieht es dann so aus:

```
Programmieren lernen                          _ □ ×
Der Wert von x: 2
Der Wert von y: 2
Bitte eine Taste druecken, um das Programm zu beenden.
```

Ein Tauschversuch

Das ist anscheinend schief gegangen. Beide Platzhalter haben jetzt den Wert 2, obwohl wir eindeutig gesagt haben, dass **x = y** und **y = x** sein sollen. Will der Computer uns auf den Arm nehmen? Denk einmal ein wenig nach, bevor du weiter liest, vielleicht kommt dir ja eine Erleuchtung.

Und? Hast du herausgefunden, warum das Tauschen nicht funktioniert? Das liegt an der systematischen Abarbeitung der Befehle. Der Computer führt zuerst den Befehl **x = y** aus. Damit erhält x den Wert von y. Beide haben also denselben Wert. Anschließend soll er **y = x** ausführen. Damit erhält y den Wert von x, also nur seinen eigenen Wert noch einmal zugewiesen. Aus diesem Grund haben beide Platzhalter denselben Wert. Es wird wieder Zeit für einen Trick von ROLF ROBOT:

Für das Tauschen von Werten brauchen wir einen Hilfs-Platzhalter. Dieser kleine Helfer soll sich den Wert des ersten Platzhalters merken. Damit geht dieser Wert nicht verloren und kann dem zweiten Platzhalter anschließend zugewiesen werden.

ROLF ROBOTs Tauschtrick

Man nennt diesen Tausch auch einen **Dreieckstausch**, denn durch den Hilfs-Platzhalter entsteht ein Dreieck, in dem die Werte weitergereicht werden. In der Umsetzung würde es dann so aussehen:

```
BEMERKUNG: ************************
BEMERKUNG: Programmbeispiel:
BEMERKUNG: Der Dreieckstausch
BEMERKUNG: ************************

START

    ZAHL x
    ZAHL y
    ZAHL helfer

    RECHNEN x = 1
    RECHNEN y = 2
    BEMERKUNG: Der Dreieckstausch
    RECHNEN helfer = x
    RECHNEN x = y
    RECHNEN y = helfer
```

```
    AUSGABE "Der Wert von x: " + x
    AUSGABE "Der Wert von y: " + y
```

STOPP

Nun klappt es auch mit dem Vertauschen:

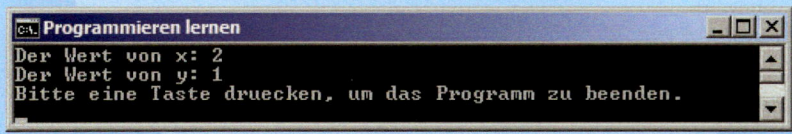

Der Tausch
funktioniert

Dieses Tauschen ist natürlich nicht nur auf ZAHL-Platzhalter beschränkt, sondern funktioniert natürlich auch mit Elementen eines Feldes und auch mit WORT-Platzhaltern, wie das folgende Beispiel zeigt:

```
BEMERKUNG: *************************
BEMERKUNG: Programmbeispiel:
BEMERKUNG: Elemente und Worte
BEMERKUNG: werden vertauscht
BEMERKUNG: *************************
```

START

```
    WORT a
    WORT b
    WORT worthelfer


    RECHNEN a = "Rolf"
    RECHNEN b = "Robot"


    AUSGABE "Vor dem Tausch:"
    AUSGABE "Der Inhalt von a: " + a
    AUSGABE "Der Inhalt von b: " + b
```

BEMERKUNG: Der Dreieckstausch

```
RECHNEN worthelfer = a
RECHNEN a = b
RECHNEN b = worthelfer

AUSGABE
AUSGABE "Nach dem Tausch:"
AUSGABE "Der Inhalt von a: " + a
AUSGABE "Der Inhalt von b: " + b
AUSGABE
```

STOPP

Nach dem Starten sieht es dann so aus:

```
Programmieren lernen                                    _ □ ×
Vor dem Tausch:
Der Inhalt von a: Rolf
Der Inhalt von b: Robot

Nach dem Tausch:
Der Inhalt von a: Robot
Der Inhalt von b: Rolf

Bitte eine Taste druecken, um das Programm zu beenden.
```

Elemente und
Worte werden
getauscht

Die Inhalte von Feldelementen und WORT-Platzhaltern werden also einwandfrei getauscht – wie zu erwarten war. Damit sind jetzt alle nötigen
Voraussetzungen gegeben, um ein Feld von Zahlen komplett zu sortieren,
egal wie groß dieses Feld sein möge.

Das Sortierprogramm

Nach den ganzen wichtigen Vorbereitungen der letzten Unterkapitel sind wir jetzt in der Lage, das Sortierprogramm zu schreiben. Vorher hat ROLF ROBOT aber noch interessante Dinge zu berichten:

> Viele gute Programmierer haben sich schon mit Sortierprogrammen beschäftigt. Im Internet findest du bestimmt über 20 verschiedene Möglichkeiten, ein Feld zu sortieren. Manche Programme sind unheimlich kompliziert. Manche sind langsam und manche sehr schnell mit der Sortierung. Ein Feld mit 100.000 Elementen wird beispielsweise von einem Sortierprogramm in 5 Sekunden sortiert und von einem anderen in 3 Minuten – erstaunlich, oder?

ROLF ROBOT hat interessante Informationen

Die Umsetzung des Sortierprogramms erfordert noch einmal deine volle Konzentration. Die folgenden Schritte müssen durchgeführt werden, um ein Feld vollständig zu sortieren:

✏ Suche in dem Feld nach dem niedrigsten Wert und tausche es mit dem ersten Element.

✏ Suche in dem restlichen Feld (ohne erstes Element) nach dem niedrigsten Wert und tausche es mit dem zweiten Element.

✏️ Suche in dem restlichen Feld (ohne erstes und zweites Element) nach dem niedrigsten Wert und tausche es mit dem dritten Element.

✏️ ...

✏️ Zum Schluss ist das letzte Element das höchste. Die Sortierung ist beendet.

Die Umsetzung dieser Schritte können wir eigentlich recht einfach vornehmen, wie das folgende Programm zeigt:

```
BEMERKUNG: *************************
BEMERKUNG: Programmbeispiel:
BEMERKUNG: Das Feld sortieren
BEMERKUNG: *************************

START

    ZAHLFELD messung[4]
    ZAHL niedrigster
    ZAHL position
    ZAHL zähler
    ZAHL helfer

    BEMERKUNG: Das Feld ist unsortiert
    RECHNEN messung[0] = 19
    RECHNEN messung[1] = 15
    RECHNEN messung[2] = 21
    RECHNEN messung[3] = 14

    BEMERKUNG: *********************
    BEMERKUNG: Die erste Suche startet
    RECHNEN zähler = 1
    RECHNEN niedrigster = messung[0]
    RECHNEN position = 0
```

```
WIEDERHOLE

    FALLS messung[zähler] < niedrigster

        RECHNEN niedrigster = messung[zähler]
        RECHNEN position = zähler

    ENDE

    RECHNEN zähler = zähler + 1

SOLANGE zähler < 4

BEMERKUNG: Tauschen
RECHNEN helfer = messung[0]
RECHNEN messung[0] = messung[position]
RECHNEN messung[position] = helfer

BEMERKUNG: ***********************

BEMERKUNG: Die zweite Suche startet
RECHNEN zähler = 2
RECHNEN niedrigster = messung[1]
RECHNEN position = 1
WIEDERHOLE

    FALLS messung[zähler] < niedrigster

        RECHNEN niedrigster = messung[zähler]
        RECHNEN position = zähler

    ENDE
    RECHNEN zähler = zähler + 1

SOLANGE zähler < 4
```

```
BEMERKUNG: Tauschen
RECHNEN helfer = messung[1]
RECHNEN messung[1] = messung[position]
RECHNEN messung[position] = helfer

BEMERKUNG: ***********************
BEMERKUNG: Die dritte Suche startet
RECHNEN zähler = 3
RECHNEN niedrigster = messung[2]
RECHNEN position = 2
WIEDERHOLE

    FALLS messung[zähler] < niedrigster

        RECHNEN niedrigster = messung[zähler]
        RECHNEN position = zähler

    ENDE
    RECHNEN zähler = zähler + 1

SOLANGE zähler < 4

BEMERKUNG: Tauschen
RECHNEN helfer = messung[2]
RECHNEN messung[2] = messung[position]
RECHNEN messung[position] = helfer

BEMERKUNG: ***********************
```

```
BEMERKUNG: Das Feld ausgeben
RECHNEN zähler = 0
WIEDERHOLE

    AUSGABE messung[zähler]
    RECHNEN zähler = zähler + 1

SOLANGE zähler < 4
```

STOPP

An dem Programm ist erkennbar, dass eigentlich 3-mal hintereinander fast dieselben Anweisungen für die Suche ausgeführt werden. Das Einzige, das sich ändert, sind die Startwerte der Wiederholung und der Position des Elementes, von dem angenommen wird, dass es den niedrigsten Wert hat. Die erste Suche setzt also das Element Nr. 0 als das mit dem niedrigsten Wert fest, durchsucht den Rest des Feldes und vertauscht (falls es kein Element gibt, das einen niedrigeren Wert hat, tauscht sich das Element Nr. 0 mit sich selbst, was natürlich keine Veränderung bewirkt). Die zweite Suche setzt dann das Element Nr. 1 als das mit dem niedrigsten Wert des restlichen Feldes (ohne das Element Nr. 0 natürlich) fest, durchsucht den Rest des Feldes und vertauscht. Die dritte Suche setzt dann Element Nr. 2 fest, durchsucht und vertauscht. Damit ist das ganze Feld sortiert, wie man nach dem Starten des Programms sehen kann:

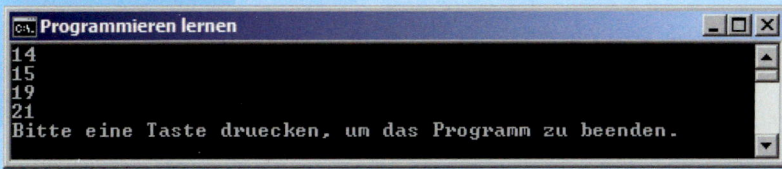

Das Feld ist sortiert

Die drei Suchen unterscheiden sich nur durch veränderte Startwerte, die man sehr gut durch den Zähler einer Wiederholung vorgeben kann. Man muss also nur eine äußere Wiederholung von 0 bis 2 laufen lassen, die den Startwert für die drei Suchen liefert. Das vollständige Sortierprogramm gestaltet sich dann wie folgt:

```
BEMERKUNG: ************************
BEMERKUNG: Programmbeispiel:
BEMERKUNG: Das vollständige
BEMERKUNG: Sortierprogramm
BEMERKUNG: ************************

START

    ZAHLFELD messung[4]
    ZAHL niedrigster
    ZAHL position
    ZAHL aussenzähler
    ZAHL innenzähler
    ZAHL helfer
```

```
    BEMERKUNG: Das Feld ist unsortiert
    RECHNEN messung[0] = 19
    RECHNEN messung[1] = 15
    RECHNEN messung[2] = 21
    RECHNEN messung[3] = 14

    BEMERKUNG: Die äußere Wiederholung startet
    RECHNEN aussenzähler = 0
    WIEDERHOLE

        BEMERKUNG: Die innere Suche startet
        RECHNEN innenzähler = aussenzähler + 1
        RECHNEN niedrigster = messung[aussenzähler]
        RECHNEN position = aussenzähler
```

```
WIEDERHOLE

   FALLS messung[innenzähler] < niedrigster

      RECHNEN niedrigster = messung[innenzähler]
      RECHNEN position=innenzähler


   ENDE
   RECHNEN innenzähler = innenzähler + 1


SOLANGE innenzähler < 4


BEMERKUNG: Tauschen
RECHNEN helfer = messung[aussenzähler]
RECHNEN messung[aussenzähler]=messung[position]
RECHNEN messung[position] = helfer


RECHNEN aussenzähler = aussenzähler + 1


SOLANGE aussenzähler < 3


BEMERKUNG: Das Feld ausgeben
RECHNEN aussenzähler = 0
WIEDERHOLE

 AUSGABE messung[aussenzähler]
 RECHNEN aussenzähler = aussenzähler + 1


SOLANGE aussenzähler < 4


STOPP
```

Nach dem Starten ist das Feld tatsächlich sortiert, wie man sehen kann (und wie versprochen braucht man weniger als 20 Befehlszeilen, um alles zu sortieren):

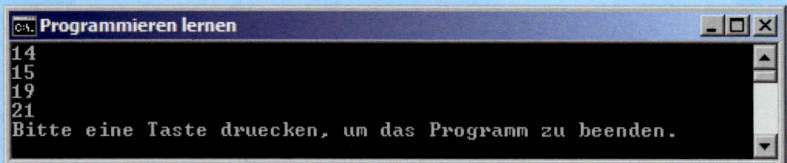

Das Feld ist sortiert

Das Programm sortiert ein Feld mit 4 Elementen. Es ist aber ganz einfach, das Programm so zu ändern, dass es ein Feld mit beliebig vielen Elementen sortiert. Dazu muss eigentlich nur an zwei Stellen eine Änderung vorgenommen werden – und zwar bei den SOLANGE-Bedingungen:

```
:
ZAHL anzahl
ZAHLEINGABE anzahl
BEMERKUNG: Ein Feld mit einer beliebigen Anzahl
ZAHLFELD messung[anzahl]
:
WIEDERHOLE
   :
   WIEDERHOLE
      :
   SOLANGE innenzähler < anzahl
   :
SOLANGE aussenzähler < anzahl - 1
:
```

Herzlichen Glückwunsch, du hast (hoffentlich) das erste Sortierprogramm verstanden. Das ist eine tolle und anspruchsvolle Leistung. Dein Aufstieg in die Profi-Liga der Programmierer ist damit in greifbarer Nähe. Vorher sind aber noch einige Aufgaben zu bewältigen, mit denen du deine Erkenntnisse über das Sortieren noch weiter festigen kannst.

Aufgaben

Aufgabe 1: Den höchsten Wert ermitteln

In dieser Aufgabe geht darum, den höchsten Wert eine Feldes zu ermitteln und auf dem Bildschirm auszugeben. Der Benutzer kann beliebig viele Werte eingeben, die in dem Feld gespeichert werden. Vorher muss er allerdings gefragt werden, wie groß das Feld sein soll. Im Anschluss ermittelt das Programm den höchsten Wert und gibt ihn auf dem Bildschirm aus. Nach dem Starten könnte es dann so aussehen:

```
Programmieren lernen                            _ |□| x|
Wie viele Elemente soll das Feld haben?
7
Bitte Element Nr. 0 eingeben:
10
Bitte Element Nr. 1 eingeben:
4
Bitte Element Nr. 2 eingeben:
55
Bitte Element Nr. 3 eingeben:
23
Bitte Element Nr. 4 eingeben:
9
Bitte Element Nr. 5 eingeben:
17
Bitte Element Nr. 6 eingeben:
34

Der höchste Wert lautet: 55

Bitte eine Taste druecken, um das Programm zu beenden.
```

Den höchsten Wert ermitteln

Noch ein Tipp: Das Feld muss dazu nicht sortiert werden.

Aufgabe 2: Temperaturdaten simulieren

Nun kommt eine anspruchsvolle Aufgabe: Du sollst ein Simulationsprogramm für die Wettervorhersage programmieren. Unter einem Simulationsprogramm versteht man ein Programm, das Temperaturdaten selbstständig erstellt und danach auch auswertet. Für die selbstständige Erstellung der Temperaturdaten kannst du gut den ZUFALLSZAHL-Befehl verwenden. Der Benutzer des Programms wird zuerst gefragt, wie viele Temperaturdaten erstellt werden sollen und in welchem Bereich diese Daten liegen sollen. Anschließend erstellt das Programm die Temperaturdaten und zeigt sie auf dem Bildschirm an. Danach sollen die Daten sortiert und wieder angezeigt werden. Abschließend berechnet das Programm den niedrigsten, den höchsten und den durchschnittlichen Wert und zeigt diese auf dem Bildschirm an. Nach dem Starten des Programms könnte es so aussehen:

```
****SIMULATIONSPROGRAMM TEMPERATURDATEN*****

Wie viele Temperaturdaten sollen simuliert werden?
10

Wie lautet die untere Grenze?
10
Wie lautet die obere Grenze?
25

Hier sind die Temperaturdaten:
19
19
23
15
14
15
16
12
18
19

Hier sind die sortierten Daten:
12
14
15
15
16
18
19
19
19
23

Der höchste Wert lautet:      23
Der niedrigste Wert lautet:   12
Der Durchschnittswert lautet: 17

Bitte eine Taste druecken, um das Programm zu beenden.
```

Simulation von Temperaturdaten

Hier sind einige Tipps für die Umsetzung:

✏ Der Benutzer gibt einen Bereich ein, in dem die Daten liegen sollen. Das bedeutet, dass die Zufallszahl eine Zahl sein muss, die zwischen den beiden Grenzen des Bereichs liegen muss. Am einfachsten ist es, diesen Zwischenbereich zu berechnen (obere Grenze minus untere

Grenze), eine Zufallszahl für diesen berechneten Bereich bestimmen zu lassen und zur unteren Grenze zu addieren.

✏ Den durchschnittlichen Wert bestimmst du durch die Aufsummierung aller Temperaturdaten und anschließendem Teilen durch die Anzahl der Temperaturdaten.

Und nun noch einmal die wichtigen Dinge!

ROLF ROBOT
fasst zusammen

Zusammenfassung und Tipps

✏ Das Sortieren von Zahlen ist eine Angelegenheit, die sehr wichtig in der Programmierung ist. Viele große Programme müssen sortieren können, um die Daten (beispielsweise Zahlen) richtig zu verwalten.

✏ Es gibt sehr viele verschiedene Sortierprogramme, die teilweise sehr kompliziert sind. Sie unterscheiden sich manchmal deutlich in der Geschwindigkeit der Sortierung. Bei der Sortierung von 100 Zahlen wirst du keine Unterschiede feststellen, aber bei der Sortierung von 100.000 Zahlen können einige Minuten Unterschied sein.

✏️ Ein Sortierprogramm benutzt zwei wichtige Tricks:

Trick 1: Das Suchen des Elementes mit dem niedrigsten Wert und das Vertauschen dieses Elementes mit dem ersten Element. Danach wird das Element mit dem zweitniedrigsten Wert gesucht und mit dem zweiten Element getauscht und immer so weiter, bis zum letzten Element. Anschließend ist das Feld sortiert.

Trick 2: Das Tauschen der Elemente erfolgt mit einem Hilfs-Platzhalter, der den Wert des ersten Elements zwischenspeichert. Sonst könnte das Vertauschen nicht funktionieren. Einen solchen Tausch nennt man in der Computerfachsprache **Dreieckstausch**.

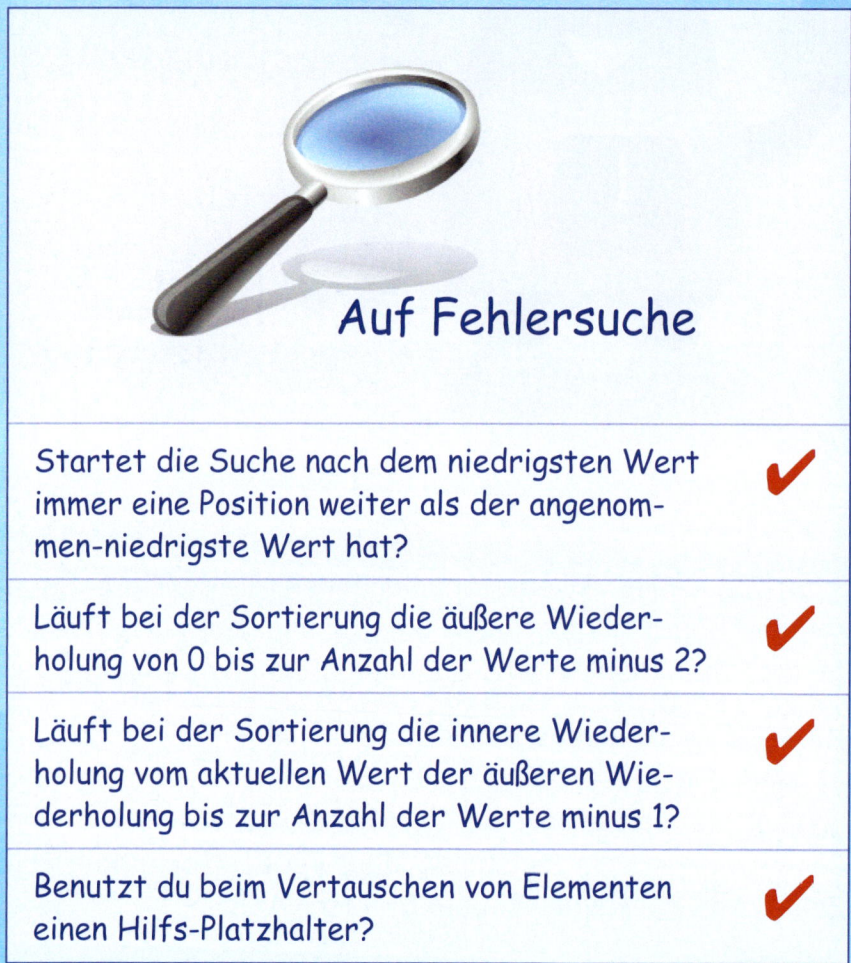

Auf Fehlersuche

Startet die Suche nach dem niedrigsten Wert immer eine Position weiter als der angenom-men-niedrigste Wert hat?	✔
Läuft bei der Sortierung die äußere Wiederholung von 0 bis zur Anzahl der Werte minus 2?	✔
Läuft bei der Sortierung die innere Wiederholung vom aktuellen Wert der äußeren Wiederholung bis zur Anzahl der Werte minus 1?	✔
Benutzt du beim Vertauschen von Elementen einen Hilfs-Platzhalter?	✔

Tipps zur Fehlersuche im Programm

KAPITEL 11

UNTER-PROGRAMME

Immer wieder dasselbe?

In einem Programm kommt es häufig vor, dass dieselben Befehle oder ganze Abschnitte von Befehlen immer wieder geschrieben werden müssen. Das gehört zur Programmierung einfach dazu, aber es gibt auch einen tollen Weg, sich die Arbeit dabei zu erleichtern. ROLF ROBOT hat dazu erst einmal ein kleines Beispiel vorbereitet, damit klar wird, worum es geht. In dem Beispiel soll der Benutzer eine Zahl eingeben und anschließend wird das Dreifache und das Fünffache der Zahl berechnet und auf dem Bildschirm ausgegeben.

```
BEMERKUNG: *************************
BEMERKUNG: Programmbeispiel:
BEMERKUNG: Ein Rechnen-Programm
BEMERKUNG: *************************

START

    ZAHL x
    ZAHL y
    AUSGABE "Rechnen mit Rolf Robot:"

    FARBE GRUEN
    AUSGABE
    AUSGABE "****************************"
    AUSGABE "Bitte eine Zahl eingeben:"
    FARBE NORMAL

    ZAHLEINGABE x

    FARBE ROT
    AUSGABE
    AUSGABE "****************************"
    AUSGABE "Das Ergebnis lautet:"
    FARBE NORMAL

    RECHNEN y = 3*x
    AUSGABE y

    FARBE GRUEN
    AUSGABE
    AUSGABE "****************************"
    AUSGABE "Bitte eine Zahl eingeben:"
    FARBE NORMAL

    ZAHLEINGABE x
```

```
FARBE ROT
AUSGABE
AUSGABE "*****************************"
AUSGABE "Das Ergebnis lautet:"
FARBE NORMAL

RECHNEN y = 5*x
AUSGABE y
```

STOPP

Nach dem Starten sieht es dann so aus:

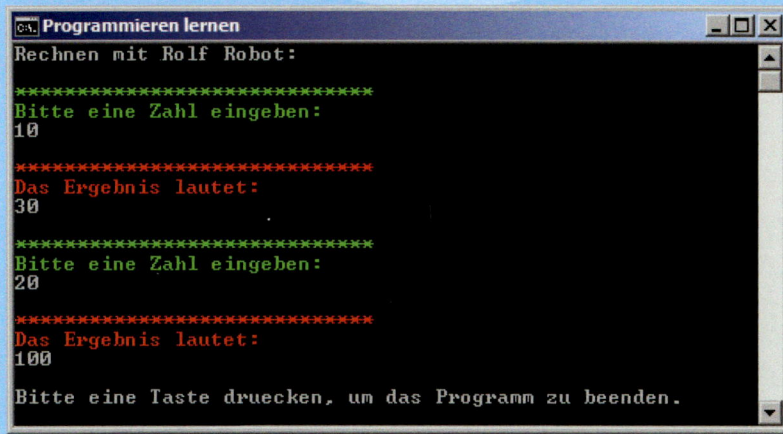

Rechnen mit
Rolf Robot

Es ist zu erkennen, dass sich bestimmte Ausgaben auf dem Bildschirm wiederholen. Die Aufforderung, eine Zahl einzugeben und die Ausgabe »Das Ergebnis lautet:« sind immer gleich.

Im Einzelnen betrachtet wiederholen sich die folgenden Abschnitte:

Der erste gleiche
Abschnitt

Der zweite gleiche
Abschnitt

Wäre es nicht toll, wenn diese gleichen Abschnitte nicht immer wieder neu geschrieben werden müßten, sondern einfach (wie auf Knopfdruck) zu Verfügung stehen, sobald der Programmierer sie in seinem Programm nutzen möchte?

ROLF ROBOT wünscht sich ein Unterprogramm

Die Antwort auf ROLF ROBOTS Frage ist das sogenannte Unterprogramm. Ein Unterprogramm erfüllt genau diese Forderungen, die hier gewünscht sind. Was ist nun aber ein Unterprogramm? Diese Frage wird in den nächsten Unterkapiteln beantwortet.

Ein Unterprogramm schreiben

Ein Unterprogramm ist nichts anderes als eine Reihe von Befehlen, die unter einem Namen – dem Namen des Unterprogramms – zusammengefasst werden. Jedes Mal, wenn in dem Hauptprogramm der Name des Unterprogramms aufgerufen wird, werden alle diese Befehle ausgeführt – natürlich genau so, wie man es von den Befehlen gewohnt ist. Der große Vorteil liegt nun darin, dass das Unterprogramm beliebig oft aufgerufen werden kann und dann seine Arbeit verrichtet. In dem Beispielprogramm von ROLF ROBOT gab es zwei Abschnitte mit den gleichen Befehlen. In einem ersten Schritt wird nun einer dieser Abschnitte zu einem Unterprogramm. Ein Unterprogramm steht immer vor dem Hauptprogramm, also noch vor dem START-Befehl. Es beginnt mit dem Befehl UNTERPROGRAMM und dann folgt der Name für dieses Unterprogramm. Der Name ist genau so zu wählen, wie man es von den Platzhaltern gewohnt ist. Hinter dem Namen steht ein Paar von (zunächst leeren) Klammern. Ein Unterprogramm wird immer mit einem ENDE-Befehl abgeschlossen. Nun aber erst einmal die Umsetzung des ersten Unterprogramms:

```
BEMERKUNG: *************************
BEMERKUNG: Programmbeispiel:
BEMERKUNG: Das erste Unterprogramm
BEMERKUNG: *************************

UNTERPROGRAMM Bildschirmausgabe()

    FARBE GRUEN
    AUSGABE "**************************"
    AUSGABE "Bitte eine Zahl eingeben:"
    FARBE NORMAL

ENDE

START

    ZAHL x
    ZAHL y
    AUSGABE "Rechnen mit Rolf Robot:"

    RECHNEN Bildschirmausgabe()

    ZAHLEINGABE x

    FARBE ROT
    AUSGABE
    AUSGABE "**************************"
    AUSGABE "Das Ergebnis lautet:"
    FARBE NORMAL
```

```
RECHNEN y = 3*x
AUSGABE y

RECHNEN Bildschirmausgabe()

ZAHLEINGABE x

FARBE ROT
AUSGABE
AUSGABE "****************************"
AUSGABE "Das Ergebnis lautet:"
FARBE NORMAL

RECHNEN y = 5*x
AUSGABE y
```

STOPP

Nach dem Starten des Programms sieht es dann genau wie in dem ersten Beispiel aus – das Unterprogramm erledigt seine Arbeit perfekt.

Das erste Unterprogramm arbeitet

Nach diesem ersten Eindruck muss das Unterprogramm nun einmal systematisch betrachtet werden: Ein Unterprogramm ist eigentlich nichts anderes als ein kleines Programm mit einem Namen. Über diesen Namen kann das Unterprogramm dann jederzeit im Hauptprogramm aufgerufen werden. Das Unterprogramm wird auch nur dann ausgeführt. Man kann also durchaus ein Unterprogramm schreiben, ohne es im Hauptprogramm zu verwenden. Das ist zwar nicht wirklich sinnvoll, aber möglich. Die folgende Grafik soll den Zusammenhang zwischen Unterprogramm, Hauptprogramm und Aufruf noch einmal besser verdeutlichen.

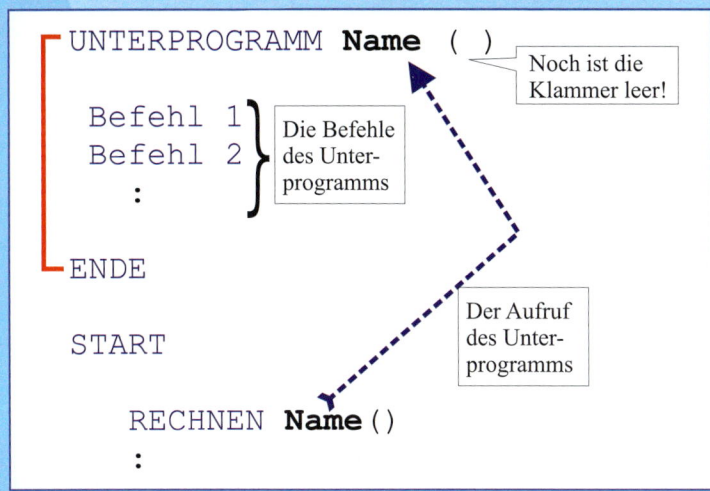

Das Unterprogramm genau betrachtet

Die wichtigsten Punkte werden nun noch einmal zusammengefasst:

✏️ Ein Unterprogramm steht immer vor dem Hauptprogramm, also vor dem START-Befehl.

✏️ Ein Unterprogramm besteht aus beliebig vielen Befehlen.

✏️ Ein Unterprogramm beginnt mit dem Befehl UNTERPROGRAMM und hat einen Namen, der nach den Regeln der Platzhalter-Namen gebildet werden muss.

✏️ Im Gegensatz zu Platzhalter-Namen sollten Unterprogramm-Namen immer mit einem großen Buchstaben beginnen. Hinter dem Namen müssen (noch) leere Klammern stehen.

✏️ Ein Unterprogramm wird durch den ENDE-Befehl beendet.

✏️ Ein Unterprogramm wird mit dem RECHNEN-Befehl aufgerufen. Dabei müssen der Name und die Klammern angegeben werden.

Mehrere Unterprogramme schreiben

Es ist durchaus möglich (und oft sinnvoll) mehrere Unterprogramme vor dem Hauptprogramm zu schreiben. Bei dem ersten Beispielprogramm war noch ein weiterer Programmabschnitt, der sich als Unterprogramm angeboten hatte: die zweite Bildschirmausgabe. Das Anlegen eines weiteren Unterprogramms ist auch überhaupt kein Problem, wie das folgende Beispiel zeigt:

```
BEMERKUNG: ************************
BEMERKUNG: Programmbeispiel:
BEMERKUNG: Zwei Unterprogramme
BEMERKUNG: ************************

UNTERPROGRAMM Bildschirmausgabe_1()

    FARBE GRUEN
    AUSGABE "****************************"
    AUSGABE "Bitte eine Zahl eingeben:"
    FARBE NORMAL

ENDE

UNTERPROGRAMM Bildschirmausgabe_2()

    FARBE ROT
    AUSGABE "*****************************"
    AUSGABE "Das Ergebnis lautet:"
    FARBE NORMAL

ENDE

START

    ZAHL x
    ZAHL y
```

```
AUSGABE "Rechnen mit Rolf Robot:"

RECHNEN Bildschirmausgabe_1()
ZAHLEINGABE x
RECHNEN Bildschirmausgabe_2()

RECHNEN y = 3*x
AUSGABE y

RECHNEN Bildschirmausgabe_1()
ZAHLEINGABE x
RECHNEN Bildschirmausgabe_2()

RECHNEN y = 5*x
AUSGABE y
AUSGABE

STOPP
```

Ist das nicht fantastisch? Das Hauptprogramm benutzt einfach die beiden Unterprogramme, wann es möchte. Zusätzlich wird das Hauptprogramm auch noch viel übersichtlicher. So mögen es auch die echten Profis.

ROLF ROBOT ist begeistert von Unterprogrammen

Unterprogramm ruft Unterprogramm

Ein Unterprogramm wird in der Regel von dem Hauptprogramm aufgerufen. Es ist aber genauso möglich, dass ein Unterprogramm ein anderes Unterprogramm aufruft. Das kann sogar manchmal sehr sinnvoll sein. Beispielsweise geben beide Unterprogramme aus dem letzten Beispiel eine Reihe von Sternchen auf dem Bildschirm aus. Da würde es sich doch anbieten, ein Unterprogramm zu schreiben, welches genau die Aufgabe erledigt. Dieses Unterprogramm kann dann wiederum in den anderen Unterprogrammen immer dann aufgerufen werden, wenn es gebraucht wird. In der Umsetzung kann das dann so aussehen:

```
BEMERKUNG: *******************************
BEMERKUNG: Programmbeispiel:
BEMERKUNG: Unterprogramm ruft Unterprogramm
BEMERKUNG: *******************************

UNTERPROGRAMM Bildschirmausgabe_1()

    FARBE GRUEN
    RECHNEN Sternchen()
    AUSGABE "Bitte eine Zahl eingeben:"
    FARBE NORMAL

ENDE

UNTERPROGRAMM Bildschirmausgabe_2()

    FARBE ROT
    RECHNEN Sternchen()
    AUSGABE "Das Ergebnis lautet:"
    FARBE NORMAL

ENDE
```

```
UNTERPROGRAMM Sternchen()

    AUSGABE
    AUSGABE "*****************************"

ENDE

START

    RECHNEN Bildschirmausgabe_1()
    RECHNEN Bildschirmausgabe_2()
    AUSGABE

STOPP
```

Nach dem Starten wird zuerst das erste Unterprogramm aufgerufen. Es setzt die Farbe auf grün und ruft dann das Unterprogramm Sternchen() auf, welches eine Reihe von Sternchen auf dem Bildschirm ausgibt. Danach wird noch ein Text auf den Bildschirm geschrieben. Ebenso verfährt das zweite Unterprogramm mit seiner Bildschirmausgabe. Das ist doch eine tolle Arbeitsteilung. Nicht jedes Unterprogramm muss seine eigenen Sternchen ausgeben, sondern es benutzt einfach das bestehende Sternchen-Unterprogramm.

Nach dem Starten sieht es dann so aus:

Unterprogramme rufen Unterprogramme

BIBLIOTHEKEN

Viele große Programme sind nach einem solchen System aufgebaut. Es gibt viele kleine Unterprogramme, die wiederum von weiteren Unterprogrammen genutzt werden. Das Hauptprogramm schließlich ruft dann fast nur noch seine Unterprogramme auf, die die Arbeit erledigen oder selbst wieder Unterprogramme aufrufen, die die Arbeit erledigen sollen. Oftmals werden alle Unterprogramme, die spezielle Aufgaben haben, zu einer sogenannten Bibliothek zusammengefasst. Ein Hauptprogramm kann sich dann aus dieser Bibliothek ein beliebiges Unterprogramm auswählen und aufrufen.

ACHTUNG ACHTUNG: Wenn Unterprogramme sich gegenseitig aufrufen....

ROLF ROBOT hat eine Warnung

ROLF ROBOT hat zurecht eine Warnung. Unterprogramme, die andere Unterprogramme aufrufen, dürfen nicht selbst wieder von denselben Unterprogrammen aufgerufen werden. Das hört sich kompliziert an, ist es aber gar nicht, wie das folgende Beispiel zeigt:

```
BEMERKUNG: ************************
BEMERKUNG: Programmbeispiel:
BEMERKUNG: Unterprogramm ruft
BEMERKUNG: Unterprogramm – Unsinn
BEMERKUNG: ************************

UNTERPROGRAMM Unsinn()

    AUSGABE "Ich mache jetzt Blödsinn:"
    RECHNEN Blödsinn()

ENDE

UNTERPROGRAMM Blödsinn()

    AUSGABE "Ich mache jetzt Unsinn:"
    RECHNEN Unsinn()

ENDE

START

    RECHNEN Unsinn()

STOPP
```

Das Unterprogramm Unsinn() (es heißt zu Recht so) ruft das Unterprogramm Blödsinn() auf. Das Unterprogramm Blödsinn() hat nichts Besseres zu tun als wiederum Unsinn zu machen und das Unterprogramm Unsinn() aufzurufen. So rufen sich die beiden gegenseitig auf und finden kein Ende. Nach dem Starten des Programms erscheint auf dem Bildschirm immer abwechselnd:

```
    Ich mache jetzt Blödsinn:
    Ich mache jetzt Unsinn:
    Ich mache jetzt Blödsinn:
    Ich mache jetzt Unsinn:
    Ich mache jetzt Blödsinn:
    Ich mache jetzt Unsinn:
            :
            :
```

Irgendwann haben sich die beiden Unterprogramme so oft aufgerufen, dass der Computer keinen Speicherplatz mehr hat, um sich die ganzen Aufrufe zu merken, und das Programm wird mit einer Fehlermeldung beendet. Das kann natürlich nicht der Sinn eines Programms sein und deshalb sollten solchen gegenseitigen Aufrufe vermieden werden. Nun ist es aber längst an der Zeit, eine kleine Zwischenübung zu machen.

Zwischenübung

Betrachte das folgende Programm sehr genau. Was wird auf dem Bildschirm ausgegeben? ROLF ROBOT verrät es dir, aber erst auf der nächsten Seite.

```
BEMERKUNG: *************************
BEMERKUNG: Programmbeispiel:
BEMERKUNG: Zwischenübung
BEMERKUNG: *************************

UNTERPROGRAMM U_5()
    AUSGABE "Leistung!!!"
    AUSGABE
ENDE

UNTERPROGRAMM U_1()
    AUSGABE "Das"
    RECHNEN U_2()
    RECHNEN U_5()
ENDE

UNTERPROGRAMM U_2()
    AUSGABE "ist"
    RECHNEN U_4()
ENDE

UNTERPROGRAMM U_4()
    RECHNEN U_3()
    AUSGABE "tolle"
ENDE
```

```
UNTERPROGRAMM U_3()
    AUSGABE "eine"
ENDE

START
    RECHNEN U_1()
STOPP
```

Die Übung war ganz schön schwer, oder?

Das
ist
eine
tolle
Leistung!!!

ROLF ROBOT verrät die Lösung

Ein Unterprogramm erhält einen Wert

Die bisherigen Beispiele haben Unterprogramme gezeigt, die immer genau dasselbe tun – und zwar die festgelegten Befehle abarbeiten. Es wäre jedoch viel schöner, wenn das Unterprogramm etwas flexibler würde und sich bestimmten Begebenheiten anpassen könnte. Nehmen wir das Unterprogramm Sternchen() aus dem vorletzten Beispiel. Dieses Unterprogramm gibt eine Reihe von Sternchen aus. Wenn das Hauptprogramm jetzt aber drei Reihen oder zehn Reihen von Sternchen ausgeben möchte, dann bleibt dem Hauptprogramm nichts anderes übrig, als das Unterprogramm dreimal oder zehnmal aufzurufen. Das ist kein guter Zustand. Also müsste man dem Unterprogramm die Anzahl der gewünschten Sternchen-Reihen irgendwie mitteilen. Das folgende Beispiel zeigt, dass es möglich ist:

```
BEMERKUNG: ************************
BEMERKUNG: Programmbeispiel:
BEMERKUNG: Ein Unterprogramm wird
BEMERKUNG: flexibel
BEMERKUNG: ************************

UNTERPROGRAMM Sternchen(ZAHL anzahl)

    ZAHL zähler
    RECHNEN zähler = 1

    WIEDERHOLE

        AUSGABE "****************************"
        RECHNEN zähler = zähler + 1

    SOLANGE zähler <= anzahl

ENDE

START

    RECHNEN Sternchen(5)
    AUSGABE

STOPP
```

Nach dem Starten erscheint diese Bildschirmausgabe:

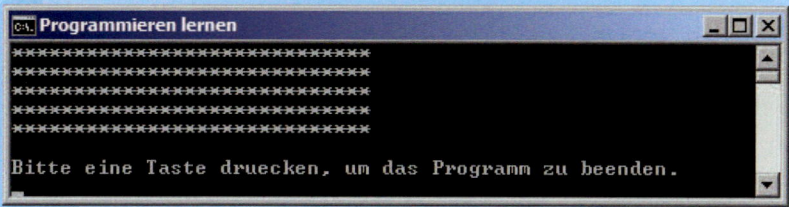

Das Unterprogramm wird flexibel

Was ist hier passiert? Das ist eine sehr gute Frage, denn das Unterprogramm wurde erweitert. In den bislang leeren Klammern steht nun ein ZAHL-Platzhalter. Dieser Platzhalter erhält anscheinend den Wert 5, der im Hauptprogramm beim Aufruf des Unterprogramms in den Klammern angegeben wurde. Man kann also dem Unterprogramm einen Wert mitteilen, der in diesem Platzhalter gespeichert wird. Der Platzhalter mit diesem Wert steht im Unterprogramm dann zur weiteren Verarbeitung zur Verfügung. Dabei verhält sich dieser Platzhalter genau so, wie man es von einem Platzhalter gewohnt ist. In dem Unterprogramm Sternchen() könnte man deshalb auch beispielsweise Folgendes machen:

```
BEMERKUNG: *************************
BEMERKUNG: Programmbeispiel:
BEMERKUNG: Unterprogramm
BEMERKUNG: Platzhalter-Übergabe
BEMERKUNG: *************************

UNTERPROGRAMM Sternchen(ZAHL anzahl)

   ZAHL zähler
   RECHNEN zähler = 1

   RECHNEN anzahl = anzahl + 1

   WIEDERHOLE
      AUSGABE "*****************************"
      RECHNEN zähler = zähler + 1
   SOLANGE zähler <= anzahl
```

```
ENDE

START
    RECHNEN Sternchen(5)
    AUSGABE
STOPP
```

Im Hauptprogramm wird wiederum das Unterprogramm Sternchen()
aufgerufen und die Zahl 5 übergeben. In dem Unterprogramm erhält der
Platzhalter anzahl den Wert 5 und anschließend wird durch den Befehl

```
RECHNEN anzahl = anzahl + 1
```

der Platzhalter um 1 erhöht. Der Platzhalter anzahl hat dann den Wert 6,
wie an der Bildschirmausgabe zu sehen ist:

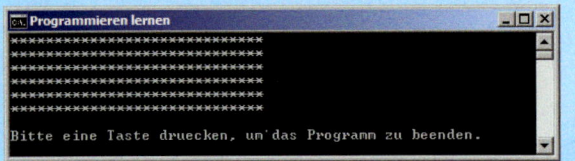

Das Unterprogramm
gibt 6 Reihen aus

Die folgende Grafik soll das Prinzip noch einmal verdeutlichen:

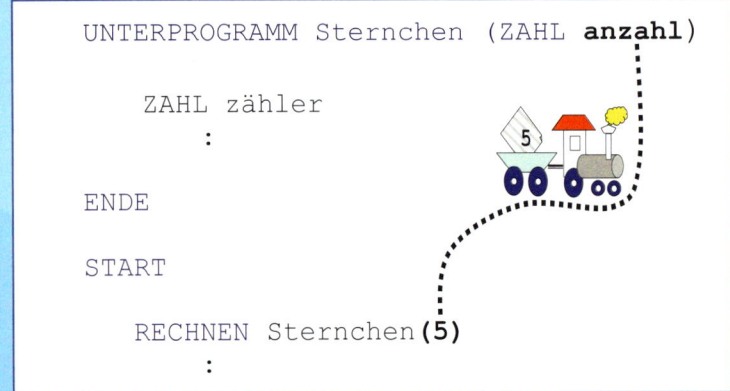

Der Wert 5 wird
zum Unterprogramm
transportiert

Man kann es sich tatsächlich so vorstellen: Der Wert, der bei dem Aufruf eines Unterprogramms angegeben wird (in diesem Fall die 5), wird auf ein Blatt Papier geschrieben und mit einer kleinen Lokomotive zum Unterprogramm transportiert. Dort erhält der Platzhalter des Unterprogramms dann diesen Wert. In dem Unterprogramm kann mit dem Platzhalter nun ganz normal gearbeitet werden.

Es ist auch möglich, das Unterprogramm mit dem Wert eines Platzhalters aufzurufen. Damit wird die Sache noch viel interessanter, wie das folgende Beispiel zeigt:

ROLF ROBOT weiß noch eine Möglichkeit

```
BEMERKUNG: *************************
BEMERKUNG: Programmbeispiel:
BEMERKUNG: Unterprogramm
BEMERKUNG: Platzhalter-Übergabe
BEMERKUNG: *************************

UNTERPROGRAMM Sternchen(ZAHL anzahl)

    ZAHL zähler
    RECHNEN zähler = 1
```

```
WIEDERHOLE
    AUSGABE "****************************"
    RECHNEN zähler = zähler + 1

    SOLANGE zähler <= anzahl

ENDE
START
    ZAHL reihen
    AUSGABE "Wie viele Sternchen-Reihen bitte?"
    ZAHLEINGABE reihen
    RECHNEN Sternchen(reihen)
    AUSGABE
STOPP
```

Nach dem Starten sieht es dann so aus:

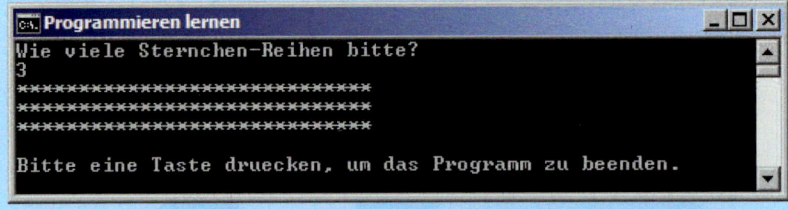

Platzhalter-Werte an Unterprogramme übergeben

Das Prinzip ist genau so, wie mit der festen Zahl 5 aus dem vorigen Beispiel. Der Inhalt (Wert) des Platzhalters (also die 3 in der obigen Bildschirmausgabe) wird an das Unterprogramm übergeben und dann in dem Platzhalter des Unterprogramms gespeichert.

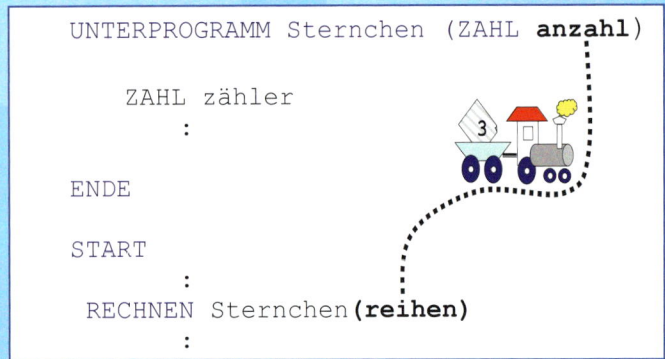

```
UNTERPROGRAMM Sternchen (ZAHL anzahl)

    ZAHL zähler
        :

ENDE

START
        :
    RECHNEN Sternchen(reihen)
        :
```

Die Lokomotive mit dem Inhalt des Platzhalters

Ebenso passt auch hier die Vorstellung, dass der Inhalt des Platzhalters reihen auf ein Blatt Papier geschrieben wird und mit einer Lokomotive zum Unterprogramm transportiert wird. Dort erhält dann der Unterprogramm-Platzhalter anzahl den Wert von dem Blatt Papier, also die Zahl 3. Nun ist es aber wieder höchste Eisenbahn für eine kleine Zwischenübung.

Zwischenübung

Das folgende Programm ruft ein Unterprogramm auf, welches wieder ein Unterprogramm aufruft. Was wird am Ende wohl auf dem Bildschirm ausgegeben? ROLF ROBOT verrät es dir natürlich wieder, aber zuerst bitte nachdenken!

```
BEMERKUNG: *************************
BEMERKUNG: Zwischenübung
BEMERKUNG: *************************

UNTERPROGRAMM Erstes(ZAHL x)

    RECHNEN x = 3 * x
    RECHNEN Zweites (x)

ENDE

UNTERPROGRAMM Zweites (ZAHL z)

    RECHNEN z = z - 1
    AUSGABE "Der Wert von z lautet: " + z

ENDE
START

    RECHNEN Erstes(10)

STOPP
```

Und, wie lautet die Bildschirmausgabe?

Programmieren lernen

Der Wert von z lautet: 29

ROLF ROBOT verrät die Lösung

Mehrere Werte übergeben

In den bisherigen Beispielen wurde dem Unterprogramm immer nur ein Wert (genauer gesagt: ein ZAHL-Wert) übergeben. Selbstverständlich können auch WORT-Werte übergeben werden. Es können sogar mehrere Werte, egal ob Zahlen oder Worte, übergeben werden. Die entsprechenden Platzhalter in dem Unterprogramm müssen nur durch Kommas voneinander getrennt werden. Das folgende Beispiel zeigt die Übergabe von 3 verschiedenen Werten:

```
BEMERKUNG: *************************
BEMERKUNG: Programmbeispiel:
BEMERKUNG: Unterprogramm erhält
BEMERKUNG: mehrere Werte
BEMERKUNG: *************************
```

```
UNTERPROGRAMM Visitenkarte(WORT n, ZAHL a, ZAHL g)
    AUSGABE
    FARBE GRUEN
    AUSGABE "Die Visitenkarte"
    AUSGABE "Name:   " + n
    AUSGABE "Alter: " + a
    AUSGABE "Größe: " + g
    AUSGABE
    FARBE NORMAL
ENDE

START
    WORT name
    ZAHL alter
    ZAHL groesse

    AUSGABE "Wie lautet dein Name?"
    WORTEINGABE name
    AUSGABE "Wie alt bist du (in Jahren)?"
    ZAHLEINGABE alter
    AUSGABE "Wie groß bist du (in cm)?"
    ZAHLEINGABE groesse

    RECHNEN Visitenkarte (name , alter , groesse)
STOPP
```

Das Unterprogramm erhält drei verschiedene Werte – zwei Zahlen und ein Wort. Die Platzhalter in dem Unterprogramm werden alle in die Klammer geschrieben und mit Kommas getrennt. Nach dem Starten sieht die Bildschirmausgabe dann so aus:

```
Programmieren lernen                                    _ □ x
Wie lautet dein Name?
Rolf
Wie alt bist du (in Jahren)?
10
Wie groß bist du (in cm)?
150

Die Visitenkarte
Name:  Rolf
Alter: 10
Größe: 150

Bitte eine Taste druecken, um das Programm zu beenden.
```

Ein Unterprogramm erhält drei Werte

Die Werte werden einwandfrei an die Platzhalter des Unterprogramms übergeben, allerdings ist dabei sehr wichtig, dass die Reihenfolge der Werte bei der Übergabe mit der Reihenfolge der Platzhalter übereinstimmt. Ansonsten würde die Übergabe entweder fehlerhaft sein oder die Platzhalter erhalten die falschen Werte.

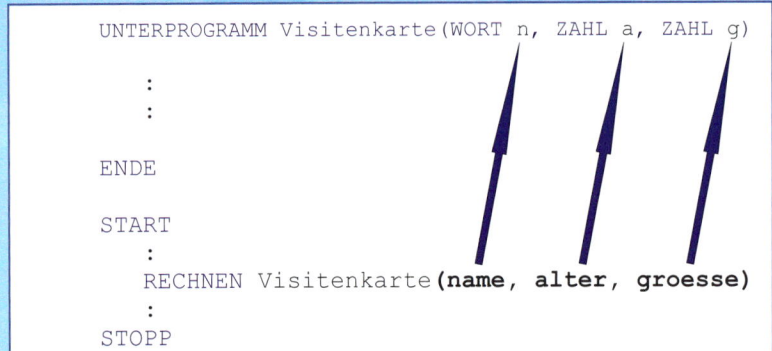

```
UNTERPROGRAMM Visitenkarte(WORT n, ZAHL a, ZAHL g)
    :
    :
ENDE

START
    :
    RECHNEN Visitenkarte(name, alter, groesse)
    :
STOPP
```

Die Reihenfolge der Werte ist absolut wichtig

Nun gibt es eigentlich nur noch eine Angelegenheit, die zu klären wäre: In allen Beispielen wurden die Namen der Übergabe-Platzhalter des Unterprogramms und die Namen der Platzhalter aus dem Hauptprogramm immer verschieden gewählt. Das wurde bewusst so gemacht, denn die Platzhalter aus dem Hauptprogramm sind eigene Platzhalter für das

Hauptprogramm und die Platzhalter aus dem Unterprogramm sind eigene Platzhalter für das Unterprogramm. Es werden nur Werte zwischen diesen Platzhaltern übergeben. Es ist aber durchaus möglich, dass die Platzhalter aus dem Hauptprogramm die gleichen Namen wie die Platzhalter des Unterprogramms erhalten. Jeder Platzhalter arbeitet wie gehabt in seinem Bereich – einer im Hauptprogramm und einer im Unterprogramm, wie das folgende Beispiel zeigt:

```
BEMERKUNG: ***********************************
BEMERKUNG: Programmbeispiel:
BEMERKUNG: Unterprogramm-Hauptprogramm-Platzhalter
BEMERKUNG: ***********************************

UNTERPROGRAMM Test(ZAHL x)
    RECHNEN x = x + 5
    AUSGABE
    FARBE GRUEN
    AUSGABE "Der Wert von x im Unterprogramm: " + x
    FARBE NORMAL
ENDE

START

    ZAHL x
    RECHNEN x = 10

    RECHNEN Test(x)
    FARBE GELB

    AUSGABE "Der Wert von x im Hauptprogramm: " + x
    FARBE NORMAL

    AUSGABE

STOPP
```

Nach dem Starten erscheint folgende Ausgabe:

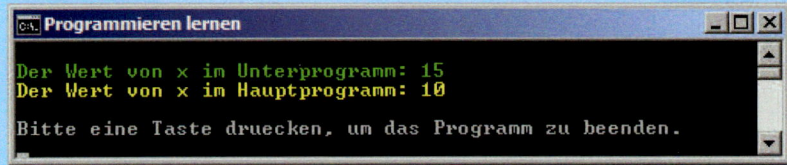

Gleiche Namen, aber getrennte Bereiche

An dem Beispiel ist sehr gut zu erkennen, dass das x aus dem Hauptprogramm nichts mit dem x aus dem Unterprogramm zu tun hat. Sie haben zwar denselben Namen, aber völlig getrennte Bereiche, in denen sie gültig sind. Wenn also in dem Unterprogramm der Platzhalter x seinen Wert auf 15 ändert, so bleibt der Wert von Platzhalter x aus dem Hauptprogramm aber trotzdem auf 10.

GÜLTIGKEIT

In der Programmierfachsprache spricht man hierbei von *lokaler Gültigkeit* der Platzhalter, das so viel wie **örtlich begrenzte** Gültigkeit heißt. Dieses Prinzip ist sehr wichtig, um unabsichtliche Veränderungen von Platzhalter-Werten auszuschließen.

Aufgaben

Aufgabe 1: Ein Rechen-Unterprogramm

In dieser Aufgabe soll ein Unterprogramm geschrieben werden, das in der Lage ist, zwei Zahlen entweder zu addieren, zu subtrahieren, zu multiplizieren oder zu dividieren. Neben der Übergabe der beiden Zahlen sollte auch die gewünschte Operation in Form eines Textes übergeben werden. Das Unterprogramm berechnet dann den gewünschten Wert und gibt ihn auf dem Bildschirm aus. Der Aufruf dieses Unterprogramms könnte so sein:

```
RECHNEN Zahlenrechnen( 10 , 20 , "+")
```

Die übergebenen Werte würden dann addiert und das Ergebnis (also 30) auf dem Bildschirm ausgegeben.

Das fertige Programm könnte dann so aussehen:

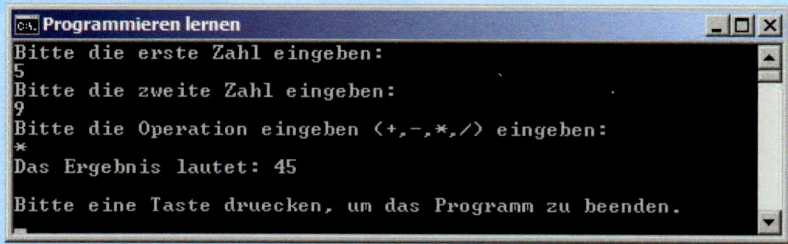

Die Zahlen 10 und 20 werden addiert

oder auch so:

Die Zahlen 5 und 9 werden multipliziert

Aufgabe 2: Worte rückwärts schreiben

Dieses Unterprogramm soll dir die Arbeit abnehmen, ein Wort rückwärts zu schreiben. Wenn man dem Unterprogramm ein Wort übergibt, dann wird es anschließend rückwärts auf den Bildschirm geschrieben. Der Aufruf dieses Unterprogramms könnte so aussehen:

```
RECHNEN Rückwärts("Hallo")
```

Die Bildschirmausgabe des fertigen Programms könnte dann so aussehen:

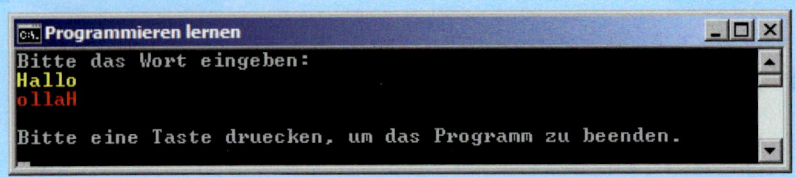

Ein Wort wird umgedreht

oder auch so:

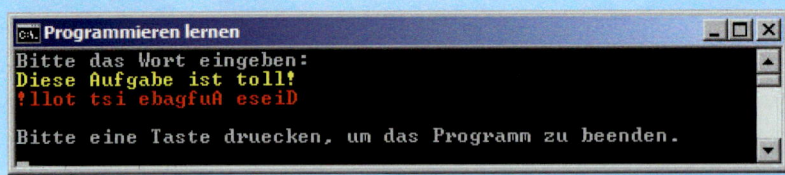

Ein ganzer Satz wird umgedreht

Aufgabe 3: Geheime Botschaften erstellen

Nun wird es richtig spannend: Mit Hilfe von zwei Unterprogrammen sollen Texte verschlüsselt und entschlüsselt werden. Damit kannst du dann geheime Botschaften an deine beste Freundin oder deinen besten Freund schicken und niemand kann sie lesen, außer er hat das Programm, um sie zu entschlüsseln. Die Verschlüsselung soll dabei nach dem folgenden Prinzip funktionieren: Der Text wird an das Unterprogramm übergeben und anschließend wird der Geheimtext erstellt. Dazu wird immer abwechselnd ein Buchstabe von vorne und von hinten genommen und an den Geheimtext angehängt.

In einem Beispiel sieht das so aus:

Text:	**Das ist der Text**
Geheimtext:	**Dtaxse Ti srte d**

Das kann nun wirklich niemand lesen. Zum Glück gibt es noch das Entschlüsselungs-Unterprogramm, das den Geheimtext wieder zurück übersetzt. Das fertige Programm könnte dann so aussehen:

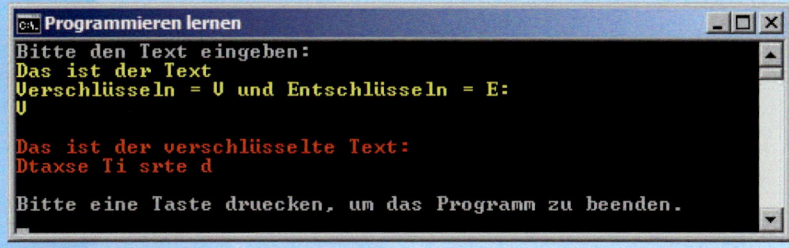

Der Text wird verschlüsselt

Die Entschlüsselung geht dann so:

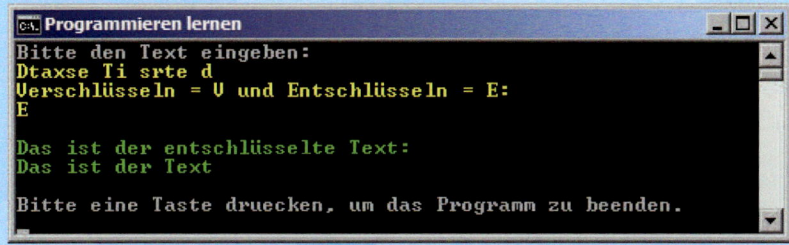

Der Text wird entschlüsselt

Hier sind noch zwei Tipps für die Umsetzung:

✏️ Den verschlüsselten Text kann man am besten in einer Wiederholung erstellen. Dabei läuft ein Zähler von vorne (also startet mit 0) und ein anderer Zähler von hinten (also startet mit der Länge des Textes weniger 1). Der verschlüsselte Text erhält nun immer ein Zeichen von vorne und eins von hinten. Ein Zähler erhöht sich und der andere erniedrigt sich danach um 1. So setzt sich Schritt für Schritt der verschlüsselte Text zusammen. Es muss allerdings auch noch beachtet werden, ob der Text eine gerade oder eine ungerade Anzahl von Zeichen hat.

✏️ Die Entschlüsselung läuft ähnlich: Der entschlüsselte Text setzt sich aus allen Zeichen zusammen, die an einer ungeraden Position stehen. Danach werden alle anderen Zeichen hinzugefügt, die an einer geraden Position stehen, allerdings dann von hinten gezählt.

Viel Spaß bei dieser wirklich anspruchsvollen Aufgabe!

Und nun noch einmal die wichtigen Dinge!

ROLF ROBOT
fasst zusammen

Zusammenfassung und Tipps

Unterprogramme sind ein ganz wichtiger Bestandteil von Programmen. Sie erleichtern die Programmierung enorm, wenn sie einmal geschrieben und getestet sind. Alle professionellen Programme arbeiten mit Unterprogrammen – manchmal heißen die Unterprogramme auch *Prozeduren*, *Funktionen* oder *Methoden*.

Ein Unterprogramm wird mit dem Befehl UNTERPROGRAMM eingeleitet und besteht dann aus ganz normalen Befehlen. Es ist im Prinzip nichts anderes als ein gewöhnliches Programm, nur mit einem Namen versehen. Der ENDE-Befehl beendet das Unterprogramm.

Ein Unterprogramm kann im Hauptprogramm oder in einem anderen Unterprogramm aufgerufen werden, indem man hinter dem RECHNEN-Befehl den Namen des Unterprogramms angibt (Klammern nicht vergessen).

Einem Unterprogramm können Werte übergeben werden. Das können Zahlen oder Worte sein. In den Klammern hinter dem Namen des Unterprogramms werden dafür Platzhalter angelegt, die durch Kommas getrennt werden (auf korrekte Reihenfolge achten).

✏️ Platzhalter aus dem Hauptprogramm und aus dem Unterprogramm sind getrennt zu betrachten, auch wenn sie (zufällig) denselben Namen haben. Sie sind immer nur in einem Bereich gültig.

Auf Fehlersuche

Beginnt das Unterprogramm mit dem Befehl **UNTERPROGRAMM** und endet es mit dem Befehl **ENDE**? ✔

Ist der Name des Unterprogramms nach den Regeln der Platzhalter-Namen gebildet? ✔

Wird das Unterprogramm mit dem **RECHNEN**-Befehl aufgerufen und sind die Klammern hinter dem Namen angegeben? ✔

Sind die Übergabewerte in der richtigen Reihenfolge – passend zu den Übergabe-Platzhaltern des Unterprogramms? ✔

Tipps zur Fehlersuche im Programm

KAPITEL 12

UNTER-PROGRAMME FÜR PROFIS

Nun ist es soweit. Du bist beim letzten Programmier-Kapitel des Buches (Lösungen und Herausforderungen ausgenommen) angekommen. Wenn du bis jetzt alles verstanden hast, dann kannst du dich ruhigen Gewissens einen echten Programmierer nennen. Also, auf zur letzten Anstrengung.

Rolf Robot hat eine Vorbemerkung

Felder an Unterprogramme übergeben

Die Übergabe von Werten an ein Unterprogramm beschränkte sich im letzten Kapitel auf Zahlen und Worte (bzw. Texte). Das hat auch einen guten Grund, denn es gibt einen sehr wichtigen Unterschied in der Übergabe von Feldern und von einfachen ZAHL- oder WORT-Platzhaltern. Diesen Unterschied betrachten wir am besten anhand eines kleinen Beispiels:

```
BEMERKUNG: *************************
BEMERKUNG: Programmbeispiel:
BEMERKUNG: Felder an Unterprogramme
BEMERKUNG: übergeben
BEMERKUNG: *************************


UNTERPROGRAMM Felderübergabe(ZAHLFELD werte)

    RECHNEN werte[0] = 30
    RECHNEN werte[1] = 20
    RECHNEN werte[2] = 10

ENDE

START
    ZAHLFELD zahlen[3]
    RECHNEN zahlen[0] = 10
    RECHNEN zahlen[1] = 20
    RECHNEN zahlen[2] = 30

    AUSGABE "Vor dem Aufruf lauten die"
    AUSGABE "Werte des Feldes:"
    AUSGABE zahlen[0]
    AUSGABE zahlen[1]
    AUSGABE zahlen[2]
```

```
RECHNEN Felderübergabe(zahlen)

    AUSGABE "Nach dem Aufruf lauten die"
    AUSGABE "Werte des Feldes:"
    AUSGABE zahlen[0]
    AUSGABE zahlen[1]
    AUSGABE zahlen[2]
STOPP
```

Nach dem Starten erscheint die folgende Bildschirmausgabe:

```
Programmieren lernen
Vor dem Aufruf lauten die Werte des Feldes:
10
20
30
Nach dem Aufruf lauten die Werte des Feldes:
30
20
10

Bitte eine Taste druecken, um das Programm zu beenden.
```

Werte eines Feldes vor und nach einer Übergabe

Es ist erkennbar, dass die Feldelemente vor dem Aufruf des Unterprogramms einen anderen Wert haben als nach dem Aufruf. Es wurden also nicht die Werte des Feldes an das Unterprogramm übergeben, sondern anscheinend eine Art Verbindung zu dem Zahlenfeld im Hauptprogramm übertragen. In dem Unterprogramm hat der Übergabe-Platzhalter für das Feld also eine andere Bedeutung, als es aus dem letzten Kapitel bekannt ist. Der Übergabe-Platzhalter ist so etwas wie ein zweiter Name für den Feld-Platzhalter aus dem Hauptprogramm. Wenn nun in dem Unterprogramm ein Feldwert geändert wird, so ist es eigentlich eine Änderung des Feldwertes aus dem Hauptprogramm. Die folgende Abbildung soll das noch einmal verdeutlichen:

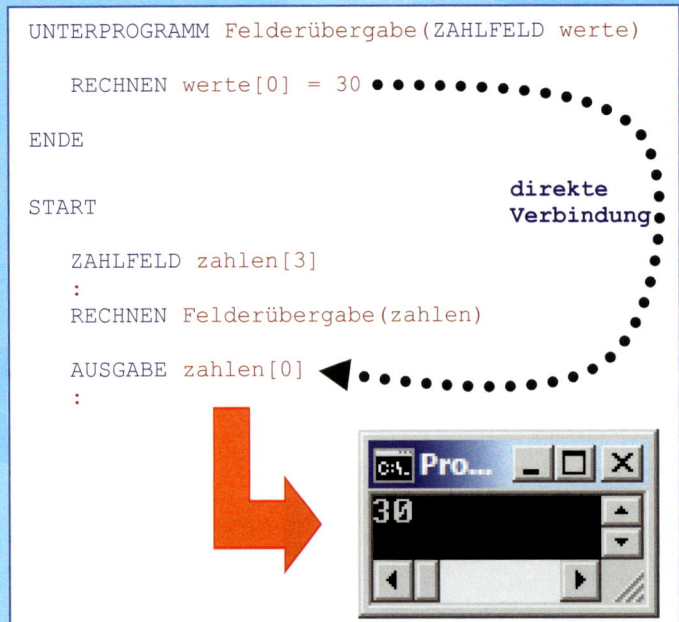

```
UNTERPROGRAMM Felderübergabe(ZAHLFELD werte)

    RECHNEN werte[0] = 30 •••••••••

ENDE

START                           direkte
                                Verbindung

    ZAHLFELD zahlen[3]
    :
    RECHNEN Felderübergabe(zahlen)

    AUSGABE zahlen[0]  ◀•••••••••••
    :
```

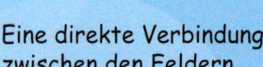

Eine direkte Verbindung
zwischen den Feldern

Nun stellt sich natürlich die Frage, warum es bei der Übergabe von Feldern völlig anders läuft als bei der Übergabe der einfachen Platzhalter? Das hat damit zu tun, dass ein Feld ja beliebig groß sein kann (beispielsweise mehr als 1 Millionen Elemente). Wenn nun alle Werte des Feldes bei einer Übergabe an das Unterprogramm auf ein Blatt Papier geschrieben werden und zum Unterprogramm transportiert werden müssten, so wie es im letzten Kapitel anschaulich durch die Lokomotive dargestellt wurde, dann hätte der Computer sehr viel zu tun. Aus diesem Grund ist es sinnvoll, nur den Namen des Feldes und nicht die Werte zu übergeben. Der Unterprogramm-

REFERENZ- UND WERTAUFRUFE

In der Programmierfachsprache spricht man bei einer solchen Felderübergabe von einem **Referenzaufruf**. Eine Referenz heißt so viel wie ein **zweiter Name** für einen Platzhalter. Die Aufrufe mit den einfachen ZAHL- oder WORT-Platzhaltern werden dagegen **Wertaufruf** genannt, weil die Werte und nicht die Namen an das Unterprogramm übergeben werden.

Platzhalter ist dann eine Art zweiter Name für das Feld aus dem Hauptprogramm – jede Veränderung des Feldes im Unterprogramm wirkt sich nun direkt auf das Feld aus dem Hauptprogramm aus.

Unterprogramme geben etwas zurück

Der Aufruf eines Unterprogramms ist bislang etwas einseitig. Das Hauptprogramm oder das aufrufende Unterprogramm übergeben Werte oder Namen (Referenzen) an das Unterprogramm, aber erhalten eigentlich nichts zurück. Man könnte fast meinen, dass ein Unterprogramm undankbar ist. Das soll sich aber nun ändern. Dazu betrachten wir zuerst ein kleines Beispiel:

```
BEMERKUNG: *************************
BEMERKUNG: Programmbeispiel:
BEMERKUNG: Eine Funktion schreiben
BEMERKUNG: *************************


FUNKTION ZAHL Zurückgeben(ZAHL x)

    RECHNEN x = x + 10
    RUECKGABE x

ENDE

START

    ZAHL y
    RECHNEN y = Zurückgeben(10)
    AUSGABE y

STOPP
```

Nach dem Starten erscheint folgende Ausgabe:

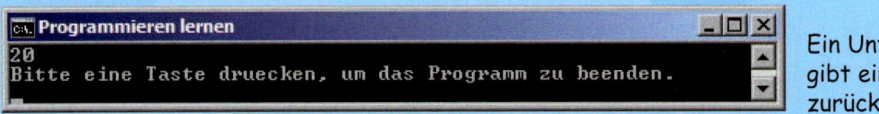

Ein Unterprogramm gibt einen Wert zurück

An dem Programm ist erkennbar, dass sich einiges geändert hat. Zuerst einmal heißt das Unterprogramm nicht mehr UNTERPROGRAMM, sondern FUNKTION. Dann steht nach dem FUNKTION-Befehl ein ZAHL-Befehl und in dem Unterprogramm wird noch ein RUECKGABE-Befehl eingesetzt. Das sind einige Neuigkeiten, die nun Schritt für Schritt betrachtet werden müssen:

- Die Unterprogramme, die etwas zurückgeben können, werden **Funktionen** genannt. Der Begriff »Funktion« sollte dir aus vielen Bereichen bekannt vorkommen. Unter einer Funktion versteht man im täglichen Leben oftmals, dass eine bestimmte Aufgabe erledigt wird. Beispielsweise hat eine Lehrerin oder ein Lehrer die Funktion (Aufgabe), Schülerinnen und Schülern zu unterrichten. Jemandem wird also eine Aufgabe übertragen und er gibt ein Ergebnis zurück (beispielsweise guten Mathematikunterricht bei der Lehrerin oder dem Lehrer).

- Die Rückgabe einer Funktion kann im Programmieren natürlich nur in Form eines Wertes geschehen – entweder einer Zahl oder einem Wort. Der Befehl RUECKGABE leitet dann diese Rückgabe ein. Danach kommt eine Zahl, ein Wort oder ein Platzhalter, dessen Wert dann zurückgegeben wird. Welche Art von Wert eine Funktion zurückgibt, muss deshalb direkt nach dem Befehl FUNKTION festgelegt werden.

- Was passiert nun mit der Rückgabe? Das ist ziemlich einfach: Der Rückgabewert einer Funktion kann in einem Platzhalter gespeichert werden. Anschließend kann dann mit diesem Platzhalter weiter gearbeitet werden. Beispielsweise ist der bekannte Befehl ZUFALLSZAHL nichts anderes als eine Funktion. Es wird ein Wert übergeben, der den Bereich der Zufallszahl festlegt und die Funktion gibt dann die zufällig ermittelte Zahl zurück.

```
START
    ZAHL zufall
    RECHNEN zufall = ZUFALLSZAHL(10)
    AUSGABE zufall
STOPP
```

Du hast also schon einige Zeit mit einer Funktion (ZUFALLSZAHL) gearbeitet, ohne davon zu wissen. Daran sieht man, dass die Benutzung einer Funktion ebenso leicht ist, wie die Benutzung eines Unterprogramms ohne Rückgabewert. In den folgenden Grafiken werden der Ablauf eines Funktionsaufrufes und die Rückgabe eines Wertes aber trotzdem einmal näher betrachtet. Das Verständnis für eine Funktion ist nämlich sehr wichtig in der Programmierung.

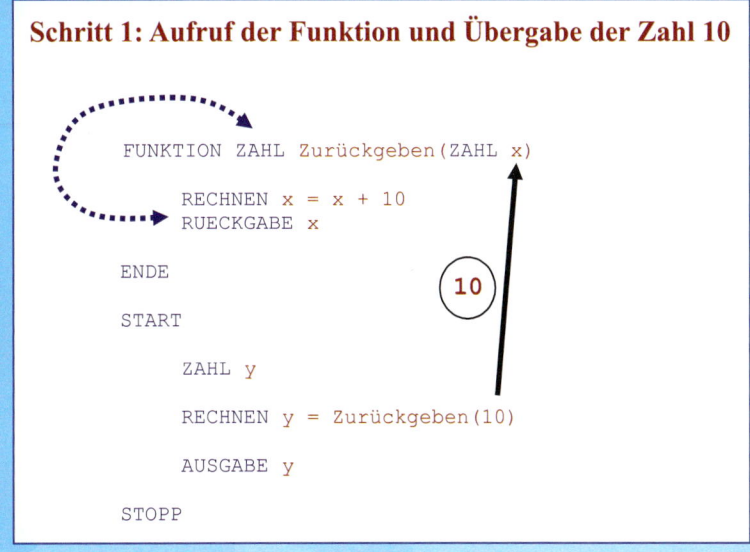

Schritt 1: Aufruf der Funktion und Übergabe der Zahl 10

```
    FUNKTION ZAHL Zurückgeben(ZAHL x)

        RECHNEN x = x + 10
    RUECKGABE x

ENDE
                                10
START

    ZAHL y

    RECHNEN y = Zurückgeben(10)

    AUSGABE y

STOPP
```

Der erste Schritt beim Aufruf einer Funktion

Der gestrichelte Pfeil, der auf den ZAHL-Befehl (hinter dem FUNKTION-Befehl) und den RUECKGABE-Befehl zeigt, soll verdeutlichen, dass es wichtig ist, welche Art von Rückgabe vereinbart wird und welche Art von Wert zurückgegeben wird. Wird beispielsweise ein WORT als Rückgabe vereinbart und eine Zahl mit dem Befehl RUECKGABE zurückgegeben, dann führt das zu einem Fehler.

Schritt 2: Rückgabe der Zahl 20

```
FUNKTION ZAHL Zurückgeben(ZAHL x)

    RECHNEN x = x + 10
    RUECKGABE x

ENDE

START

    ZAHL y

    RECHNEN y = Zurückgeben(10)

    AUSGABE y

STOPP
```

20

Der zweite Schritt

Schritt 3: Zuweisung des Rückgabewertes an y

```
FUNKTION ZAHL Zurückgeben(ZAHL x)

    RECHNEN x = x + 10
    RUECKGABE x

ENDE

START

    ZAHL y

    RECHNEN y = 20

    AUSGABE y

STOPP
```

Der dritte Schritt

Nachdem die Funktion ihre Aufgabe erledigt und einen Wert zurückgegeben hat, kann man sich vorstellen, dass anstelle des Funktionsaufrufes dann der Rückgabewert der Funktion (in diesem Fall die Zahl 20) steht. Deshalb ist dann auch die Zuweisung an den Platzhalter y sinnvoll, der anschließend den Wert 20 hat.

Öfter mal eine Rückgabe

In dem bisherigen Beispiel wurde die Rückgabe eines Wertes am Ende der Funktion vorgenommen. Das ist meistens so, aber es kann auch sein, dass die Rückgabe an einer anderen Stelle steht – und das hat Auswirkungen auf die Funktion, denn mit der Rückgabe wird auch gleichzeitig die Funktion beendet. Das folgende Beispiel zeigt, dass eine Rückgabe am Anfang einer Funktion dazu führt, dass eigentlich nichts mehr passiert:

```
BEMERKUNG: ************************
BEMERKUNG: Programmbeispiel:
BEMERKUNG: Eine Rückgabe beendet
BEMERKUNG: die Funktion
BEMERKUNG: ************************

FUNKTION ZAHL Beispiel(ZAHL x)

    RUECKGABE x
    RECHNEN x = x + 10
    AUSGABE x

ENDE

START
    ZAHL y
    RECHNEN y = Beispiel(10)
STOPP
```

Nach dem Starten sieht es dann so aus:

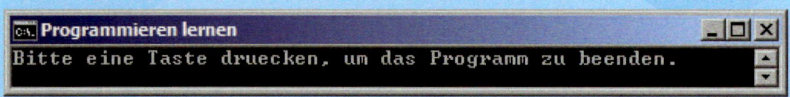

Nichts passiert …

In der Funktion sind zwar noch Befehle, die den Platzhalter x um 10 erhöhen und auf dem Bildschirm ausgeben, aber diese Befehle werden nicht mehr abgearbeitet, denn die Funktion ist lange schon beendet, dank der Rückgabe als ersten Befehl. Es ist also nicht sinnvoll, sofort den RUECKGABE-Befehl einzusetzen. Allerdings kann es sinnvoll sein, an verschiedenen Stellen die Rückgabe vorzunehmen - je nach Fall, der in der Funktion eintritt. Ein Beispiel dazu könnte so aussehen:

```
BEMERKUNG: *************************
BEMERKUNG: Programmbeispiel:
BEMERKUNG: Die Wettervorhersage
BEMERKUNG: mit Funktionen
BEMERKUNG: *************************

FUNKTION WORT Wettervorhersage(WORT tag)

    FALLS tag = "Montag"
        RUECKGABE "Es wird gutes Wetter geben!"
    ENDE

    FALLS tag = "Mittwoch"
        RUECKGABE "Es wird schlechtes Wetter geben!"
    ENDE

    RUECKGABE "Es wird besseres Wetter geben!"

ENDE
```

```
START

    WORT wetter
    WORT tag

    AUSGABE "Für welchen Tag möchten"
    AUSGABE "Sie die Wettervorhersage?"
    AUSGABE
    FARBE GELB
    WORTEINGABE tag

    RECHNEN wetter = Wettervorhersage(tag)

    FARBE GRUEN
    AUSGABE
    AUSGABE wetter
    FARBE NORMAL

STOPP
```

Nach dem Starten sieht es dann so aus:

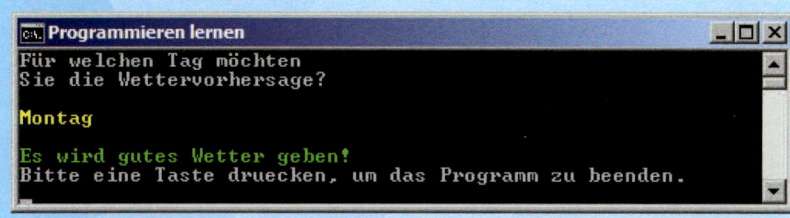

Das Wetter
wird gut

oder auch so:

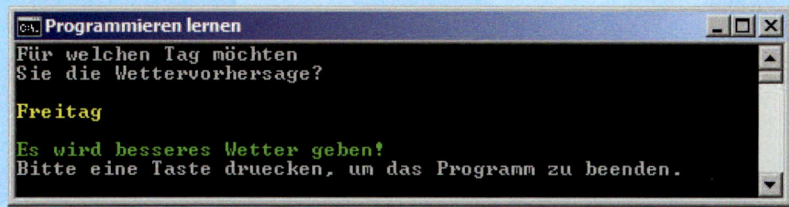

Es kann nur
besser werden

Bei der Eingabe von »Montag« oder »Mittwoch« wird ein bestimmter Text zurückgegeben. Bei allen anderen Eingaben wird dann der Text der letzten Rückgabe ausgegeben.

WICHTIG: Eine Funktion muss einen Rückgabewert haben. Wird beispielsweise nur eine Rückgabe in einem FALLS-Befehl gemacht, so ist das ein Fehler, denn es ist nicht sicher, ob die Bedingung des FALLS-Befehls eintritt.

Die folgende Funktion würde deshalb auch zu einem Fehler führen:

```
FUNKTION WORT Wettervorhersage(WORT tag)
    FALLS tag = "Montag"
        RUECKGABE "Es wird gutes Wetter geben!"
    ENDE
ENDE
```

Das Übersetzungsprogramm erkennt das Problem und zeigt einen Fehler an. Erst, wenn eine Rückgabe außerhalb des FALLS-Befehls stattfindet, ist der Fehler behoben.

HERZLICHEN GLÜCKWUNSCH

Du hast es tatsächlich geschafft. Ein langer Weg mit einigen Anstrengungen liegt hinter dir. Du kannst nun deinen Namen in das Diplom auf der nächsten Seite eintragen.

Dein ROLF ROBOT

ROLF ROBOT gratuliert zu einer tollen Leistung

Programmier-Diplom

Hiermit wird die hervorragende

Leistung von ....

in der Programmierung

mit ProLern bestätigt.

Rolf Robot

Dein Programmier-Diplom

Aufgaben

Aufgabe 1: Sortieren im Unterprogramm

Das Sortieren von Feldern wurde in Kapitel 10 ausführlich behandelt. Nun soll das Sortierprogramm in ein Unterprogramm ausgelagert werden. Der Vorteil ist natürlich, dass ein beliebig großes Feld an das Unterprogramm übergeben und anschließend sortiert wird. Damit wäre dieses Unterprogramm in vielen neuen Programmen verwendbar. Echte Programmier-Profis machen das genauso. Sie erstellen Unterprogramme oder Funktionen, die in vielen anderen Programmen verwendet werden können. Das bedeutet natürlich, dass das Unterprogramm so geschrieben sein muss, dass es allgemein verwendbar ist. Der Aufruf eines solchen Unterprogramms könnte so aussehen:

```
ZAHLFELD werte[5]

RECHNEN werte[0] = 6
RECHNEN werte[1] = 10
RECHNEN werte[2] = 4
RECHNEN werte[3] = 2
RECHNEN werte[4] = 14

RECHNEN Sortieren(werte)
```

Nach dem Starten könnte es dann so aussehen:

```
Programmieren lernen                          _ □ ×
Vor der Sortierung:
6
10
4
2
14
Nach der Sortierung:
2
4
6
10
14

Bitte eine Taste druecken, um das Programm zu beenden.
```

Ein Sortier-
Unterprogramm

Hier ist noch ein Tipp für die Umsetzung: Die Anzahl der Elemente des Feldes kann in dem Unterprogramm mit dem Befehl ~LAENGE abgefragt werden.

Aufgabe 2: Eine Quatsch-Funktion

Bei dieser Aufgabe sollst du eine Funktion schreiben, die Quatschsätze erfindet. Dazu übergibt man der Funktion ein Feld von Worten und anschließend macht die Funktion aus den Worten einen zufälligen Satz – also einen Quatschsatz. Zuerst soll der Benutzer die Worte eingeben und anschließend wird die Funktion aufgerufen, die dann den Quatschsatz zurückgibt. Wenn der Benutzer möchte, kann er sich dann so lange einen weiteren Quatschsatz anzeigen lassen, bis er keine Lust mehr hat und das Programm beendet. Der Aufruf der Funktion könnte so aussehen, wobei satz ein WORT-Platzhalter ist und worte ein WORTFELD-Platzhalter:

```
RECHNEN satz = Quatsch(worte)
```

Das fertige Programm produziert dann möglicherweise solche Sätze:

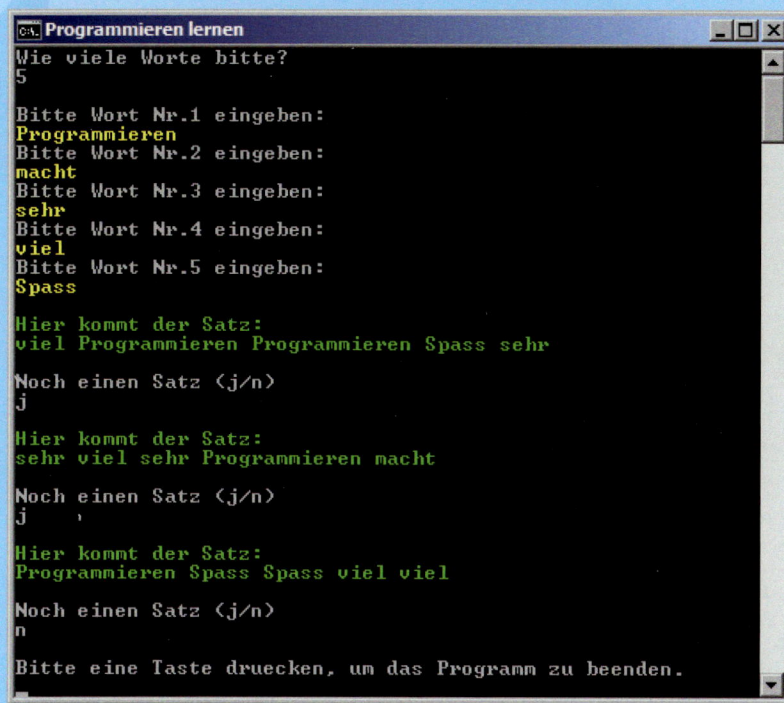

```
Programmieren lernen                                    _ □ ×
Wie viele Worte bitte?
5

Bitte Wort Nr.1 eingeben:
Programmieren
Bitte Wort Nr.2 eingeben:
macht
Bitte Wort Nr.3 eingeben:
sehr
Bitte Wort Nr.4 eingeben:
viel
Bitte Wort Nr.5 eingeben:
Spass

Hier kommt der Satz:
viel Programmieren Programmieren Spass sehr

Noch einen Satz (j/n)
j

Hier kommt der Satz:
sehr viel sehr Programmieren macht

Noch einen Satz (j/n)
j

Hier kommt der Satz:
Programmieren Spass Spass viel viel

Noch einen Satz (j/n)
n

Bitte eine Taste druecken, um das Programm zu beenden.
```

Eine Funktion
produziert
Quatschsätze

Hier ist noch ein Tipp für die Umsetzung: Mithilfe des ZUFALLSZAHL-Befehls und der Länge des Wortfeldes (Befehl ~LAENGE) können in einer Wiederholung die neuen Sätze zusammengebaut werden.

Und nun noch einmal die wichtigen Dinge!

ROLF ROBOT
fasst zusammen

Zusammenfassung und Tipps

✏ Die Übergabe von Feldern an ein Unterprogramm sieht genau so aus, wie die Übergabe einer Zahl oder eines Wortes. Es gibt allerdings einen großen Unterschied: Es werden nicht alle Werte an das Unterprogramm übermittelt, sondern eigentlich nur der Name des Feldes übergeben. Deshalb bewirkt eine Änderung des Feldes im Unterprogramm auch eine Änderung des Feldes im Hauptprogramm.

✏ In der Programmierfachsprache spricht man bei dieser Übergabe auch von einer **Referenzübergabe**. Eine Referenz ist so etwas wie ein zweiter Name für dasselbe Feld. Die Übergabe von Zahlen oder Worten wird hingegen **Wertübergabe** genannt, weil die Werte und nicht die Namen übermittelt werden.

✏ Es gibt Unterprogramme, die eine Zahl oder ein Wort zurückgeben können. Diese Unterprogramme heißen **Funktionen**. Eine Funktion wird mit dem Befehl FUNKTION eingeleitet. Im Anschluss folgt ein ZAHL- oder WORT-Befehl. Dieser Befehl steht für die Art der Rückgabe der Funktion. Die Rückgabe wird mit dem RUECKGABE-Befehl eingeleitet. Der ENDE-Befehl beendet die Funktion.

✏️ Die Rückgabe eines Wertes kann in der Funktion an einer beliebigen Stelle erfolgen. Es ist nur sehr wichtig, dass diese Stelle erreicht werden kann (also nicht nur eine Rückgabe in einem FALLS-Befehl). **Mit dem Rückgabe-Befehl ist die Funktion beendet**.

Auf Fehlersuche

Wird bei der Übergabe eines Feldes an ein Unterprogramm darauf geachtet, dass es ein Referenzaufruf ist?	✔
Folgt nach dem **FUNKTION**-Befehl ein **ZAHL**- oder **WORT**-Befehl, bevor der Name der Funktion angegeben wird?	✔
Wird mit dem **RUECKGABE**-Befehl ein Wert zurückgegeben, der mit der Angabe nach dem **FUNKTION**-Befehl (**ZAHL** oder **WORT**) übereinstimmt?	✔
Steht der **RUECKGABE**-Befehl in der Funktion an einer Stelle, die immer erreicht werden kann (nicht nur in einem **FALLS**-Befehl)?	✔

Tipps zur Fehlersuche im Programm

KAPITEL 13

LÖSUNGEN ZU DEN AUFGABEN

Lösungen der Aufgaben aus Kapitel 1

Aufgabe 1: Fehler im Programm

Es gibt zwei Probleme in dem Programm von Rolf Robot. Der Befehl Nr.4 führt eine fehlerhafte Berechnung durch. Es sollte eigentlich 3,51*100 berechnet werden und nicht 5,13*100. Das zweite Problem liegt in dem STOPP-Befehl. Er wird nicht am Ende des Programms geschrieben und deshalb kann die Ausgabe des Ergebnisses nicht erfolgen. So sieht das korrekte Programm aus:

Befehl Nr. 1: START

Befehl Nr. 2: SCHREIBE AUF BILDSCHIRM: *Das Umrechnungsprogramm von ROLF ROBOT*

Befehl Nr. 3: SCHREIBE AUF BILDSCHIRM: *Die Länge 3,51 m soll in cm umgerechnet werden*

Befehl Nr. 4: BERECHNE: 3,51*100

Befehl Nr. 5: SCHREIBE ERGEBNIS AUF BILDSCHIRM

Befehl Nr. 6: SCHREIBE AUF BILDSCHIRM: *Die Länge 3,51 m soll in dm umgerechnet werden*

Befehl Nr. 7: BERECHNE: 3,51*10

Befehl Nr. 8: SCHREIBE ERGEBNIS AUF BILDSCHIRM

Befehl Nr. 9: STOPP

Aufgabe 2: Mathematik-Hausaufgaben

Befehl Nr. 1: START

Befehl Nr. 2: SCHREIBE AUF BILDSCHIRM: *Berechung der Mathematik-Hausaufgaben*

Befehl Nr. 3: BERECHNE: 50/5 UND MERKE DIR DAS ERGEBNIS

Befehl Nr. 4: BERECHNE: ERGEBNIS + 20 UND MERKE DIR DAS NEUE ERGEBNIS

Befehl Nr. 5: BERECHNE: ERGEBNIS / 2

Befehl Nr. 6: SCHREIBE DAS LETZTE ERGEBNIS AUF
              AUF DEN BILDSCHIRM

Befehl Nr. 7: STOPP

Dir ist wahrscheinlich aufgefallen, dass die Division (das Teilen) nicht durch den Doppelpunkt :, sondern durch den Schrägstrich / dargestellt wurde. Bei Programmiersprachen ist das einfach so. Wenn du den Doppelpunkt in deiner Lösung verwendet hast, ist das natürlich völlig in Ordnung. Im Kapitel 4 wird das Thema noch einmal sehr ausführlich behandelt.

Lösungen der Aufgaben aus Kapitel 2

Aufgabe 1: Deine Adresse ausgeben

Bei dem Programm ist es wichtig, dass die Leerzeilen beachtet werden und dass der Text geordnet untereinander steht. Letzteres erreicht man durch entsprechend viele Leerzeichen in dem Ausgabe-Text. Die Lösung sieht dann so aus, wobei natürlich dein Name und deine Adresse eingesetzt werden müssen.

```
START

    AUSGABE "Mein Vorname : Max"

    AUSGABE "Mein Name    : Mustermann"

    AUSGABE

    AUSGABE "Strasse      : Apfelweg 7"

    AUSGABE "Ort          : 50000 Köln"
```

```
    AUSGABE

    AUSGABE "Telefon        : 0201 - 363636"

    AUSGABE

STOPP
```

Aufgabe 2: Speichern und Laden

Es werden nun die einzelnen Schritte noch einmal ausführlich erläutert.
Zuerst muss das Programm geschrieben werden:

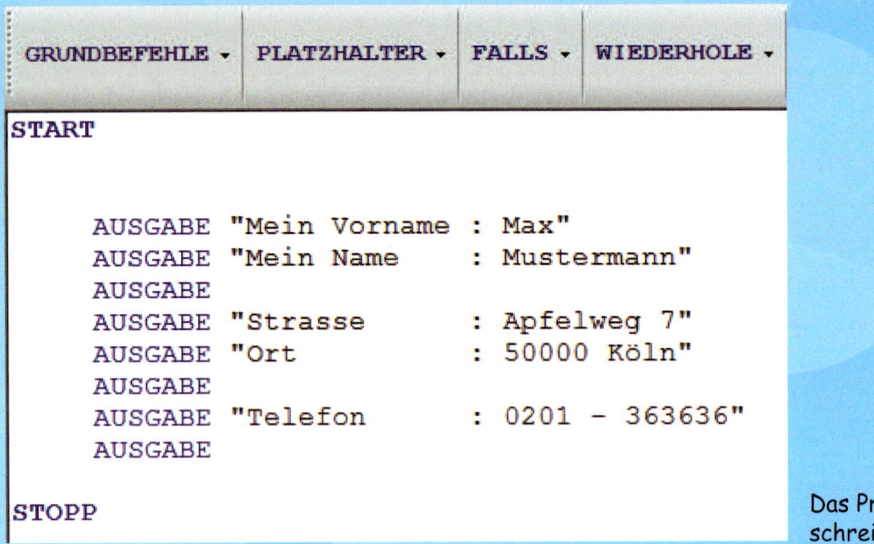

Das Programm
schreiben

Dann muss der **Speichern**-Knopf gedrückt werden:

Der Speichern-
Knopf

Nun öffnet sich ein neues Fenster – das PROGRAMMIERDATEI SPEICHERN-Fenster. In diesem Fenster muss dann der Name des Programms, also »Visitenkarte« in das Feld DATEINAME eingetragen werden.

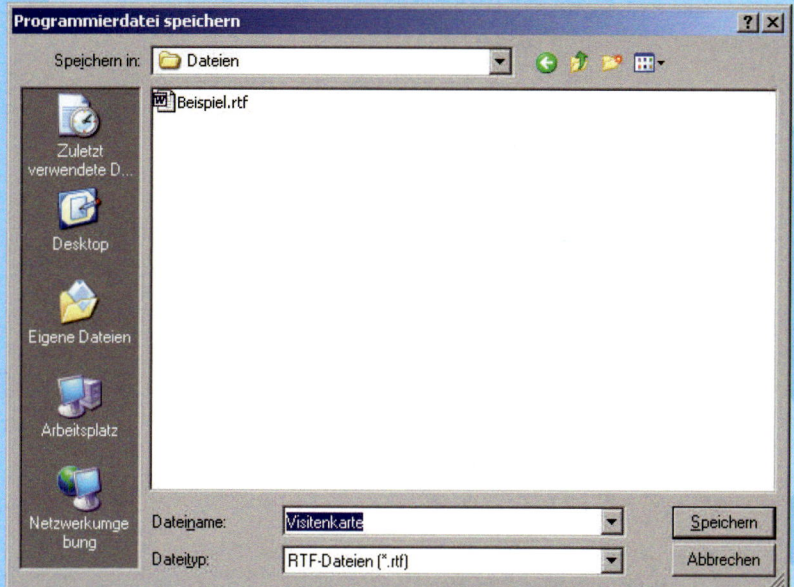

Den Dateinamen angeben

Zum Schluss nur noch den **Speichern**-Knopf in diesem Fenster drücken und die Datei bzw. das Programm ist gespeichert. Das Laden ist ebenfalls sehr einfach. Nachdem du *ProLern* beendet und wieder neu gestartet hast, benutzt du den **Laden**-Knopf.

Der Laden-Knopf

Nun öffnet sich das PROGRAMMIERDATEI LADEN-Fenster. Markiere die Programm-datei *Visitenkarte* und drücke auf den ÖFFNEN-Knopf. Das Programm wird nun geladen und steht im Eingabebereich von *ProLern*. Es kann jetzt verändert oder gestartet werden.

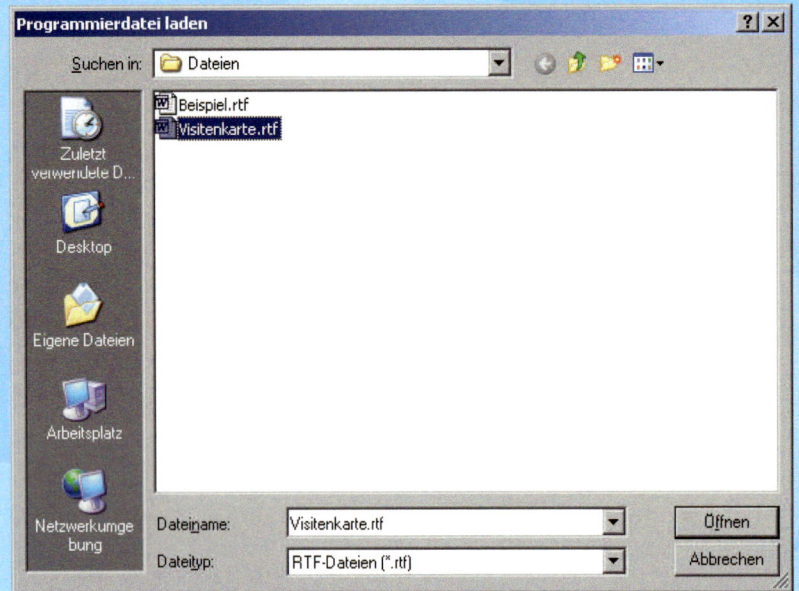

Den Dateinamen
wählen

Aufgabe 3: Fehler beseitigen

In dem Programm haben sich genau vier Fehler versteckt.

1. Es fehlt der STOPP-Befehl.

2. Die Anführungsstriche vom ersten Ausgabe-Text fehlen am Ende.

3. Die Anführungsstriche vom dritten Ausgabe-Text fehlen am Anfang.

4. Der AUSGABE-Befehl wurde zweimal hintereinander geschrieben.

Das Fehlen des STOPP-Befehls erkennst du daran, dass beim Starten des Programms dieses Fenster erscheint:

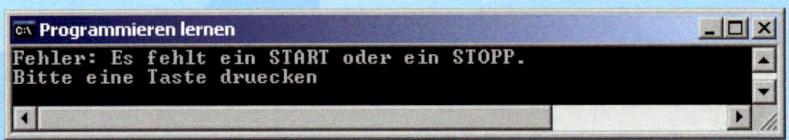

Hinweisfenster für
das fehlende STOPP

Die anderen Fehler erkennst du an der roten Färbung:

```
GRUNDBEFEHLE ▾   PLATZHALTER ▾   FALLS ▾   WIEDERHOLE ▾

START


    AUSGABE "Das ist ein Testprogramm,
    AUSGABE "in dem Fehler versteckt sind!"
    AUSGABE
    AUSGABE  Finde alle Fehler, dann kann"
    AUSGABE "das Programm auch starten"
    AUSGABE AUSGABE "Viel Erfolg!!!"
    AUSGABE



STOPP
```

Die Fehler werden rot gefärbt

Anscheinend hat das Übersetzungsprogramm den letzten Fehler nicht erkannt. Das liegt daran, dass die beiden anderen Fehler den dritten Fehler überdecken. Sobald du die anderen Fehler korrigiert hast, wird der letzte Fehler auch erkannt:

```
GRUNDBEFEHLE ▾   PLATZHALTER ▾   FALLS ▾   WIEDERHOLE ▾

START


    AUSGABE "Das ist ein Testprogramm,"
    AUSGABE "in dem Fehler versteckt sind!"
    AUSGABE
    AUSGABE "Finde alle Fehler, dann kann"
    AUSGABE "das Programm auch starten"
    AUSGABE AUSGABE "Viel Erfolg!!!"
    AUSGABE


STOPP
```

Der letzte Fehler wurde erkannt

Das korrekte Programm sieht dann so aus:

```
START

    AUSGABE "Das ist ein Testprogramm,"
    AUSGABE "in dem Fehler versteckt sind!"
    AUSGABE
    AUSGABE "Finde alle Fehler, dann kann"
    AUSGABE "das Programm auch starten"
    AUSGABE "Viel Erfolg!!!"
    AUSGABE

STOPP
```

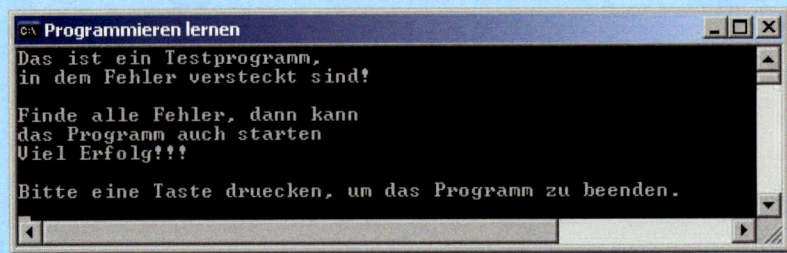

Das fehlerfreie
Programm

Lösungen der Aufgaben aus Kapitel 3

Aufgabe 1: Fehler finden

Die Fehler in dem Programm liegen in der Eingabe. Anstatt den Platzhalter a mit dem Befehl ZAHLENEINGABE einzulesen, wird der Platzhalter b verwendet (und umgekehrt). Das funktioniert natürlich nicht. So sieht dann das korrekte Programm aus:

```
START

    ZAHL  a
    WORT  b

    AUSGABE  "Bitte eine Zahl eingeben:"
    ZAHLEINGABE a

    AUSGABE  "Bitte ein Wort eingeben:"
    WORTEINGABE b

    AUSGABE  a
    AUSGABE  b

STOPP
```

Aufgabe 2: Ein Begrüßungsprogramm

Das richtige Programm könnte so aussehen:

```
START
    WORT name
    AUSGABE  "Wie heißt du bitte?"
    WORTEINGABE name
    AUSGABE

    AUSGABE  "Guten Tag,"
    AUSGABE  name
    AUSGABE  "ich hoffe, dir geht es gut, liebe(r)"
    AUSGABE  name
    AUSGABE  "Bis dann."

    AUSGABE
    AUSGABE
STOPP
```

Lösungen der Aufgaben aus Kapitel 4

Aufgabe 1: Das Doppelte und das Siebenfache

Bei dieser Aufgabe ist es wichtig, dass einem Platzhalter das Ergebnis der Berechnung zugewiesen wird und der Platzhalter dann sofort ausgegeben wird. Das fertige Programm könnte so aussehen:

```
START
    ZAHL x
    ZAHL ergebnis

    AUSGABE "Bitte eine Zahl eingeben:"
    ZAHLEINGABE x

    RECHNEN ergebnis = 2 * x
    AUSGABE "Das Doppelte:"
    AUSGABE ergebnis
    AUSGABE

    RECHNEN ergebnis = 7 * x
    AUSGABE "Das Siebenfache:"
    AUSGABE ergebnis

    AUSGABE

STOPP
```

ACHTUNG: Es ist egal, ob bei der Rechnung **2 * x** oder **x * 2** steht. Das wäre bei einer Subtraktion natürlich nicht egal!

Aufgabe 2: Ein kleiner Taschenrechner

Bei der Taschenrechner-Aufgabe muss man sich vorher überlegen, dass es drei Platzhalter für Zahlen geben muss. Zwei Platzhalter, um die beiden Zahlen über die Tastatur einzulesen, und ein weiterer Platzhalter für die Speicherung des Ergebnisses. Es ist aber genauso möglich, zwei Platzhalter für die Speicherung der Ergebnisse zu verwenden – einen für das Ergebnis der Addition und einen für das Ergebnis der Multiplikation. Beide Lösungen sind völlig in Ordnung. Vorgestellt wird nun die Lösung, die mit einem Ergebnis-Platzhalter auskommt.

```
START

    ZAHL eins
    ZAHL zwei
    ZAHL ergebnis

    AUSGABE "Bitte die erste Zahl eingeben:"
    ZAHLEINGABE eins

    AUSGABE "Bitte die zweite Zahl eingeben"
    ZAHLEINGABE zwei
    AUSGABE

    RECHNEN ergebnis = eins + zwei
    AUSGABE "Ergebnis der Addition:"
    AUSGABE ergebnis
    AUSGABE

    RECHNEN ergebnis = eins * zwei
    AUSGABE "Ergebnis der Multiplikation"
    AUSGABE ergebnis
    AUSGABE

STOPP
```

Aufgabe 3: Ein Satzverdreher

Das Besondere an der Satzverdreher-Aufgabe ist die neue Zusammenstellung der drei Worte. Deshalb muss man sich vorher gut überlegen, wie man solche Zusammenstellungen machen kann. Hier kann es durchaus sinnvoll sein, auf einem Blatt Papier die Möglichkeiten zuerst einmal aufzuschreiben. Das könnte dann so aussehen:

1. WORT	2. WORT	3. WORT
1. WORT	3. WORT	2. WORT
2. WORT	1. WORT	3. WORT
2. WORT	3. WORT	1. WORT
3. WORT	1. WORT	2. WORT
3. WORT	2. WORT	1. WORT

Überlegungen auf Papier

Die systematischen Vorüberlegungen zeigen, dass es genau 6 Möglichkeiten gibt, um die Worte zusammenzustellen. In der Aufgabe waren drei Möglichkeiten gefordert. Die Lösung zeigt deshalb diese drei Möglichkeiten. Die Erweiterung auf die sechs Möglichkeiten sollte für dich dann gar kein Problem sein.

```
START

    WORT a
    WORT b
    WORT c
    WORT satz

    AUSGABE "Bitte das erste Wort eingeben: "
    WORTEINGABE a
    AUSGABE

    AUSGABE "Bitte das zweite Wort eingeben: "
    WORTEINGABE b
    AUSGABE
```

```
AUSGABE "Bitte das dritte Wort eingeben: "
WORTEINGABE c
AUSGABE

RECHNEN satz = a + " " + b + " " + c
AUSGABE "Das ist dein erster Satz:"
AUSGABE satz
AUSGABE

RECHNEN satz= a + " " + c + " " + b
AUSGABE "Das ist dein zweiter Satz:"
AUSGABE satz
AUSGABE

RECHNEN satz= c + " " + b + " " + a
AUSGABE "Das ist dein dritter Satz:"
AUSGABE satz
AUSGABE

STOPP
```

Lösungen der Aufgaben aus Kapitel 5

Aufgabe 1: Ein kleiner Vokabeltrainer

Bei diesem Programm muss natürlich der FALLS-Befehl eingesetzt werden, um die Eingabe des Benutzers mit der englischen Vokabel zu vergleichen. So könnte die Lösung aussehen:

```
START

    WORT vokabel

    AUSGABE "Wie lautet das englische Wort für:"
    AUSGABE "Hund?"
```

```
WORTEINGABE vokabel
AUSGABE

FALLS vokabel = "dog"
    AUSGABE "Bravo, richtig!"
ENDE
SONST
    AUSGABE "Leider falsch!"
ENDE
AUSGABE

AUSGABE "Wie lautet das englische Wort für:"
AUSGABE "Katze?"
WORTEINGABE vokabel
AUSGABE

FALLS vokabel = "cat"
    AUSGABE "Bravo, richtig!"
ENDE
SONST
    AUSGABE "Leider falsch!"
ENDE
AUSGABE

AUSGABE "Wie lautet das englische Wort für:"
AUSGABE "Maus?"
WORTEINGABE vokabel
AUSGABE

FALLS vokabel = "mouse"
    AUSGABE "Bravo, richtig"
ENDE
SONST
    AUSGABE "Leider falsch!"
ENDE
AUSGABE
```

```
AUSGABE "Wie lautet das englische Wort für:"
AUSGABE "Haus?"
WORTEINGABE vokabel
AUSGABE

FALLS vokabel = "house"
    AUSGABE "Bravo, richtig"
ENDE
SONST
    AUSGABE "Leider falsch!"
ENDE
AUSGABE

AUSGABE "Wie lautet das englische Wort für:"
AUSGABE "Auto?"
WORTEINGABE vokabel
AUSGABE

FALLS vokabel = "car"
    AUSGABE "Bravo, richtig"
ENDE
SONST
    AUSGABE "Leider falsch!"
ENDE
AUSGABE


STOPP
```

Aufgabe 2: Ein kleiner Rechentrainer

Dieses Programm benötigt insgesamt vier Platzhalter. Zwei für das Einlesen der Zahlen, einen für die Berechnung und einen für das Einlesen des Ergebnisses. Bei der Erweiterung der Aufgabe ist darauf zu achten, dass bei der Subtraktion die erste Zahl größer als die zweite ist, sonst kommt man in den Minusbereich. Wenn du allerdings mit Minuszahlen schon vertraut bist, dann wäre das auch kein Problem. Die Umsetzung der Aufgabe mit der Erweiterung könnte dann so aussehen:

```
START

    ZAHL x
    ZAHL y
    ZAHL ergebnis
    ZAHL eingabe

    AUSGABE "Wie lautet die erste Zahl?"
    ZAHLEINGABE x

    AUSGABE "Wie lautet die zweite Zahl?"
    ZAHLEINGABE y

    RECHNEN ergebnis = x + y
    AUSGABE
    AUSGABE "Wie lautet das Ergebnis der Addition?"
    ZAHLEINGABE eingabe
    AUSGABE

    FALLS eingabe = ergebnis
        AUSGABE "Das war super."
    ENDE
    SONST
        AUSGABE "Leider nicht ganz richtig."
        AUSGABE "Versuche es doch noch einmal."
    ENDE

    RECHNEN ergebnis = x * y
    AUSGABE
    AUSGABE "Wie lautet das Ergebnis der"
    AUSGABE "Multiplikation?"
    ZAHLEINGABE eingabe
    AUSGABE
```

```
FALLS eingabe = ergebnis
    AUSGABE "Das war wieder super."
ENDE
SONST
    AUSGABE "Leider nicht ganz richtig."
    AUSGABE "Versuche es doch noch einmal."
ENDE

RECHNEN ergebnis = x / y
AUSGABE
AUSGABE "Wie lautet das Ergebnis der Division?"
ZAHLEINGABE eingabe
AUSGABE

FALLS eingabe = ergebnis
    AUSGABE "Das war schon wieder toll."
ENDE
SONST
    AUSGABE "Leider nicht ganz richtig."
    AUSGABE "Versuche es doch noch einmal."
ENDE

FALLS x >= y
    RECHNEN ergebnis = x — y
    AUSGABE
    AUSGABE "Wie lautet das Ergebnis"
    AUSGABE "der Subtraktion?"
    ZAHLEINGABE eingabe
    AUSGABE

    FALLS eingabe = ergebnis
        AUSGABE "Das war spitze."
    ENDE
    SONST
        AUSGABE "Leider nicht ganz richtig."
        AUSGABE "Versuche es einmal von vorn."
    ENDE
ENDE
```

```
    SONST
        AUSGABE "Keine Aufgabe zur Subtraktion"
        AUSGABE "wegen Minuszahlen!"
    ENDE

STOPP
```

Noch ein Tipp für die Eingabe: Wenn die erste Zahl nicht durch die zweite Zahl ohne Rest teilbar ist, dann ist das Ergebnis der Division eine Kommazahl. Eine solche Zahl kannst du auch einfach eingeben. Beispielsweise ist 5 / 10 = 0,5. Kommazahlen werden in einem späteren Kapitel noch einmal ausführlich besprochen, weil es einen Unterschied zwischen Eingabe und Programm gibt.

Aufgabe 3: Geheime Informationen schützen

Bei dieser Aufgabe sind drei Dinge zu beachten:

✏ Die Vergleiche für Name und Passwort werden mit einem UND-Befehl verbunden, denn beide Vergleiche müssen richtig sein.

✏ Bei den Vergleichen muss beachtet werden, dass die Anführungsstriche benutzt werden, denn es werden Wort-Platzhalter benutzt.

✏ Die Abfrage der Geheimzahl erfolgt dann innerhalb des ersten FALLS-Befehls ebenfalls mit einem FALLS-Befehl.

Die Umsetzung der Aufgabe könnte dann so aussehen:

```
START

    WORT name
    WORT passwort
    ZAHL geheimzahl
```

```
AUSGABE "ACHTUNG***ACHTUNG***ACHTUNG"
AUSGABE "Vor dem Eintritt in den geheimen"
AUSGABE "Bereich muss der Name und das"
AUSGABE " Passwort eingegeben werden:"
AUSGABE
AUSGABE "Wie lautet der Name?"
WORTEINGABE name
AUSGABE "Wie lautet das Passwort"
WORTEINGABE passwort
AUSGABE

FALLS name = "Robot" UND passwort = "geheim"
    AUSGABE
    AUSGABE "Sie betreten den"
    AUSGABE "geschützen Bereich."
    AUSGABE "Wie lautet die Geheimzahl?"
    ZAHLEINGABE geheimzahl

    FALLS geheimzahl = 123
        AUSGABE "Hier sind die geheimen"
        AUSGABE "Informationen:"
        AUSGABE "............................."
        AUSGABE "............................."
        AUSGABE "Ende der geheimen Informationen"
    ENDE

    SONST
        AUSGABE "Leider ist die"
        AUSGABE "Geheimzahl falsch!"
    ENDE
  ENDE
SONST
    AUSGABE "Name oder Passwort sind falsch!"
ENDE

STOPP
```

Lösungen der Aufgaben aus Kapitel 6

Aufgabe 1: Alle Zahlen ausgeben

Dieses Programm benötigt zwei Platzhalter. Einen für den Startwert und einen für den Endwert. Den Startwert-Platzhalter kann man dann gut als Zähler in der Wiederholung benutzen. Man könnte natürlich auch einen Zähler-Platzhalter benutzen und den Startwert zuweisen. Eine mögliche Lösung könnte so aussehen:

```
START

    ZAHL start
    ZAHL ende

    AUSGABE "Bitte den Startwert eingeben:"
    ZAHLEINGABE start
    AUSGABE "Bitte den Endwert eingeben:"
    ZAHLEINGABE ende
    AUSGABE
    AUSGABE "Hier sind die Zahlen:"

    WIEDERHOLE

        AUSGABE start
        RECHNEN start = start + 1

    SOLANGE start <= ende

STOPP
```

Aufgabe 2: Einen Countdown programmieren

Der Trick bei dieser Aufgabe ist das Rückwärtszählen. Dazu muss der Zähler nicht wie bisher um 1 erhöht werden, sondern um 1 erniedrigt. Das kann man natürlich dadurch erreichen, dass von dem Zähler die Zahl 1 subtrahiert wird. Die Wiederholung läuft dann, solange der Zähler größer als 0 ist. So könnte die Umsetzung aussehen:

```
START

    ZAHL startwert
    AUSGABE "Bitte den Startwert eingeben:"
    ZAHLEINGABE startwert
    AUSGABE

    WIEDERHOLE

        AUSGABE "COUNTDOWN: "
        AUSGABE startwert
        RECHNEN startwert = startwert – 1

    SOLANGE startwert > 0

    AUSGABE
    AUSGABE "RAKETE IST GESTARTET"
    AUSGABE

STOPP
```

Aufgabe 3: Automatische Reihenberechnung

Die Besonderheit dieser Aufgabe liegt an der automatischen Reihenberechnung mit einer Wiederholung. Dadurch wird die ganze Berechnung auf einige wenige Befehle reduziert. Dazu läuft ein Zähler in einer Wiederholung vom Startwert 1 bis zum Endwert 10. Bei jedem Durchgang wird dann dieser Zähler mit dem Reihenwert multipliziert und das Ergebnis ausgegeben – so einfach ist die Reihenberechnung. Die Lösung könnte dann so aussehen:

```
START

    ZAHL anzahl
    ZAHL reihe
```

```
ZAHL ergebnis
WORT eingabe

WIEDERHOLE

    AUSGABE "Welche Reihe soll"
    AUSGABE "berechnet werden?"
    ZAHLEINGABE reihe

    RECHNEN anzahl = 1
    AUSGABE
    AUSGABE "Hier ist die Reihe:"

    WIEDERHOLE

        RECHNEN ergebnis = reihe * anzahl
        AUSGABE ergebnis
        RECHNEN anzahl = anzahl + 1

    SOLANGE anzahl <= 10

    AUSGABE
    AUSGABE "Noch einmal?"
    AUSGABE "Dann bitte ja eingeben"
    WORTEINGABE eingabe

SOLANGE eingabe = "ja"

STOPP
```

Aufgabe 4: Eine Sternchentreppe

Diese Aufgabe ist ziemlich knifflig. Zuerst muss man erkennen, dass bei jeder Zeile, die ausgegeben wird, die Anzahl der Sternchen sich um eins erhöht. Mithilfe eines Wort-Platzhalters werden dann für alle 10 Zeilen, die ausgegeben werden, die Sternchen zusammengefügt – natürlich mithilfe einer Wiederholung. Es muss also eine äußere Wiederholung für die Zeilen laufen und eine innere Wiederholung für das Sternchen-Addieren.

Der Zähler für die äußere Wiederholung startet mit 1 und endet bei 10. Der Zähler der inneren Wiederholung startet dann mit dem jeweiligen Wert des äußeren Zählers. Das hört sich alles recht kompliziert an und es ist auch ziemlich kompliziert. Deshalb brauchst du dir keine Gedanken machen, wenn du diese Aufgabe nicht meistern konntest. Manchmal fehlt einem auch nur eine Idee. Mit viel Übung und Fleiß wirst du aber Schritt für Schritt vorankommen und irgendwann auch solche Aufgaben ganz leicht umsetzen können.

Die Lösung könnte dann so aussehen:

```
START

    ZAHL zeile
    ZAHL spalte
    WORT sternchen

    RECHNEN zeile = 1

    WIEDERHOLE

        RECHNEN spalte = zeile
        RECHNEN sternchen = ""

        WIEDERHOLE

            RECHNEN sternchen = sternchen + "*"
            RECHNEN spalte = spalte – 1

        SOLANGE spalte > 0

        RECHNEN zeile = zeile + 1
        AUSGABE sternchen

    SOLANGE zeile <= 10

STOPP
```

Die Erweiterungsausgabe ist eine echte zusätzliche Herausforderung. Neben der Erhöhung der Sternchenanzahl um 2 Sterne in jeder Zeile fängt auch die Sternchenausgabe in jeder Zeile mit einem Leerzeichen vorher an. Damit sind einige neue Nebenbedingungen ins Spiel gekommen. Deshalb ist im Gegensatz zur vorigen Lösung eine weitere Wiederholung nötig – und zwar, um die entsprechenden Leerzeichen vor den Sternchen zu addieren. Erst dann können die Sternchen angefügt werden. Am besten schaust du dir die Lösung ganz genau an und versuchst, sie Schritt für Schritt nachzuvollziehen.

```
START
    ZAHL zeile
    ZAHL spalte
    ZAHL abstand
    ZAHL anzahl
    WORT sternchen
    RECHNEN zeile = 2
    RECHNEN abstand = 10

    WIEDERHOLE

        RECHNEN anzahl = 1
        RECHNEN spalte = zeile
        RECHNEN sternchen = ""

        WIEDERHOLE

            RECHNEN sternchen = sternchen + " "
            RECHNEN anzahl = anzahl + 1

        SOLANGE anzahl <= abstand

        WIEDERHOLE

            RECHNEN sternchen = sternchen + "*"
            RECHNEN spalte = spalte – 1

        SOLANGE spalte > 0
```

```
    RECHNEN zeile = zeile + 2
    RECHNEN abstand = abstand − 1
  ‹ AUSGABE sternchen

  SOLANGE zeile <= 20

    AUSGABE
    AUSGABE

STOPP
```

Lösungen der Aufgaben aus Kapitel 7

Aufgabe 1: Die Schriftfarbe auswählen

Bei diesem Programm kommt es hauptsächlich darauf an, mit 4 FALLS-Befehlen auf die Wahl des Benutzers zu reagieren und anschließend die entsprechende Schriftfarbe zu setzen. Eine mögliche Umsetzung könnte so aussehen:

```
BEMERKUNG: ************************
BEMERKUNG: Aufgabe 1
BEMERKUNG: Schriftfarbe wählen
BEMERKUNG: ************************

START
    WORT text
    WORT farbe

    AUSGABE "Bitte den Text eingeben:"
    FARBE GELB
    WORTEINGABE text
    AUSGABE

    FARBE NORMAL
    AUSGABE "In welcher Farbe bitte?"
```

```
AUSGABE "rot, gelb, grün oder weiß?"
FARBE GELB
WORTEINGABE farbe
AUSGABE
AUSGABE
FARBE NORMAL
AUSGABE "Hier ist der farbige Text:"

FALLS farbe = "rot"
    FARBE ROT
ENDE

FALLS farbe = "gelb"
    FARBE GELB
ENDE

FALLS farbe = "grün"
    FARBE GRUEN
ENDE

FALLS farbe = "weiß"
    FARBE WEISS
ENDE

AUSGABE text
AUSGABE
FARBE NORMAL

STOPP
```

Aufgabe 2: Zufällige Schriftfarbe

Bei diesem Programm muss anstelle der Wahl des Benutzers eine Zufallszahl für die Farbauswahl genommen werden. Der Bereich der Zufallszahl sollte zwischen 1 und 4 liegen. Mit vier FALLS-Befehlen wird dann auf die Zufallszahl reagiert und die Farbe gesetzt. So könnte die Umsetzung aussehen:

```
BEMERKUNG: *************************
BEMERKUNG: Aufgabe 2
BEMERKUNG: zufällige Schriftfarbe
BEMERKUNG: *************************

START

    WORT text
    ZAHL zufall

    AUSGABE "Bitte den Text eingeben:"
    FARBE GELB
    WORTEINGABE text
    AUSGABE
    FARBE NORMAL
    AUSGABE "Hier ist der farbige Text:"

    RECHNEN zufall = ZUFALLSZAHL(4)
    FALLS zufall = 1
        FARBE ROT
    ENDE

    FALLS zufall = 2
        FARBE GELB
    ENDE

    FALLS zufall = 3
        FARBE GRUEN
    ENDE

    FALLS zufall = 4
        FARBE WEISS
    ENDE

    AUSGABE text
    FARBE NORMAL

STOPP
```

Aufgabe 3: Zahlen raten mit dem Computer

Dieses Programm ist ein einfaches aber schönes Beispiel, wie man den Computer als Spielpartner programmieren kann. Bei der Umsetzung ist auf die richtige Wiederholung mit Hilfe eines Zählers zu achten. Innerhalb der Wiederholung werden dann mit einigen FALLS-Befehlen geprüft, ob der Benutzer die Zahl richtig erraten hat oder ob sie höher bzw. niedriger ist. Nach 7 Versuchen endet das Spiel. Das Programm erkennt an dem Platzhalter gewonnen, ob der Benutzer das Spiel gewonnen hat oder nicht. So könnte dann die Umsetzung aussehen:

```
BEMERKUNG: ************************
BEMERKUNG: Aufgabe 3
BEMERKUNG: Spiel: Zahlenraten
BEMERKUNG: ************************

START

    ZAHL raten
    ZAHL zufall
    ZAHL zähler
    WORT gewonnen

    BEMERKUNG: Der Conmputer denkt sich eine Zahl
    RECHNEN zufall = ZUFALLSZAHL(100)

    BEMERKUNG: Dem Platzhalter gewonnen wird erst
    BEMERKUNG: einmal nein zugewiesen
    RECHNEN gewonnen = "nein"

    FARBE GRUEN
    AUSGABE "*****Das große Zahlenraten-Spiel*****"
    AUSGABE

    RECHNEN zähler = 1
```

```
WIEDERHOLE

    FARBE GRUEN
    AUSGABE "Versuch Nr.:" + zähler
    AUSGABE "Wie lautet die Zahl?"
    FARBE GELB
    ZAHLEINGABE raten

    FARBE GRUEN

    BEMERKUNG: Hier wird geprüft, ob der
    BEMERKUNG: Benutzer gewonnen hat

    FALLS raten = zufall
        RECHNEN zähler = 8
        RECHNEN gewonnen = "ja"
    ENDE
    SONST
        FALLS raten < zufall
            AUSGABE "Zu niedrig, bitte"
            AUSGABE "nochmal versuchen!"
        ENDE
        SONST
            AUSGABE "Zu hoch, bitte"
            AUSGABE "nochmal versuchen!"
        ENDE
    ENDE

    AUSGABE
    RECHNEN zähler = zähler + 1

SOLANGE zähler <= 7

FARBE WEISS
```

```
FALLS gewonnen = "ja"
    AUSGABE "Du hast gewonnen."
    AUSGABE "Herzlichen Glückwunsch!"
ENDE
SONST
    AUSGABE "Ich habe gewonnen,"
    AUSGABE "tut mir leid!"
ENDE

    AUSGABE
    FARBE NORMAL

STOPP
```

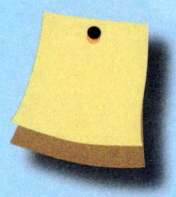

Lösungen der Aufgaben aus Kapitel 8

Aufgabe 1: Temperaturmesswerte prüfen

Die Schwierigkeit bei dieser Aufgabe ist das Suchen eines Messwertes in dem Feld von Werten. Dazu muss in einer Wiederholung das gesamte Feld durchlaufen werden und jedes Element wird dann auf den zu suchenden Wert geprüft. Bei einer Übereinstimmung wird ein Treffer-Platzhalter um 1 erhöht. In diesem Treffer-Platzhalter steht deshalb nach der Wiederholung die Anzahl der Übereinstimmungen. Vor der Wiederholung muss dem Treffer-Platzhalter natürlich der Wert Null zugewiesen werden. Die Umsetzung könnte dann so aussehen:

```
BEMERKUNG: ***********************
BEMERKUNG: Aufgabe 1
BEMERKUNG: Temperaturen suchen
BEMERKUNG: ***********************

START
```

```
ZAHL eingabe
ZAHL zähler
ZAHL treffer
ZAHLFELD messung[10]

FARBE GRUEN
AUSGABE "***** TEMPERATUR-SUCHPROGRAMM *****"
AUSGABE
FARBE NORMAL

BEMERKUNG: Die Messwerte eingeben lassen:
RECHNEN zähler = 0

WIEDERHOLE

    AUSGABE "Bitte die " + (zähler + 1)
    AUSGABE ". Messung eingeben:"
    FARBE GELB
    ZAHLEINGABE messung[zähler]
    FARBE NORMAL
    RECHNEN zähler = zähler + 1

SOLANGE zähler < 10

BEMERKUNG: Die Temperatur suchen:
RECHNEN zähler = 0
RECHNEN treffer = 0
AUSGABE
AUSGABE "Nach welcher Temperatur suchen?"
FARBE GELB
ZAHLEINGABE eingabe
FARBE NORMAL

WIEDERHOLE

    FALLS eingabe = messung[zähler]
        RECHNEN treffer = treffer + 1
    ENDE
```

```
    RECHNEN zähler = zähler + 1

SOLANGE zähler < 10

AUSGABE
AUSGABE "Die Temperatur " + eingabe
AUSGABE "wurde " + treffer + "-mal gefunden"

STOPP
```

Aufgabe 2: Ein Feld von Zufallszahlen

Bei diesem Programm muss besonders viel Wert auf die Überprüfung der Anzahl gelegt werden. Wenn der Benutzer eine ungültige Zahl für die Anzahl der Feldelemente eingibt, dann muss das Programm reagieren. Das geschieht am besten innerhalb einer Wiederholung, die so lange läuft, wie der Benutzer eine falsche Eingabe macht. Die Zuweisung der Zufallszahlen erfolgt dann natürlich ebenfalls mit einer Wiederholung, in der jedes Element hintereinander angesprochen wird. Die Umsetzung des Programms könnte dann so aussehen:

```
BEMERKUNG: ***********************
BEMERKUNG: Aufgabe 2
BEMERKUNG: Feld von Zufallszahlen
BEMERKUNG: ***********************

START
    ZAHL anzahl
    ZAHL bereich
    ZAHL zähler
    WIEDERHOLE

        AUSGABE "Wie viele Elemente soll"
        AUSGABE "das Zahlfeld haben?"
        FARBE GELB
```

```
ZAHLEINGABE anzahl
FARBE NORMAL

FALLS anzahl < 1
    AUSGABE "Die Anzahl ist zu gering!"
ENDE

SOLANGE anzahl < 1

WIEDERHOLE

    AUSGABE "In welchem Bereich sollen"
    AUSGABE "die Zufallszahlen sein:?"
    FARBE GELB

    ZAHLEINGABE bereich
    FARBE NORMAL

        FALLS bereich < 1
            AUSGABE "Der Bereich ist zu niedrig!"
        ENDE

SOLANGE bereich < 1

BEMERKUNG: : Das Zahlfeld wird angelegt
ZAHLFELD feld[anzahl]

RECHNEN zähler = 0

WIEDERHOLE

    RECHNEN feld[zähler] = ZUFALLSZAHL(bereich)
    RECHNEN zähler = zähler + 1

SOLANGE zähler < anzahl
```

```
RECHNEN zähler = 0
WIEDERHOLE

    AUSGABE "Element: " + zähler
    AUSGABE "hat die Zufallszahl: "
    AUSGABE feld[zähler]

    RECHNEN zähler = zähler + 1

SOLANGE zähler < anzahl

STOPP
```

Aufgabe 3: Kopfrechnen trainieren

Bei der ersten Variante dieser Aufgabe gibt es eigentlich nur eine kleine Schwierigkeit – und zwar die Summe der eingegebenen Zahlen zu berechnen. Das geschieht natürlich innerhalb einer Wiederholung. Bei jedem Durchlauf wird das Element bzw. der Inhalt des Elementes zu einem Platzhalter summe addiert. Nach der Wiederholung sind dann alle Elemente in diesem Platzhalter aufsummiert und die Eingabe des Benutzers kann mit diesem Ergebnis verglichen werden. Die Umsetzung des Programms könnte dann so aussehen:

```
BEMERKUNG: ************************
BEMERKUNG: Aufgabe 3
BEMERKUNG: Kopfrechnen trainieren
BEMERKUNG: ************************

START

    ZAHL summe
    ZAHL ergebnis
    ZAHL zähler
    ZAHLFELD eingabe[5]
```

```
FARBE GRUEN
AUSGABE "***** KOPFRECHNEN-TRAINER *****"
AUSGABE
FARBE NORMAL

BEMERKUNG: Die Zahlen eingeben lassen:
RECHNEN zähler = 0


WIEDERHOLE

    WIEDERHOLE

        AUSGABE "Bitte die " + (zähler + 1) + "."
        AUSGABE "Zahl eingeben:"
        FARBE GELB
        ZAHLEINGABE eingabe[zähler]

        FALLS eingabe[zähler] < 1 ODER
              eingabe[zähler] > 20

            FARBE ROT
            AUSGABE "Die Zahl ist nicht"
            AUSGABE "zwischen 1 und 20!"
            FARBE NORMAL

        ENDE

    SOLANGE eingabe[zähler] < 1 ODER
            eingabe[zähler] > 20

    FARBE NORMAL
    RECHNEN zähler = zähler + 1

SOLANGE zähler < 5
```

```
BEMERKUNG: Die Summe der Zahlen berechnen:
RECHNEN summe = 0
RECHNEN zähler = 0

WIEDERHOLE

    RECHNEN summe = summe + eingabe[zähler]
    RECHNEN zähler = zähler + 1

SOLANGE zähler < 5

BEMERKUNG: Der Benutzer gibt das Ergebnis ein
AUSGABE
AUSGABE "Wie lautet die Summe der Zahlen?"
FARBE GELB
ZAHLEINGABE ergebnis
FARBE WEISS

FALLS ergebnis = summe
    AUSGABE "Super, das ist richtig!"
ENDE
SONST
    AUSGABE "Schade, leider falsch!"
ENDE
AUSGABE
FARBE NORMAL


STOPP
```

Die Erweiterung des Programms um eine zufällige Rechenaufgabe mit Plus und Minus ist eigentlich nicht so schwer, wie man meinen könnte. Mit einer Zufallszahl zwischen 1 und 2 wird entschieden, ob addiert oder subtrahiert werden muss. Dabei sind allerdings einige Kleinigkeiten zu beachten: Die Berechnung des Ergebnisses muss immer zusammen mit der Ausgabe des Plus- oder Minuszeichens in einer Wiederholung erfolgen. Nur so kann die Berechnung Schritt für Schritt richtig durchgeführt werden. Zusätzlich muss überprüft werden, ob das (bis dahin berechnete) Ergebnis größer als die nächste zu subtrahierende Zahl ist, denn sonst muss man mit Minuszahlen rechnen. Die Umsetzung der Erweiterung könnte dann so aussehen:

```
BEMERKUNG: ************************
BEMERKUNG: Aufgabe 3 – Erweiterung
BEMERKUNG: Kopfrechnen trainieren
BEMERKUNG: ************************

START

    ZAHL summe
    ZAHL ergebnis
    ZAHL zähler
    ZAHLFELD eingabe[5]
    ZAHL zufall
```

```
    FARBE GRUEN
    AUSGABE "***** KOPFRECHNEN-TRAINER *****"
    AUSGABE
    FARBE NORMAL

    BEMERKUNG: Die Zahlen eingeben lassen:
    RECHNEN zähler = 0


    WIEDERHOLE

      WIEDERHOLE

        AUSGABE "Bitte die " + (zähler + 1) + "."
        AUSGABE "Zahl eingeben:"
        FARBE GELB
        ZAHLEINGABE eingabe[zähler]

        FALLS eingabe[zähler] < 1 ODER
            eingabe[zähler] > 20

          FARBE ROT
          AUSGABE "Die Zahl ist nicht"
```

```
            AUSGABE "zwischen 1 und 20!"
            FARBE NORMAL

        ENDE

    SOLANGE eingabe[zähler] < 1 ODER
            eingabe[zähler] > 20

    FARBE NORMAL
    RECHNEN zähler = zähler + 1

SOLANGE zähler < 5

BEMERKUNG: Die Rechenaufgabe erstellen:
AUSGABE "Hier kommt nun die Aufgabe:"
AUSGABE
FARBE WEISS
RECHNEN zähler = 1
RECHNEN summe = eingabe[0]
AUSGABE eingabe[0]

WIEDERHOLE

    RECHNEN zufall = ZUFALLSZAHL(2)

    BEMERKUNG: Wenn die Zufallszahl 1 ist und
    BEMERKUNG: das bisher berechnete Ergebnis
    BEMERKUNG: größer als das aktuelle Element
    BEMERKUNG: ist, dann darf subtrahiert werden


    FALLS zufall = 1 UND
          summe >= eingabe[zähler]

        RECHNEN summe = summe - eingabe[zähler]
        AUSGABE "-"

    ENDE
```

```
    SONST

        RECHNEN summe = summe + eingabe[zähler]
        AUSGABE "+"

    ENDE

    AUSGABE eingabe[zähler]
    RECHNEN zähler = zähler + 1

SOLANGE zähler < 5

BEMERKUNG: Der Benutzer gibt das Ergebnis ein
AUSGABE
AUSGABE "Wie lautet nun das Ergebnis?"
FARBE GELB
ZAHLEINGABE ergebnis
FARBE ROT

FALLS ergebnis = summe
    AUSGABE "Super, das ist richtig!"
ENDE
SONST
    AUSGABE "Schade, leider falsch!"
ENDE

AUSGABE
FARBE NORMAL

STOPP
```

Hinweis: Aus Platzgründen wurden einige Bedingungen bei FALLS- und SOLANGE-Befehlen in zwei Zeilen geschrieben. Im echten Programm darf das natürlich nur in einer Zeile stehen!

Lösungen der Aufgaben aus Kapitel 9

Aufgabe 1: Texte rückwärts ausgeben

Bei diesem Programm kommt es darauf an, eine Wiederholung mit einem bestimmten Startwert bis zur Null herunterzählen zu lassen. Dieser Startwert ergibt sich aus der Länge des Textes minus 1. In der Wiederholung werden dann einem WORT-Platzhalter hintereinander die Zeichen des Textes zugewiesen. Damit enthält der WORT-Platzhalter den Text in umgekehrter Reihenfolge. Die Lösung des Programms könnte damit so aussehen:

```
BEMERKUNG: *************************
BEMERKUNG: Aufgabe 1:
BEMERKUNG: Einen Text rückwärts
BEMERKUNG: ausgeben
BEMERKUNG: *************************

START

    WORT eingabe
    WORT rückwärts
    ZAHL zähler

    AUSGABE "Bitte einen Text eingeben:"
    FARBE GELB
    WORTEINGABE eingabe
    FARBE NORMAL

    BEMERKUNG: Der Zähler läuft von Länge - 1 bis 0
    RECHNEN zähler = eingabe~LAENGE – 1
    RECHNEN rückwärts = ""
    WIEDERHOLE
        RECHNEN rückwärts=rückwärts+eingabe[zähler]
        RECHNEN zähler = zähler – 1
    SOLANGE zähler >=0
```

```
    FARBE WEISS
    AUSGABE
    AUSGABE "Der Text rückwärts: " + rückwärts
    AUSGABE
    FARBE NORMAL

STOPP
```

Aufgabe 2: Ein richtiger Vokabeltrainer

Bei diesem Programm sind folgende Dinge zu beachten:

✏️ Vor der Eingabe der Vokabeln muss der Benutzer die Anzahl festlegen. In zwei Feldern von Worten werden dann die Vokabeln eingelesen.

✏️ Die Abfrage der Vokabeln erfolgt in einer Wiederholung, die erst dann endet, wenn der Benutzer beispielsweise »nein« eingibt. Mithilfe eines Zufallswertes wird dann eine Vokabel abgefragt.

✏️ Während der Wiederholung wird ein Zähler bei jeder Abfrage um 1 erhöht. Zusätzlich wird ein Treffer-Zähler erhöht, wenn die eingegebene Vokabel richtig ist.

So könnte dann die Umsetzung aussehen:

```
BEMERKUNG: ************************
BEMERKUNG: Aufgabe 2:
BEMERKUNG: Ein richtiger
BEMERKUNG: Vokabeltrainer
BEMERKUNG: ************************

START

    WORT eingabe
    ZAHL zähler
    ZAHL zufall
    ZAHL anzahl
    ZAHL abfrage
    ZAHL treffer
```

```
FARBE ROT
AUSGABE "*****VOKABELTRAINER DELUXE*****"
AUSGABE
AUSGABE "Wie viele Vokabeln bitte?"
FARBE GELB
ZAHLEINGABE anzahl
FARBE NORMAL

BEMERKUNG: Die Felder von Worten anlegen
WORTFELD deutsch[anzahl]
WORTFELD sprache[anzahl]

BEMERKUNG: Eingabe der Vokabeln
RECHNEN zähler = 0
WIEDERHOLE

    FARBE NORMAL
    AUSGABE "Bitte das " + (zähler + 1)+ "."
    AUSGABE "deutsche Wort eingeben:"
    FARBE GELB
    WORTEINGABE deutsch[zähler]
    FARBE NORMAL
    AUSGABE "Bitte das Wort in "
    AUSGABE "der anderen Sprache:"
    FARBE GELB
    WORTEINGABE sprache[zähler]

    RECHNEN zähler = zähler + 1

SOLANGE zähler < anzahl

FARBE ROT
AUSGABE
AUSGABE "Nun kommt die Abfrage:"
AUSGABE
FARBE WEISS
AUSGABE
RECHNEN abfrage = 0
```

```
RECHNEN treffer = 0
WIEDERHOLE

    RECHNEN zufall = ZUFALLSZAHL(anzahl) - 1
    AUSGABE
    AUSGABE "Wie lautet das Wort"
    AUSGABE "für : " + deutsch[zufall]
    FARBE GELB
    WORTEINGABE eingabe
    FARBE WEISS
    FALLS eingabe = sprache[zufall]

        RECHNEN treffer = treffer + 1
        AUSGABE "Bravo, gut gemacht!"

    ENDE
    SONST
        AUSGABE "Schade, leider nicht richtig!"
    ENDE

    RECHNEN abfrage = abfrage + 1
    AUSGABE
    AUSGABE "Noch eine Vokabel (ja/nein)?"
    FARBE GELB
    WORTEINGABE eingabe
    FARBE WEISS

SOLANGE eingabe = "ja"

AUSGABE
AUSGABE "Es sind " + treffer
AUSGABE "von " + abfrage + " Antworten"
AUSGABE "richtig!"

FALLS treffer > abfrage / 2

    AUSGABE "Tolle Leistung"

ENDE
```

```
    SONST

        AUSGABE "Nächstes Mal wird es besser!"

    ENDE
    FARBE NORMAL
STOPP
```

Lösungen der Aufgaben aus Kapitel 10

Aufgabe 1: Den höchsten Wert ermitteln

Bei dieser Aufgabe muss man eigentlich nur etwas umdenken. Es wird nicht der niedrigste, sondern der höchste Wert gesucht. Also muss bei der Bedingung nicht darauf geprüft werden, ob ein Wert kleiner ist, sondern es muss geprüft werden, ob ein Wert größer ist. Ansonsten sieht das Programm fast genau so aus, wie das Beispielprogramm zum Finden des niedrigsten Wertes aus Kapitel 10.2. Die Umsetzung könnte also so aussehen:

```
BEMERKUNG: ***************************
BEMERKUNG: Aufgabe 1:
BEMERKUNG: den höchsten Wert bestimmen
BEMERKUNG: ***************************
START

    ZAHL höchster
    ZAHL zähler
    ZAHL anzahl

    AUSGABE "Wie viele Elemente"
    AUSGABE "soll das Feld haben?"
    FARBE GELB
    ZAHLEINGABE anzahl

    ZAHLFELD feld[anzahl]
```

```
FARBE NORMAL

RECHNEN zähler = 0
WIEDERHOLE

    AUSGABE "Bitte Element Nr. " + zähler
    AUSGABE "eingeben:"
    FARBE GELB
    ZAHLEINGABE feld[zähler]

    FARBE NORMAL
    RECHNEN zähler = zähler+ 1

SOLANGE zähler < anzahl

BEMERKUNG: Die Suche startet
RECHNEN höchster = feld[0]
RECHNEN zähler = 1

WIEDERHOLE

    FALLS feld[zähler] > höchster

        RECHNEN höchster = feld[zähler]

    ENDE

    RECHNEN zähler = zähler + 1

SOLANGE zähler < anzahl

AUSGABE
FARBE WEISS
AUSGABE "Der höchste Wert lautet: " + höchster
AUSGABE
FARBE NORMAL

STOPP
```

Aufgabe 2: Temperaturdaten simulieren

Diese Aufgabe ist wirklich nicht einfach. Neben der Sortierung sollen auch noch Temperaturdaten per Zufall innerhalb eines Bereiches bestimmt werden. Zusätzlich soll auch noch der durchschnittliche Wert berechnet werden. Die folgenden Erläuterungen sollen zum besseren Verständnis dienen:

✏ Wie kann eine Zufallszahl innerhalb einer unteren und oberen Grenze bestimmt werden? Angenommen die untere Grenze ist 10 und die obere Grenze ist 25. Zuerst berechnet man den Abstand der beiden Grenzen, also **25 - 10 = 15**. Dann erhöht man den Abstand um 1 und ermittelt eine Zufallszahl mit dem Befehl ZUFALLSZAHL(16). Zum Schluss addiert man diese Zufallszahl auf die untere Grenze abzüglich 1, also 9 - und schon hat man eine Zufallszahl zwischen 10 und 25.

✏ Den durchschnittlichen Wert erhält man durch Aufsummierung aller Werte in einem Platzhalter (natürlich innerhalb einer Wiederholung). Anschließend teilt man den Platzhalter durch die Anzahl und speichert das Ergebnis in einem weiteren Platzhalter.

So sieht dann das vollständige Programm aus:

```
BEMERKUNG: *************************
BEMERKUNG: Aufgabe 2:
BEMERKUNG: Temperaturdaten
BEMERKUNG: simulieren
BEMERKUNG: *************************

START

    ZAHL niedrigster
    ZAHL position
    ZAHL aussenzähler
    ZAHL innenzähler
    ZAHL helfer
    ZAHL anzahl
    ZAHL unten
```

```
ZAHL oben
ZAHL abstand
ZAHL zufall
ZAHL summe
ZAHL durchschnitt

FARBE ROT
AUSGABE "****SIMULATIONSPROGRAMM"
AUSGABE "TEMPERATURDATEN*****"
AUSGABE
AUSGABE "Wie viele Temperaturdaten sollen"
AUSGABE "simuliert werden?"
FARBE GELB
ZAHLEINGABE anzahl
ZAHLFELD messung[anzahl]
AUSGABE

FARBE NORMAL
AUSGABE "Wie lautet die untere Grenze?"
FARBE GELB
ZAHLEINGABE unten

FARBE NORMAL
AUSGABE "Wie lautet die obere Grenze?"
FARBE GELB
ZAHLEINGABE oben
FARBE NORMAL

BEMERKUNG: die Daten werden per Zufall
BEMERKUNG: ermittelt
RECHNEN abstand = oben – unten + 1
RECHNEN unten = unten - 1
RECHNEN aussenzähler = 0
RECHNEN summe = 0
WIEDERHOLE
  RECHNEN zufall = ZUFALLSZAHL(abstand)
  RECHNEN messung[aussenzähler]= unten + zufall
```

```
   RECHNEN summe=summe + messung[aussenzähler]
   RECHNEN aussenzähler = aussenzähler + 1
SOLANGE aussenzähler < anzahl

RECHNEN durchschnitt = summe / anzahl

BEMERKUNG: Die Daten ausgeben
AUSGABE
FARBE WEISS
AUSGABE "Hier sind die Temperaturdaten:"
FARBE ROT
RECHNEN aussenzähler = 0
WIEDERHOLE
  AUSGABE messung[aussenzähler]
  RECHNEN aussenzähler = aussenzähler + 1
SOLANGE aussenzähler < anzahl

BEMERKUNG: Die Daten sortieren
BEMERKUNG: Die äußere Wiederholung startet
RECHNEN aussenzähler = 0
WIEDERHOLE
  BEMERKUNG: Die Suche startet in der inneren
  BEMERKUNG: Wiederholung
  RECHNEN innenzähler = aussenzähler + 1
  RECHNEN niedrigster = messung[aussenzähler]
  RECHNEN position = aussenzähler

  WIEDERHOLE
    FALLS messung[innenzähler] < niedrigster
      RECHNEN niedrigster=messung[innenzähler]
      RECHNEN position = innenzähler
    ENDE

    RECHNEN innenzähler = innenzähler + 1
  SOLANGE innenzähler < anzahl
```

```
BEMERKUNG: Tauschen
RECHNEN helfer = messung[aussenzähler]
RECHNEN messung[aussenzähler]=messung[position]
RECHNEN messung[position] = helfer

RECHNEN aussenzähler = aussenzähler + 1

SOLANGE aussenzähler < anzahl – 1

BEMERKUNG: Die sortierten Daten ausgeben
AUSGABE
FARBE WEISS
AUSGABE "Hier sind die sortierten Daten:"
FARBE GRUEN
RECHNEN aussenzähler = 0

WIEDERHOLE
  AUSGABE messung[aussenzähler]
  RECHNEN aussenzähler = aussenzähler + 1
SOLANGE aussenzähler < anzahl

AUSGABE
FARBE WEISS
AUSGABE "Der höchste Wert lautet:"
AUSGABE messung[0]
AUSGABE "Der niedrigste Wert lautet:"
AUSGABE messung[anzahl-1]
AUSGABE "Der Durchschnittswert lautet:"
AUSGABE durchschnitt

AUSGABE
AUSGABE
FARBE NORMAL

STOPP
```

Lösungen der Aufgaben aus Kapitel 11

Aufgabe 1: Ein Rechen-Unterprogramm

Bei dieser Aufgabe muss darauf geachtet werden, dass die Übergabe der beiden Zahlen und des Rechenoperationszeichens (+,-,*,/) an der richtigen Stelle erfolgt. In dem Unterprogramm muss dann mit dem FALLS-Befehl überprüft werden, welche Rechnung erwünscht ist. Danach wird nur noch gerechnet und das Ergebnis auf den Bildschirm geschrieben. Die Lösung der Aufgabe könnte dann so aussehen:

```
BEMERKUNG: *************************
BEMERKUNG: Aufgabe 1:
BEMERKUNG: Ein Unterprogramm
BEMERKUNG: zum Rechnen
BEMERKUNG: *************************

UNTERPROGRAMM Zahlenrechnen(ZAHL x, ZAHL y,
                           WORT op)
BEMERKUNG: Achtung: der Zeilenumbruch dient
BEMERKUNG: nur der Leserlichkeit!

    ZAHL ergebnis
    RECHNEN ergebnis = 0

    FALLS (op = "+")

        RECHNEN ergebnis = x + y

    ENDE

    FALLS (op = "-")

        RECHNEN ergebnis = x — y

    ENDE
```

```
    FALLS (op = "*")

        RECHNEN ergebnis = x * y

    ENDE

    FALLS (op = "/")

        RECHNEN ergebnis = x / y

    ENDE
    AUSGABE "Das Ergebnis lautet: " + ergebnis

ENDE

START

    ZAHL eins
    ZAHL zwei
    WORT operation

    AUSGABE "Bitte die erste Zahl eingeben:"
    ZAHLEINGABE eins
    AUSGABE "Bitte die zweite Zahl eingeben:"
    ZAHLEINGABE zwei
    AUSGABE "Bitte die Operation (+,-,*,/):"
    WORTEINGABE operation

    RECHNEN Zahlenrechnen(eins,zwei,operation)
    AUSGABE

STOPP
```

Aufgabe 2: Worte rückwärts schreiben

Um ein Wort rückwärts zu lesen, muss zuerst die Anzahl der Zeichen (oder Buchstaben) mit dem ~LAENGE-Befehl ermittelt werden. Danach kann dann in einer Wiederholung von diesem Startwert (vorher allerdings noch 1 abziehen, die Nummerierung startet ja immer bei O) das Wort zeichenweise von hinten gelesen werden. Die einzelnen Zeichen des Wortes (oder Satzes) werden dann einfach an einen WORT-Platzhalter angefügt. Nach der Wiederholung steht dann das Wort rückwärts in diesem Platzhalter und kann ausgegeben werden. Die Umsetzung könnte so aussehen:

```
BEMERKUNG: *************************
BEMERKUNG: Aufgabe 2:
BEMERKUNG: Ein Unterprogramm,
BEMERKUNG: das Worte rückwärts zeigt
BEMERKUNG: *************************

UNTERPROGRAMM Rückwärts(WORT text)

    ZAHL zähler
    WORT umgedreht

    RECHNEN zähler = text~LAENGE — 1
    RECHNEN umgedreht = ""

    WIEDERHOLE
        RECHNEN umgedreht = umgedreht + text[zähler]
        RECHNEN zähler = zähler — 1
    SOLANGE zähler >= 0

    FARBE ROT
    AUSGABE umgedreht
    FARBE NORMAL

ENDE
```

```
START
    WORT text
    AUSGABE "Bitte den Text eingeben:"
    FARBE GELB
    WORTEINGABE text
    RECHNEN Rückwärts(text)
    AUSGABE
STOPP
```

Aufgabe 3: Geheime Botschaften

Die Schwierigkeit dieses Programms ist das Verschlüsseln bzw. das Entschlüsseln mit Hilfe von Unterprogrammen. Für die Verschlüsselung muss
man genau betrachten, was zu tun ist. Am besten sieht man es an einem
Beispiel:

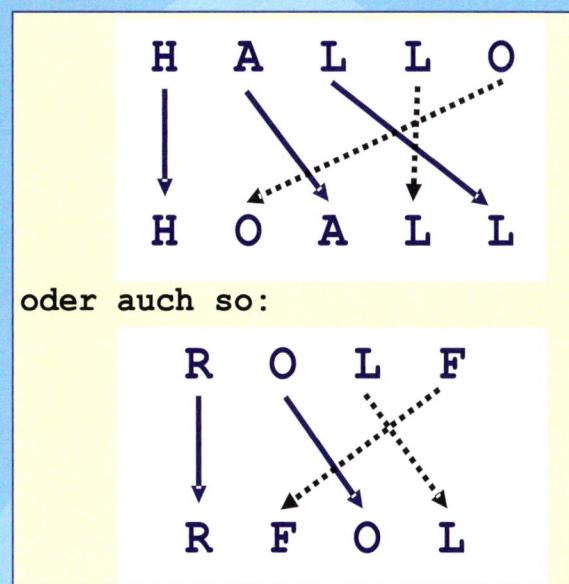

Beispiele für die
Verschlüsselung

An der Abbildung ist zu sehen, dass man für die Umsetzung einen Zähler
braucht, der von vorne (also mit Null beginnend) zählt, und einen Zähler,
der von hinten rückwärts zählt. Die Buchstaben des Wortes werden nun
abwechselnd von vorne bzw. von hinten mithilfe der Zähler ausgewählt.

Einem weiteren Wort-Platzhalter werden die ausgewählten Buchstaben dann angefügt. Wenn die Zähler sich in der Mitte treffen, dann ist die Arbeit beendet. Bei der Entschlüsselung geht man dann etwas anders vor. Hier werden zuerst alle Buchstaben, die an einer geraden Stelle stehen, zusammengefügt und anschließend werden alle Buchstaben, die an einer ungeraden Stelle stehen, angefügt, allerdings rückwärts gerechnet. In beiden Fällen muss man unbedingt darauf achten, dass die Nummerierung der Buchstaben eines Wortes mit Null beginnt und eins weniger als die Länge des Wortes ist, die mit dem Befehl ~LAENGE bestimmt werden kann.

Die Umsetzung könnte dann so aussehen:

```
BEMERKUNG: *************************
BEMERKUNG: Aufgabe 3:
BEMERKUNG: Ein Unterprogramm,
BEMERKUNG: das verschlüsselt
BEMERKUNG: *************************

UNTERPROGRAMM Verschlüsseln(WORT text)

    ZAHL zählerhinten
    ZAHL zählervorne
    WORT geheim

    RECHNEN zählerhinten = text~LAENGE — 1
    RECHNEN geheim = ""
    RECHNEN zählervorne = 0

    WIEDERHOLE

        RECHNEN geheim = geheim + text[zählervorne]
        RECHNEN geheim = geheim + text[zählerhinten]
        RECHNEN zählerhinten = zählerhinten — 1
        RECHNEN zählervorne = zählervorne + 1
```

```
BEMERKUNG: Falls Anzahl der Zeichen
BEMERKUNG: ungerade, dann wird das
BEMERKUNG: Zeichen in der Mitte als
BEMERKUNG: letztes genommen und die
BEMERKUNG: Zähler so erhöht bzw.
BEMERKUNG: erniedrigt, dass die
BEMERKUNG: Wiederholung anschließend endet!

FALLS zählervorne = zählerhinten

    RECHNEN geheim = geheim+text[zählervorne]
    RECHNEN zählerhinten = zählerhinten − 1
    RECHNEN zählervorne = zählervorne + 1

ENDE

SOLANGE zählervorne < zählerhinten

FARBE ROT
AUSGABE

AUSGABE "Das ist der verschlüsselte Text:"
AUSGABE geheim

FARBE NORMAL

ENDE

UNTERPROGRAMM Entschlüsseln(WORT text)

    ZAHL zähler
    WORT normal
    RECHNEN zähler = 0
    RECHNEN normal = ""
```

```
    WIEDERHOLE

        RECHNEN normal = normal + text[zähler]
        RECHNEN zähler = zähler + 2

    SOLANGE zähler < text~LAENGE


    FALLS zähler = text~LAENGE

        RECHNEN zähler = text~LAENGE — 1

    ENDE

    SONST

        RECHNEN zähler = text~LAENGE — 2

    ENDE


    WIEDERHOLE

        RECHNEN normal = normal + text[zähler]
        RECHNEN zähler = zähler — 2

    SOLANGE zähler > 0


    FARBE GRUEN
    AUSGABE
    AUSGABE "Das ist der entschlüsselte Text:"
    AUSGABE normal
    FARBE NORMAL

ENDE
```

```
START

    WORT text
    WORT wahl

    AUSGABE "Bitte den Text eingeben:"
    FARBE GELB
    WORTEINGABE text
    AUSGABE "Verschlüsseln = V"
    AUSGABE "und Entschlüsseln = E:"
    FARBE GELB
    WORTEINGABE wahl

    FALLS wahl = "V"

        RECHNEN Verschlüsseln(text)

    ENDE
    SONST

        RECHNEN Entschlüsseln(text)

    ENDE

    AUSGABE

STOPP
```

Lösungen der Aufgaben aus Kapitel 12

Aufgabe 1: Sortieren im Unterprogramm

Das Sortieren eines Feldes wurde eingehend in Kapitel 10 behandelt. Bei dieser Aufgabe muss die Sortierung nun in einem Unterprogramm stattfinden. Dazu muss die Sortierlogik in dem Unterprogramm so angepasst werden, dass beliebige Felder sortiert werden können. Besonders hilfreich ist dabei der ~LAENGE-Befehl, der die Länge (also die Anzahl der Elemente) des Feldes angibt. Das fertige Programm könnte dann so aussehen:

```
BEMERKUNG: **************************
BEMERKUNG: Lösung Aufgabe 1:
BEMERKUNG: Ein Sortier-Unterprogramm
BEMERKUNG: für beliebige Felder
BEMERKUNG: **************************

UNTERPROGRAMM Sortieren(ZAHLFELD feld)

    ZAHL niedrigster
    ZAHL position
    ZAHL aussenzähler
    ZAHL innenzähler
    ZAHL helfer
    ZAHL anzahl

    RECHNEN aussenzähler = 0
    RECHNEN anzahl = feld~LAENGE

    BEMERKUNG: Die äußere Wiederholung startet
    RECHNEN aussenzähler = 0

    WIEDERHOLE

        BEMERKUNG: Die Suche startet in der inneren
        BEMERKUNG: Wiederholung

        RECHNEN innenzähler = aussenzähler + 1
        RECHNEN niedrigster = feld[aussenzähler]
        RECHNEN position = aussenzähler
```

```
WIEDERHOLE

    FALLS feld[innenzähler] < niedrigster
       RECHNEN niedrigster = feld[innenzähler]
       RECHNEN position = innenzähler
    ENDE

    RECHNEN innenzähler = innenzähler + 1
  SOLANGE innenzähler < anzahl

  BEMERKUNG: : Tauschen
  RECHNEN helfer = feld[aussenzähler]
  RECHNEN feld[aussenzähler] = feld[position]
  RECHNEN feld[position] = helfer
  RECHNEN aussenzähler = aussenzähler + 1
SOLANGE aussenzähler < anzahl − 1
ENDE

START
  ZAHLFELD werte[5]
  RECHNEN werte[0] = 6
  RECHNEN werte[1] = 10
  RECHNEN werte[2] = 4
  RECHNEN werte[3] = 2
  RECHNEN werte[4] = 14
  FARBE GELB
  AUSGABE "Vor der Sortierung:"
  AUSGABE werte[0]
  AUSGABE werte[1]
  AUSGABE werte[2]
  AUSGABE werte[3]
  AUSGABE werte[4]

  RECHNEN Sortieren(werte)
```

```
      FARBE GRUEN
      AUSGABE "Nach der Sortierung:"
      AUSGABE werte[0]
      AUSGABE werte[1]
      AUSGABE werte[2]
      AUSGABE werte[3]
      AUSGABE werte[4]

      FARBE NORMAL
STOPP
```

Aufgabe 2: Eine Quatschfunktion

Die Quatschfunktion benutzt den ZUFALLSZAHL-Befehl und die Länge des
übergebenen Wortfeldes, um in einem Wort-Platzhalter den Quatschsatz
zusammenzustellen. In einer Wiederholung wird zufällig ein Wort aus dem
Feld ausgewählt und an den Satz angehängt. Die Wiederholung könnte
natürlich beliebig lange laufen, in der folgenden Umsetzung richtet sie
sich nach der Anzahl der Elemente in dem Wortfeld. Das fertige Programm
könnte dann so aussehen:

```
BEMERKUNG: ************************
BEMERKUNG: Lösung Aufgabe 2:
BEMERKUNG: Eine Quatsch-Funktion
BEMERKUNG: ************************

FUNKTION WORT Quatsch(WORTFELD worte)

      ZAHL anzahl
      WORT quatschsatz
      ZAHL zähler
      ZAHL zufall

      RECHNEN zähler = 0
      RECHNEN anzahl = worte~LAENGE
      RECHNEN quatschsatz = ""
```

```
        WIEDERHOLE

            RECHNEN zufall = ZUFALLSZAHL(anzahl)
            RECHNEN zufall = zufall − 1
            RECHNEN quatschsatz = quatschsatz +
                              worte[zufall] + " "
            BEMERKUNG: Achtung: der Zeilenumbruch dient
            BEMERKUNG: nur der Leserlichkeit!

            RECHNEN zähler = zähler + 1

        SOLANGE zähler < anzahl

        RUECKGABE quatschsatz


ENDE

START

        ZAHL anzahl
        ZAHL zähler
        WORT eingabe
        WORT satz
        AUSGABE "Wie viele Worte bitte?"
        ZAHLEINGABE anzahl
        WORTFELD worte[anzahl]
        AUSGABE

        RECHNEN zähler = 0
        RECHNEN satz = ""

        WIEDERHOLE

            FARBE NORMAL
            AUSGABE "Bitte Wort Nr." + (zähler+1) + "
            AUSGABE "eingeben:"
```

```
    FARBE GELB
    WORTEINGABE worte[zähler]
    RECHNEN zähler = zähler + 1

SOLANGE zähler < anzahl

WIEDERHOLE

    RECHNEN satz = Quatsch(worte)
    FARBE GRUEN
    AUSGABE "Hier kommt der Satz:"
    AUSGABE satz
    AUSGABE
    FARBE NORMAL

    AUSGABE "Noch einen Satz (j/n)"
    WORTEINGABE eingabe

SOLANGE eingabe = "j"

FARBE NORMAL
AUSGABE

STOPP
```

KAPITEL

14

HERAUS-FORDERUNGEN

In der Profi-Liga warten nun weitere Herausforderungen auf dich. Für diese Aufgaben gibt es keine Musterlösung. Du kannst aber die Bildschirmausgaben vergleichen und dann erkennen, ob du das Problem gelöst hast. Nun also viel Spass dabei!

ROLF ROBOT hat eine Vorbemerkung

Erste Herausforderung: Zahlenreihen

Schreibe ein Programm, das die folgende Aufgabe hat: Ein Benutzer gibt eine Startzahl ein und das Programm gibt dann alle Zahlen von 1 bis zu der eingegebenen Zahl aus. In der nächsten Zeile wird dann allerdings nur bis zur nächstkleineren Zahl ausgegeben. So sieht es beispielsweise aus, wenn der Benutzer die Zahl 3 eingibt:

```
C:\ Programmieren lernen                                    _ □ ×
Bitte eine Zahl eingeben:
3

1 2 3
1 2
1

Bitte eine Taste druecken, um das Programm zu beenden.
```

Zahlenreihen mit Startzahl 3

Oder der Benutzer gibt beispielsweise die Zahl 7 ein:

```
C:\ Programmieren lernen                                    _ □ ×
Bitte eine Zahl eingeben:
7

1 2 3 4 5 6 7
1 2 3 4 5 6
1 2 3 4 5
1 2 3 4
1 2 3
1 2
1

Bitte eine Taste druecken, um das Programm zu beenden.
```

Zahlenreihen mit Startzahl 7

Zweite Herausforderung: Einkaufszettel

Am Monatsende rechnen dein Vater und deine Mutter alle Beträge der Einkaufszettel zusammen, um einen Überblick zu bekommen, welchen Betrag sie ausgegeben haben. Meistens verrechnen sie sich, weil der Taschenrechner eine lockere Taste hat. Deshalb schreibst du ihnen ein Programm, in welches sie die Beträge eingeben können. Das Programm berechnet dann die Summe aller eingegebenen Beträge und gibt sie auf dem Bildschirm aus. Nach dem Starten könnte das Programm so aussehen:

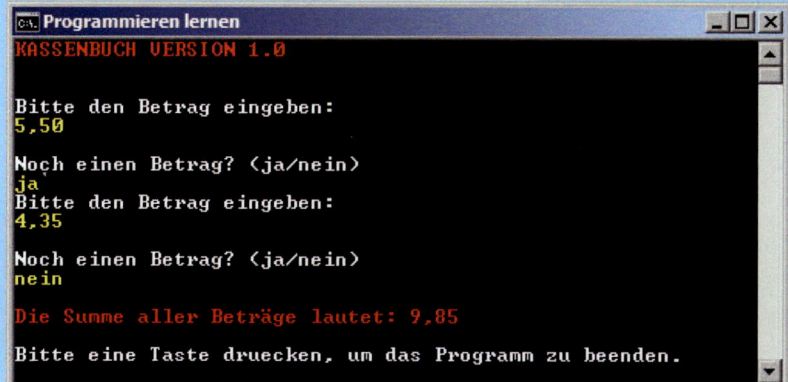

Das Kassenbuch im Einsatz

Wenn besonders viele Ausgaben vorhanden waren, dann könnte es auch so aussehen:

```
Programmieren lernen                                    _□×

KASSENBUCH VERSION 1.0

Bitte den Betrag eingeben:
12,50

Noch einen Betrag? (ja/nein)
ja
Bitte den Betrag eingeben:
22,35

Noch einen Betrag? (ja/nein)
ja
Bitte den Betrag eingeben:
100,90

Noch einen Betrag? (ja/nein)
ja
Bitte den Betrag eingeben:
21,50

Noch einen Betrag? (ja/nein)
ja
Bitte den Betrag eingeben:
19,90

Noch einen Betrag? (ja/nein)
ja
Bitte den Betrag eingeben:
28,75

Noch einen Betrag? (ja/nein)
ja
Bitte den Betrag eingeben:
14,90

Noch einen Betrag? (ja/nein)
nein

Die Summe aller Beträge lautet: 220,8

Bitte eine Taste druecken, um das Programm zu beenden.
```

Das Kassenbuch im verstärkten Einsatz

Das Kassenbuch könntest du auch noch erweitern, indem nicht nur die Beträge, sondern auch die Art der Ausgaben erfasst werden. Beispielsweise Ausgaben für Lebensmittel, für die Schule, für das Auto oder für die Freizeit. Ganz besonders toll wäre dann noch eine Auflistung nach der Art der Ausgabe und nicht nur die Berechnung der Gesamtsumme, sondern auch die Berechnung der Zwischensummen für die jeweilige Art der Ausgabe. Es gibt also noch sehr viel zu tun, und so ein komfortables Programm würde deinen Eltern bestimmt viel Freude machen.

Letzte Herausforderung: Sortieren

In der Schule hast du eine anstrengende Hausaufgabe bekommen: 50 Worte sollen nach dem Alphabet sortiert werden. Viel zu anstrengend, denkst du dir. Richtig, man könnte ja auch ein Programm schreiben. Das ist eigentlich noch viel anstrengender, macht aber mehr Spaß - und vor allem ist das Sortieren der nächsten 50 Worte dann ein Kinderspiel. Nach der Eingabe der gewünschten Worte sortiert das Programm automatisch in alphabetischer Reihenfolge. So könnte das fertige Programm aussehen:

```
Programmieren lernen                          _ □ ×
Wie viele Worte bitte?
10

Bitte Wort Nr.1 eingeben:
Hallo
Bitte Wort Nr.2 eingeben:
Auto
Bitte Wort Nr.3 eingeben:
Baum
Bitte Wort Nr.4 eingeben:
Katze
Bitte Wort Nr.5 eingeben:
Kuchen
Bitte Wort Nr.6 eingeben:
Maus
Bitte Wort Nr.7 eingeben:
Pferd
Bitte Wort Nr.8 eingeben:
Pfanne
Bitte Wort Nr.9 eingeben:
Fenster
Bitte Wort Nr.10 eingeben:
Zauberer

Nach der Sortierung:
Auto
Baum
Fenster
Hallo
Katze
Kuchen
Maus
Pfanne
Pferd
Zauberer

Bitte eine Taste druecken, um das Programm zu beenden.
```

Sortieren nach dem Alphabet

Hier ist noch ein wichtiger Tipp: Worte können nicht so einfach wie Zahlen verglichen werden. Wenn du beispielsweise versuchst, zwei Wort-Platzhalter mit dem Kleinerzeichen zu vergleichen gibt es einen Fehler. Es muss also eine Funktion geschrieben werden, die zwei Worte übernimmt und diese Worte in einer Wiederholung Zeichen für Zeichen miteinander vergleicht. Der Vergleich von einzelnen Zeichen funktioniert nämlich einwandfrei, wie dieses kleine Beispiel zeigt:

```
START

    WORT a
    WORT b

    RECHNEN a = "Auto"
    RECHNEN b = "Baum"

    FALLS a[0] < b[0]
        AUSGABE a
    ENDE
    SONST
        AUSGABE b
    ENDE

STOPP
```

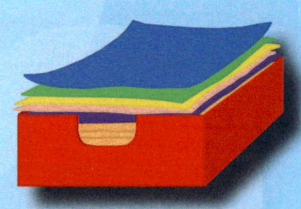

Nach dem Starten sieht es dann so aus:

Auto kommt alphabetisch vor Baum

Leider ist es aber so, dass der Computer zwischen Groß- und Kleinbuchstaben unterscheidet. Zuerst kommen alle großen Buchstaben und dann erst alle kleinen Buchstaben. Deshalb würde das große »B« beispielsweise auch vor dem kleinen »a« stehen. Das bedeutet, man muss bei der Eingabe darauf achten, dass alle Worte mit einem Großbuchstaben beginnen. Nun aber viel Vergnügen bei dieser letzten (wirklich nicht einfachen) Herausforderung.

Die Befehle im Überblick

Grundbefehle

START	Mit diesem Befehl beginnt jedes Programm. Er darf auf keinen Fall fehlen.
STOPP	Dieser Befehl beendet jedes Programm. Er darf ebenfalls nicht fehlen.
AUSGABE	Mit diesem Befehl wird auf den Bildschirm geschrieben. Es können Zahlen, Worte oder Texte geschrieben werden.
RECHNEN	Alle Berechnungen mit Platzhaltern und alle Aufrufe von Unterprogrammen werden mit diesem Befehl eingeleitet.

Platzhalter

ZAHL	Mit diesem Befehl kann ein Platzhalter vereinbart werden, der Zahlen speichert.
WORT	Mit diesem Befehl kann ein Platzhalter vereinbart werden, der Worte oder Texte speichert.
ZAHLEINGABE	Dieser Befehl liest eine Zahl über die Tastatur ein und speichert sie in dem angegebenen Platzhalter.
WORTEINGABE	Mit diesem Befehl wird ein Wort oder ein Text über die Tastatur eingelesen und in dem angegebenen Platzhalter gespeichert.

Falls

FALLS	Dieser Befehl leitet einen Vergleich ein. Wenn der Vergleich richtig ist, dann werden alle Befehle bis zum nächsten ENDE-Befehl ausgeführt.
SONST	Wenn der Vergleich nach einem FALLS-Befehl nicht richtig ist, dann werden alle Befehle nach dem SONST-Befehl bis zum nächsten ENDE-Befehl ausgeführt.
ENDE	Mit diesem Befehl enden die Befehle nach dem FALLS-Befehl oder nach dem SONST-Befehl.

UND	Vergleiche nach dem FALLS-Befehl können mit dem UND-Befehl verknüpft werden. Beide Vergleiche müssen richtig sein, damit der Gesamtvergleich auch richtig ist.
ODER	Vergleiche nach dem FALLS-Befehl können mit dem ODER-Befehl verknüpft werden. Es muss nur ein Vergleich richtig sein, damit der Gesamtvergleich auch richtig ist.

Wiederholungen

WIEDERHOLE	Mit diesem Befehl wird eine Wiederholung eingeleitet. Alle Befehle bis zum nächsten SOLANGE-Befehl werden immer wieder ausgeführt, wenn der Vergleich nach dem SOLANGE-Befehl richtig ist.
SOLANGE	Wenn der Vergleich nach diesem Befehl richtig ist, werden die Befehle zwischen dem WIEDERHOLE-Befehl und dem SOLANGE-Befehl erneut ausgeführt.
UND	Vergleiche nach dem SOLANGE-Befehl können mit dem UND-Befehl verknüpft werden. Beide Vergleiche müssen richtig sein, damit der Gesamtvergleich auch richtig ist.
ODER	Vergleiche nach dem SOLANGE-Befehl können mit dem ODER-Befehl verknüpft werden. Es muss nur ein Vergleich richtig sein, damit der Gesamtvergleich auch richtig ist.

Felder

ZAHLFELD	Mit diesem Befehl kann ein Platzhalter für ein Feld von Zahlen vereinbart werden. Die Anzahl der Elemente steht in eckigen Klammern hinter dem Platzhalter. Die Nummerierung startet mit Null.
WORTFELD	Mit diesem Befehl kann ein Platzhalter für ein Feld von Worten vereinbart werden. Die Anzahl der Elemente muss in eckigen Klammern hinter dem Platzhalter angegeben werden. Die Nummerierung startet mit Null. Mit der Doppelnummerierung können ein bestimmtes Wort aus dem Feld und ein bestimmtes Zeichen dieses Wortes gewählt werden.

Unterprogramme

UNTERPROGRAMM	Dieser Befehl leitet ein Unterprogramm ein. Ein Unterprogramm steht immer vor dem Hauptprogramm, also dem START-Befehl. Unterprogramme können Werte übernehmen.
FUNKTION	Eine Funktion ist ein Unterprogramm, das einen Wert zurück-gibt. Nach dem FUNKTION-Befehl muss deshalb auch die Art der Rückgabe vereinbart werden (ZAHL oder WORT).
ENDE	Der ENDE-Befehl beendet sowohl ein Unterprogramm als auch eine Funktion.
RUECKGABE	Der Rückgabewert einer Funktion wird mit diesem Befehl eingeleitet.

Extras

FARBE	Mit diesem Befehl kann die Schriftfarbe der Ausgabe geändert werden. Folgende Farben stehen zur Verfügung: ROT, GELB, GRUEN, WEISS und NORMAL.
ZUFALLSZAHL	Der ZUFALLSZAHL-Befehl liefert eine zufällige Zahl, die in einem bestimmten Bereich liegt, der hinter dem Befehl in Klammern angegeben werden muss. Der Wert in der Klammer muss größer als Null sein.
BEMERKUNG	Mit dem BEMERKUNG-Befehl können im Programm Texte ge-schrieben werden, die nicht übersetzt werden. Sie dienen dem besseren Verständnis des Programms.
~LAENGE	Dieser Befehl liefert die Anzahl der Elemente eines ZAHLFELD- oder WORTFELD-Platzhalters. Ebenso kann damit auch die Anzahl der Zeichen eines WORT-Platzhalters ermittelt werden.
PROGRAMMGERÜST	Mit diesem Befehl wird ein Programmgerüst erzeugt. Damit braucht man die Befehle START, AUSGABE und STOPP nicht mehr schreiben – sie werden automatisch eingefügt.

Fehler im Programm

Bei der Programmierung können die verschiedensten Fehler auftreten. Die folgenden Beispielfehler sollen vor allem am Anfang bei der Fehlersuche helfen.

✏️ Beispielfehler 1: START oder STOPP fehlen.

START oder STOPP
fehlen

✏️ Beispielfehler 2: Die Eingabe passt nicht zum Platzhalter.

FALSCH:
```
START
    WORT x
    ZAHLEINGABE x
STOPP
```

RICHTIG:
```
START
    WORT x
    WORTEINGABE x
STOPP
```

✏️ Beispielfehler 3: Der RECHNEN-Befehl wurde vergessen.

FALSCH:
```
START
    ZAHL x
    x = 10
STOPP
```

RICHTIG:
```
START
    ZAHL x
    RECHNEN x = 10
STOPP
```

✏️ Beispielfehler 4: Die Zuweisung ist nicht richtig – der Platzhalter muss links vom Gleichheitszeichen stehen.

FALSCH:
```
START
    ZAHL x
    RECHNEN 20 = x
STOPP
```

RICHTIG:
```
START
    ZAHL x
    RECHNEN x = 20
STOPP
```

✏️ Beispielfehler 5: Bei der Zuweisung von Text müssen Anführungsstriche benutzt werden.

FALSCH:
```
START
    WORT w
    RECHNEN w = Hallo
STOPP
```

RICHTIG:
```
START
    WORT w
    RECHNEN w = "Hallo"
STOPP
```

✏️ Beispielfehler 6: Die Eingabe passt nicht zum Platzhalter.

FALSCH: Statt einer Zahl wird das Wort "Hallo" eingegeben

```
START
    ZAHL x
    ZAHLEINGABE x
STOPP
```

Es erscheint folgender Fehler:

```
C:\ Programmieren lernen                                      _ □ ×
Hallo
Achtung, ein Fehler: Die Eingabezeichenfolge hat das falsche
 Format.
Das Programm muss leider beendet werden
Bitte eine Taste druecken
```

Fehlerhafte
Eingabe

✏️ Beispielfehler 7: Der Vergleich ist nicht korrekt.

FALSCH:
```
START
    ZAHL x
    ZAHLEINGABE x
    FALLS x < 10 UND > 0
        AUSGABE "OK"
    ENDE
STOPP
```

RICHTIG:
```
START
    ZAHL x
    ZAHLEINGABE x
    FALLS x < 10 UND x > 0
        AUSGABE "OK"
    ENDE
STOPP
```

✏ Beispielfehler 8: Der FALLS-Befehl hat keinen ENDE-Befehl.

FALSCH:
```
START
    ZAHL x
    ZAHLEINGABE x
    FALLS x = 10
        AUSGABE "OK"
    SONST
        AUSGABE "Nicht OK"
    ENDE
STOPP
```

Es erscheint ein Fehlerfenster:

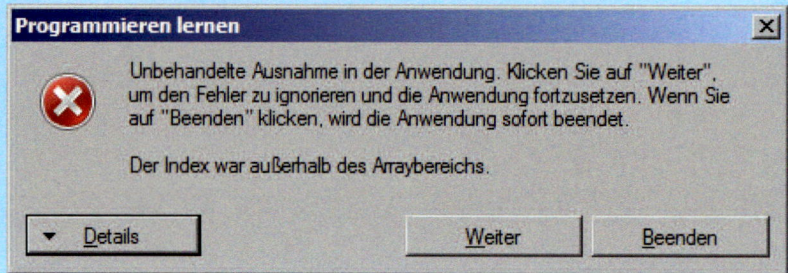

Der ENDE-Befehl fehlt

RICHTIG:
```
START
    ZAHL x
    ZAHLEINGABE x
    FALLS x = 10
        AUSGABE "OK"
    ENDE
    SONST
        AUSGABE "Nicht OK"
    ENDE
STOPP
```

✏️ Beispielfehler 9: Einzelne Zeichen von einem Wort können nicht verändert werden.

FALSCH:
```
START
    WORT w
    RECHNEN w = "Kallo"
    RECHNEN w[0] = "H"
STOPP
```

RICHTIG: mit einem Trick arbeiten
```
START
    WORT w
    WORT helfer
    ZAHL zähler
    RECHNEN zähler = 1
    RECHNEN w = "Kallo"
    RECHNEN helfer = ""
    RECHNEN helfer = helfer + "H"

    WIEDERHOLE
        RECHNEN helfer = helfer + w[zähler]
        RECHNEN zähler = zähler + 1
    SOLANGE zähler < w~LAENGE
    RECHNEN w = helfer

STOPP
```

✏️ Beispielfehler 10: Die Anzahl der Elemente bei einem Feld fehlt.

FALSCH:
```
START
    ZAHLFELD feld
    ZAHLEINGABE feld[0]
STOPP
```

Es erscheint folgendes Fehlerfenster:

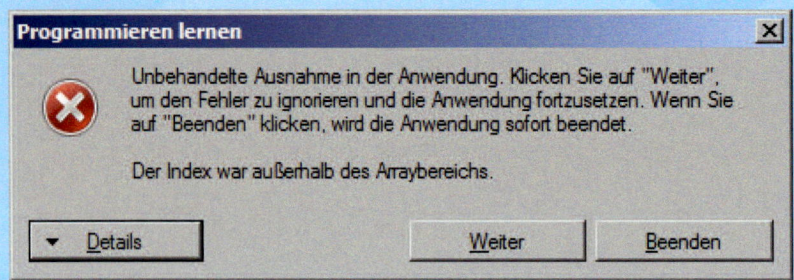

Fehlerfenster des
Programms

RICHTIG:
```
START
    ZAHLFELD feld[5]
    ZAHLEINGABE feld[0]
STOPP
```

Beispielfehler 11: Die Nummerierung ist nicht korrekt.

FALSCH:
```
START
    ZAHLFELD feld[5]
    ZAHLEINGABE feld[7]
STOPP
```

Es erscheint folgendes Fehlerfenster:

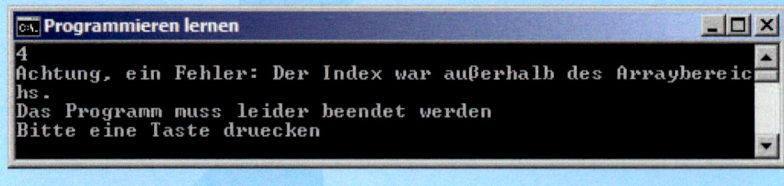

Ein Fehler wird
angezeigt

RICHTIG:
```
START
    ZAHLFELD feld[5]
    ZAHLEINGABE feld[4]
STOPP
```

Beispielfehler 12: Ein Unterprogramm wird ohne Klammern aufgerufen.

FALSCH:
```
UNTERPROGRAMM Test()
    AUSGABE "Test"
ENDE

START
    RECHNEN Test
STOPP
```

RICHTIG:
```
UNTERPROGRAMM Test()
    AUSGABE "Test"
ENDE

START
    RECHNEN Test()
STOPP
```

Beispielfehler 13: Eine Funktion hat keine Rückgabe.

FALSCH:
```
FUNKTION ZAHL Test()

    AUSGABE "Test"

ENDE


START
    ZAHL x
    RECHNEN x = Test()
STOPP
```

RICHTIG:
```
FUNKTION ZAHL Test()

    AUSGABE "Test"
    RUECKGABE 10

ENDE

START
    ZAHL x
    RECHNEN x = Test()
STOPP
```

✏️ Beispielfehler 14: Eine Funktion wird nicht beendet.

FALSCH:
```
FUNKTION ZAHL Test()

    RUECKGABE 10

START
    ZAHL x
    RECHNEN x = Test()
STOPP
```

RICHTIG:
```
FUNKTION ZAHL Test()

    RUECKGABE 10

ENDE

START
    ZAHL x
    RECHNEN x = Test()
STOPP
```

INDEX